深圳市政府科技创新委员会招标课题研究报告
深圳市关爱行动组委会办公室课题研究报告

深圳市关爱指数及关爱服务指标体系研究

李晓凤　主编

WUHAN UNIVERSITY PRESS
武汉大学出版社

图书在版编目(CIP)数据

深圳市关爱指数及关爱服务指标体系研究/李晓凤主编.—武汉：武汉大学出版社,2018.9

ISBN 978-7-307-20311-2

Ⅰ.深…　Ⅱ.李…　Ⅲ.社会服务—研究—深圳　Ⅳ.D669.3

中国版本图书馆 CIP 数据核字(2018)第 145588 号

责任编辑:王智梅　　责任校对:李孟潇　　版式设计:汪冰滢

出版发行：**武汉大学出版社**　（430072　武昌　珞珈山）

（电子邮箱：cbs22@ whu.edu.cn　网址：www.wdp. com.cn）

印刷：武汉中科兴业印务有限公司

开本:720×1000　1/16　印张:22.5　字数:320 千字　插页:1

版次:2018 年 9 月第 1 版　2018 年 9 月第 1 次印刷

ISBN 978-7-307-20311-2　定价:46. 00 元

主　编　李晓凤

编委会　李晓凤　佘双好　陈清海　陈　励

编　者　（以章为序）

李晓凤　刘宇阳　林佳鹏　李美瑾　邓珂文

万鸯鸯　张　强　刘会芳　余思龙　倪佳宾

赵杨虹　何　昕　杨春丽

本书研究合作单位

深圳大学心理与社会学院社会学系
武汉大学发展与教育心理研究所
武汉大学社会学系
香港理工大学应用社会科学系
深圳市关爱行动组委会办公室
深圳市政府科技创新委员会

鸣 谢 单 位

深圳市儿童医院 · Vcare 关爱空间
深圳市南山区社会工作协会
深圳市南山区南风社工服务社
深圳市温馨社工服务中心
深圳市新现代社工服务中心
深圳市南山区惠民综合服务社
深圳市东西方社工服务社
深圳市龙岗区至诚社会工作服务中心
深圳市坪山区大同社会工作服务中心
深圳市盐田社工服务中心
深圳市宝安区尚德社会工作服务社

目　录

上篇　研究引论

第一章　研究背景与目标

一、关爱指数与关爱服务指标体系的研究背景

1980 年，深圳经济特区成立，深圳 30 多年的发展史从某种程度上说是我国改革开放的一段浓缩史。第一次试验土地使用权有偿转让，试办国内第一家外汇调剂中心，设立我国第一个证券市场和期货市场等，深圳始终以市场取向的经济改革，走在时代的前列。而作为经济特区的掌舵人，深圳市委、市政府已在经济建设中率先探索了新经验、新模式。比如，突破传统经济体制束缚，率先进行市场取向的经济体制改革；创造“深圳速度”，探索和积累实现快速发展、走向富裕的成功经验；坚持对外开放，有效实行“引进来”和“走出去”；坚持服务国家发展大局，全国支持经济特区发展，经济特区回馈全国，促进东中西部协调发展；坚持“一国两制”方针，加强与香港、澳门、台湾地区的多领域交流合作等。简言之，经过 30 多年的发展，深圳迅速从一个边陲小镇发展成为一座现代化大城市，GDP 指数突飞猛进，综合经济实力跃居全国大中城市前列，创造了世界工业化、现代化、城市化发展史上的奇迹①。

---

① 胡锦涛在深圳经济特区建立 30 周年庆祝大会上讲话，2010，http://www.ce.cn/xwzx/gnsz/szyw/201408/14/t20140814_3352302.shtml. 2014-08-14/2018-01-26.

不过，我们也意识到单纯的经济增长不等于发展。这是因为，伴随深圳经济变革与经济建设的快速发展，人和人的收入差距处于一个较大的张力状态上，各种社会问题与个人的心理问题日益凸显。比如，贫富差距变大、公平缺失、信任缺乏、道德滑坡、公民意识薄弱等现象，严重影响着社会的良性运行，也促使社会即将进入一种群体性焦虑阶段。针对上述问题，深圳市委、市政府在进行经济变革之后，又吹响了社会变革的号角，即在党和政府的领导下，尝试依靠社会变革来解决社会不公问题。与此同时，深圳的经济发展和社会结构也为公益慈善事业的发展带来了得天独厚的优势，使得社会力量有能力参与到公益慈善之中。而党的十九大聚焦民生问题与民生保障工作，习近平总书记则多次发表重要论述，阐明自己的“民生观”，指出保障和改善民生的重要意义，提出当前和今后一段时期民生工作的着力点，即将广大人民群众凝聚到追求幸福中国的目标上，以保证全体人民在共建共治共享的发展中有更多的获得感①。2003 年，深圳市委、市政府与宣传部在借鉴国外慈善公益事业成功经验的基础上，结合深圳市实际情况，创造性地提出了关爱行动主题思路，成立了由市委书记与市长任主任、副市长任副主任的深圳关爱行动组委会，下设深圳市关爱行动组委会办公室（即“关爱办”），落实关爱行动具体活动的策划、推动、协调、总结等工作，以此打造关爱型的民生社会。自 2003 年创办至今，深圳关爱行动已和市民温暖同行了 15 年，吸引了上千万人次参与，培育和宣传了丛飞、郭春园、孙影等一大批爱心人物，打造了“募师支教”“燃料行动”“关爱劳务工基金”“爱心小书桌”“心理关爱”等一系列品牌公益项目，形成了“政府主导、媒体承办、全民参与”的运作模式。多年来，连绵不绝的关爱行动，不仅让深圳人的心贴得更近，更把“关爱·感恩·回报”镌刻在城市的精神坐标上，形成了“团结互助、扶贫济困”的关爱精神和“助人者

---

① 万鹏，景玥．关于十九大报告，你必须知道的“关键词”[EB/OL]．人民网．http：//cpc.people.com.cn/19th/n1/2017/1018/c414305-29595155.html.2017-10-18/2018-01-26.

最乐、行善者最美”的观念，推动深圳成为一座闻名遐迩的爱心之城、文明之城。关爱行动已经成为深圳这座全国文明城市的亮丽名片，成为落实科学发展观、建设和谐社会、打造民生幸福深圳的重要载体。

关爱行动在经历了 10 多年的发展之后，呈现出了如下发展态势：关爱行动的规模不断扩大，关爱行动的领域不断延伸，关爱行动的项目逐渐丰富，关爱行动的层次逐渐多样，关爱行动的程度不断深化，关爱行动的体制机制不断健全①。在关爱行动中，已有越来越多的市民参与其中，并促使关爱行动变成了市民的生活方式。正是从这种意义上来说，“关爱行动”已成为深圳市社会建设的一个缩影和品牌，而深圳市通过“关爱行动”来打造、建构关爱型的民生社会，也与当前我国和谐社会建设的主题一脉相承，反映了社会建设的更高要求与层次。与此同时，随着关爱行动的纵深发展，市民对关爱服务的质量要求将越来越高，这就需要提升关爱服务的专业性、科学性与精准性。

为了科学地测评深圳市关爱状况和水平，全面地评估关爱行动对深圳和谐社会建设的贡献程度，2014 年 6 月，由深圳大学牵头，香港理工大学、武汉大学、深圳市关爱行动组委会办公室合作开展深圳市关爱指数体系研究课题组。2014 年 7 月课题组向深圳市政府科技创新委员会提出“深圳市关爱指数体系研究”课题申请，并通过了立项。此项研究课题的提出，旨在运用科学的理论与方法来测量一座城市的关爱水平，打造关爱社会，建构“以人为中心”的整体的、综合的社会发展观，以有效弥补我国单纯以 GDP 为核心的评价系统。2017 年 5 月，为了把握关爱服务各领域各人群的真实需求，建构一套精深细的关爱服务指标体系，笔者向关爱行动组委会办公室提出“深圳市居民的需求评估及关爱服务指标体系研究”课题，并获专项科研经费资助。对此，在系统总结历年关爱行动项目基础上，结合 2017 年 1600 项关爱服务项目，笔者采用问卷调查法、个别访谈法等对深圳市 10 个区 7 大类人群(即儿童、

---

① 李晓凤，黄小凤．一种“官民结合”的慈善公益组织探究——以深圳市关爱行动组委会办公室为例[J]. 社会工作(理论版)，2011(06)：4-8.

青少年、妇女、老人、残疾人、来深建设者、特殊社区公众人士）展开了实证调查，致力于推进关爱行动由“量”到“质”的转变，并尝试建构一套系统科学的关爱指数体系和关爱服务指标体系，以更好地回应居民对关爱服务（尤其是对民生服务）的需求。

二、关爱指数与关爱服务指标体系的研究意义

“关爱指数”是解释社会特征的一个有效指标，它可以从政策执行、项目实施以及个人情感能力、社会网络关注度、生活质量以及社区关爱的回应等方面来监测与追踪关爱行动的实施效果。特别是在大力推进深圳社会建设的背景下，建立一套完善地、科学地测量地区甚至是国家关爱水平的指标体系，对于全面评估关爱行动对和谐社会建设的贡献程度，促进政府职能转变，加大以关怀为基础的政策与项目的投入，推进社区福利建设，激励市民的“社群主义的集体行为”、对抗社区解组，科学评价政府提供公共福利资源的水平与能力，塑造科学的政绩观，拓展精神文明建设的工作理念、领域和功能，推动深圳社会治理模式创新，建构我国关爱型民生社会的示范区，以及提升深圳人的现代性与城市的精神品质等，都将具有深远的现实意义。概括地说，深圳市关爱指数与关爱服务指标体系的研究意义，主要表现在以下几个方面。

（一）建构关爱服务的监测评估机制　推动关爱行动的纵深发展

为了不断扩大深圳关爱行动的品牌影响力，强化其公益平台的功能，促使其成为深圳市社会建设战略中稳定的长效机制之一，需要建立一套完整的监测评估机制，以此对关爱行动重点项目的投入与产出进行科学的绩效分析，并为各承办或协办单位的项目选择提供具有建设性的参考意见。从这个角度看，深圳市关爱指数与关爱服务指标体系研究将主要选择“投入—产出模型”，并客观分析深圳关爱行动重点项目活动的组织效率、需求服务的匹配性、实施效果及社会影响力，以真实再现

深圳关爱行动的不同特色与功能，其调研结果将成为深圳市关爱行动深入持久发展的引航标。而在指标体系完善的基础上，则能依据科学方法对深圳市关爱行动历年的发展态势做出描述性研究，并对关爱行动的发展方向给出指示，从而指导深圳市关爱行动迈向精深细的纵深发展，推进社会管理的“硬管控”到社会治理的“软共治”模式转变。

（二）借助关爱指数与服务指标体系的测评　建构“政社合作”的公益服务模式

伴随政府的社会管理与公共服务政策改革、企业社会责任的兴起、公益资源垄断的打破，以及民间志愿精神的发扬与社会组织的发育等，使得我国公益事业处于大发展的前夜。然而，采用何种运作方式与载体来推进社会公益事业的快速发展及长效机制建设，一直是我国学术界与实务界讨论的热点与难点。关爱指数与服务指标体系研究以深圳慈善公益领域为试验田，通过关爱指数与服务指标体系的测评及追踪研究，其目的是培育市民参与社会治理的意识和能力，促进社会组织和市民成为推动、实施关爱行动的核心力量，以此激发社会活力，建构“党政主导和社会参与创新的政社合作”的公益服务模式。而这种上下结合、正向互动的公益服务模式，能够逐步摆脱我国社会建设与精神文明建设的政府推动、民众被动响应的状态，也营造了“做公益光荣”的社会环境与物质环境，有助于培育公民参与社会治理的意识和能力，激发社会活力。

（三）塑造“改善民生”的政绩观　提高政府的施政能力

在当代中国的制度背景与执政理念下，虽然“关爱指数与服务指标”还未直接上升为党和国家的执政理念，但从对党的根本宗旨、科学发展观、和谐社会建设及民生保障的解读中发现，“为人民服务”“以人为本”“各得其所、和谐相处”“共建共享共治”等理念中已蕴含着丰富的“关爱元素”。尤其是在当今民生社会建设的背景下，解决民生问题成为中国最大的政治，改善民生也是最大政绩。如此，研究与完善关爱指数及服务指标体系，对于推动中国各级政府开展关爱性民生型的社会创建，对于促进组织人事部门更加科学地衡量“改善民生”的政绩，对于帮扶困难群体，促进社会公平和阶层和解，都具有深远的现实意义。比如，通过组织慈善公益项目实施第三次分配，其服务领域不仅有“兜底型”的救助帮扶服务，也涵盖了“普惠型”的大众福利。此外，完善的关爱指数与服务指标评价体系，也为党委政府和各级领导干部推进民生关爱型社会建设提供了具体目标和方向，从而能够掌握民生关爱型社会建设过程中的主动性、规律性和科学性，有利于塑造科学的政绩观和提高执政能力。

（四）激励市民“社群主义的集体行为”　打造枢纽型关爱服务平台

因关爱指数可以从情感能力、社会网络关注度、生活质量以及社区关爱的回应等，来监测与追踪关爱行动的实施效果。这样，通过关爱指数与服务指标体系的研究及测评，可以主动培育市民关爱的情感能力，打造关爱社会的网络平台，编织全新的关爱社会组织，激励市民“社群主义的集体行为”，凝聚社会资本。如此，能够有效回应城市现代化变迁中的社会问题与心理问题。如贫富差距变大、公平缺失、信任缺乏、道德滑坡、社会冷漠、公民意识薄弱等，并建构“人人关爱、人人获益”的公益模式，营造“有情人”的社区及互助的城市文化。与此同时，在关爱指数与服务指标体系的追踪监测下，在努力构建体制化、系统化、科学化的“关爱行动”之时，也可以尝试运用深圳关爱行动的经验模式来探索中国现代化建设的全新模式。即通过开展深圳关爱行动激发人类悲悯情怀与正义感，并依靠自由结社的法律架构催生出全新的关爱型社会组织，则可以完成社会市场构建与社会转型的历史使命。由此，可以减轻中国社会转型的痛苦与不安，为构建中国特色社会主义和谐社会服务及达至社会善治，也为探索枢纽型关爱服务平台建设奠定基础。事实上，关爱行动经过了十几年的发展，已开始从狭义的关爱服务的提供转向枢纽型的关爱服务平台建设，而本书也将为打造枢纽型关爱服务平台提供理论及实证资料的支撑。

（五）探索深港两地关爱服务的对比研究需要

改革开放 30 多年来，深圳依托优越的地理位置，开展了与中国香港地区及海外地区的深度合作，由此在经济发展方面做出了骄人的成绩。今天，在社会建设方面，深港两地依然要进行密切持续的合作与交流，事实上，在深圳关爱行动蓬勃开展之时，香港政府也在酝酿启动数额庞大的社区关怀基金项目。尽管深港两地的关爱行动在历史背景、现实成因与实际运作上略有差异，但均有着相同的核心目标——即鼓励商界与社会组织参与政府对弱势群体的福利援助与保护，加强巩固民间人际互助的纽带。而作为深港两地社会建设和社会管理体制创新的试验田，以“关爱”为主题的一系列“政府引导、社会协同、公众参与”的项目行动，已受到了两地政府和社会各界的广泛重视，具有广阔的合作发展空间。如此，关爱指数与服务指标体系研究，也将为深港两地关爱行动的合作发展提供可操作的对比研究平台，并在进一步推动两地社会建设与社会管理的经验交流中，最终促使关爱行动、关爱指数与服务指标成为两地政府高层对话的重要内容。而通过这种对话，两地政府及学者可以不断讨论，推陈出新，以期达到共同打造关爱型社会的目的。

三、关爱指数体系与关爱服务指标体系研究的异同

在阐述“关爱指数体系研究”与“关爱服务指标体系研究”的异同之前，需要简单澄清什么是关爱指数。“关爱指数”是解释社会特征的一个非常有用的指标，可以从政策执行、项目实施、个人的情感能力、社会网络关注度、生活质量以及社区关爱的回应等方面，来监测与追踪深圳市关爱行动的实施效果。从这个角度看，关爱指数旨在运用科学的理论与方法来测量一座城市的关爱水平，打造关爱社会，促使关爱行动的发展；并建构“以人为中心”的整体的、综合的社会发展观，以有效弥补我国单纯以 GDP 为核心的评价系统。

“关爱指数体系研究”作为一个新兴的学术领域，国内外学术界均很少涉及，目前仅有两套关爱指标研究体系。即美国联合慈善基金会开展的国家关爱指数、深圳市文明指数研究中的关爱指标研究。在本书中，主要的研究内容如下：(1)对关爱社会思想和理论开展深入挖掘与系统梳理，为建构关爱指标体系提供丰富的理论素材和参照框架；(2)创造性地提出科学的、可操作化的“关爱”定义；(3)尝试建构理想的关爱指标体系的理论模型，提出政策、项目、个人层次(即3个一级指标)关爱指标体系的设计框架；(4)创立国内首套关爱指数与指标体系，包括宏观层次的“政策关爱指数”(5个二级指标与42个三级指标)，中观层次的“行动或项目关爱指数”(5个二级指标和19个三级指标)，微观层次的“个体关爱指数”(6个二级指标和33个三级指标)；(5)在指数研究方法上采用量主质辅的混合研究方法，以更好地研究关爱指标体系及获得更有意义的研究发现；(6)实施深圳市2010—2013年关爱指数测评，获得重要的研究结论，丰富关爱指标体系的设计框架。(7)提出“打造关爱社会”的数项政策建议，促进关爱行动的可持续发展及关爱社会的建设。

“关爱服务指标体系研究”指运用量主质辅的混合研究法，开展深圳市居民的需求评估及关爱服务指标体系研究，以此建立科学的、系统的关爱服务指标体系。在本书中，主要的研究内容如下：(1)采用文献法与历史比较法，结合关爱行动十余年服务的积累，诠释关爱服务与服务指标的历史发展及其脉络影响因素；(2)运用文献法，梳理十余年来深圳市关爱服务发展的现状、属性与特征，并建立关爱服务的科学分类体系；(3)运用问卷调查与半结构式访谈，描述服务对象的总体状况与基本特征；(4)运用问卷调查与半结构式访谈，分析服务对象的需求(包括个人层面的基本需求、对服务类型的需求)；(5)结合实证调查数据，通过服务对象对关爱服务的满意度，以及服务需求与服务指标匹配度分析，研究需求与服务指标的匹配性，总结关爱服务的成效；(6)探索深圳市关爱服务及服务指标体系的发展趋势。

可见，“关爱指数体系研究”是探究“如何评估深圳关爱水平的服务指标”的集合，主要包括政策、项目、个人三个层次的评价标准，旨在测量一座城市的关爱水准，打造关爱社会。而“关爱服务指标体系研究”主要考察关爱指数的项目与个人层次服务指标体系的科学性，重点分析服务指标与人群需求的匹配性，以此整合福利服务（弱势群体的托底服务）、公共服务（适度普惠的均等化服务）、慈善组织体系等，形成以关爱行动为核心的项目指标的集合。从这个角度看，“关爱服务指标体系研究”既是关爱指数体系研究中项目与个人层次关爱指数的重要部分，也是“项目与个人层次”关爱指数内容的具体化与操作化。

需要说明的是，在本书中，作者将“关爱指数指标体系”简称为“关爱指数体系”，将“关爱服务指标体系”简称“关爱服务体系”，将“关爱指数体系与关爱服务指标体系”简称为“关爱指数与关爱服务指标体系”，有时全称和简称在书中交替使用。

第二章　文献回顾

纵观世界，迄今大约存在着经济现代化与社会现代化的三种模式，即典型的欧美模式、以英美为榜样在本国进行复制的抄袭模式（如印度）、“东亚模式”（如日本）。从现实情况看，目前我国的收入差距正处在一个较大的张力状态上，橄榄形的中产阶级规模较大的阶层结构尚未形成，许多弱势群体与社会脆弱部分确实存在，并需要社会关注与政府高度重视。但是，我国社会变革尚未跟上社会需求，加之日益增多的腐败现象，致使各种社会问题与心理问题凸显，社会也将进入一个冲突加剧与群体性焦虑阶段（很多现代化国家都经历过这一阶段）①。如此，如何通过社会变革来解决社会不公则成为我国现代化建设的重要议题。从这个角度看，研究以社会关爱为核心、尝试回应弱势群体或脆弱部分问题的“关爱指数指标与关爱服务指标体系”研究，理应成为政府、学界和社会民众关注的焦点。

此外，自 20 世纪 50 年代以来，国外社会发展观产生了两大转变：一是从以经济增长为核心到以社会全面发展为宗旨的转变；二是从以发展的客体为中心到以发展的主体为中心的转变②。新的发展观对全球社会经济发展提出了全新的方向和要求，即社会经济的发展应该以人的全面发展为根本目标，这就为社会关爱与社区关怀的相关理论研究提供了

---

① 杨团 .《中国慈善发展报告》[M]. 北京：社会科学文献出版社，2012.

② 彭念一，李丽 . 我国居民生活质量评价指标与综合评价研究[J]. 湖南大学学报(社会科学版)，2003，17(5)：21-25.

良好的时代背景。同时，根据笔者的先导性研究发现，社会关爱水平可以反映一个国家或地区的经济发展水平、社会福利保障力度、(民生)社会建设能力以及社会和谐的程度等。如此，随着社会发展水平的不断提高，以社会或社区关爱为核心的一系列涉及社会和谐的民生问题，已逐渐成为中国社会发展的焦点。而早在2003年，深圳市精神文明建设委员会就从“让工作更加以人为本，为群众做实事做好事”的思路出发，在春节前后举办“用爱拥抱每一天、用心感动每个人”为主题的“深圳关爱行动”。迄今为止，深圳市“关爱行动”已连续举办了15年。与此同时，2004年，美国联合慈善基金会发布了国家关爱指数，涵盖经济福利、教育、医疗与健康、公民意识与志愿服务水平、公共安全以及自然生态环境6大核心领域，并为提高国家关爱水平提供了良好的模式。之后，中国共产党在十七大报告中明确提出社会建设和建设服务型政府的要求和目标，十九大报告中习近平主席指出民生工程是保障人民美好生活的重要一环，希望人人都能够享受到社会福祉。从上述的多元视角看，深圳关爱行动的运作与实施，既是深圳市政府积极响应党中央号召、践行科学发展观的创新性举措，也是站在改革最前沿的深圳人民秉承中华民族优秀文化传统、发扬开拓进取的深圳精神的现实写照。

从社会思想史看，关于“关爱”一词，在中西方社会都有着深厚的社会历史文化渊源。比如，中国源远流长的历史文化与道德思想中蕴含着深刻的关爱思想观点；同时，国外宗教思想、伦理学、社会学等诸多理论领域对“关爱”思想的概念也有相关的阐述。在当代，虽然一些学者在广义层面对“关爱”思想及有关概念进行了部分研究或论证，但仍没有现存的文献对关爱的意义、内涵、历史文化思想渊源，以及关爱指数与关爱服务指标体系的建构方式等做出全面系统的整理与归纳。而本书拟通过对“关爱”社会思想与理论的挖掘以及相关指数与服务指标体系建构方式的系统回顾，来弥补与“关爱”相关的理论研究缺位，并为关爱指标与关爱服务指标体系的科学建构提供其理论解释。基于以上目的，本书将根据国内外相关文献的回顾与整理，遵循以下三条路径对“关爱”的思想内涵、相关指数与服务指标研究经验做出系统的梳理：一是关于“关爱”

的社会思想资源；二是国内外与关爱指数相近的指数研究的现状与趋势；三是国内外与关爱服务指标体系相近的服务体系研究。

一、关于“关爱”的社会思想资源

（一）中国传统的关爱思想

关爱思想与关爱精神一直是中华民族的优秀历史文化传统。从古至今，与“关爱”相关的思想理念在我国源远流长的历史文化与道德思想中留下了深刻的印记，而我党在当今的执政理念中也蕴含着同样显著的关爱思想元素。纵观中国社会的发展史，早在西周时期就有周公宣扬的“保民”思想，儒家思想中也体现了关爱社会底层人民与关爱互助的思想理念；道家则特别推崇自发之爱和自然朴素之情。可见，从基本的关爱情感到近代关爱思想的衍生，每个时期的关爱思想均各有特色，并渗透于国家政策和社会思想各个方面，人们的观念也受到一定的影响。通过系统的文献回顾，本书将中国传统关爱思想以表格方式整理如表 2-1 所示。

表 2-1 **中国仁爱思想代表**

	时期	代表人物	代表思想
中国古代“关爱”思想的发展脉络	1. 西周的关爱思想	代表人物是周公旦，被称为周初的大思想家、大政治家与中国奴隶社会的圣人。周公在天人关系认识上的飞跃，是其人本关爱思想成熟的一个显著标志	(1)周公旦的“敬天、明德、保民”思想代表周代人民对社会有了更加深刻的认识，也代表西周的社会思想发展到一个成熟的阶段 (2)周公的保民思想根本上来说是一种维护新一届奴隶主的政治策略。但是，这种执政方式更加重视人与人之间的关系，注重社会下层人民的疾苦，体现了中国早期的朴素简单的关爱思想

续表

	时期	代表人物	代表思想
中国古代“关爱”思想的发展脉络	2. 儒家的关爱思想	代表人物有儒学的集大成者孔子、孟子，主要体现为“仁爱”思想	(1)关注当时社会中的底层人民，并对贫富不均问题提出了解决方案的设想。比如，孔子的“泛爱众而亲仁”(《论语·学而知》)，孟子的“仁者无不爱也，急亲贤之为务”(《孟子·尽心上》)。 (2)“仁”就是“爱”，即仁者爱人。从“爱”的施予范围看，首先是亲亲之爱，即爱自己的家庭成员，其次是宗族内部互敬互爱。孔子的“仁爱”思想并不是毫无差别的爱，而是以“己”为中心，像石子一般投入水中，比喻人的社会关系，像水的波纹一样，一圈圈推出去，愈推愈远，愈推愈薄
	3. 道家的关爱思想	代表人物有老子、庄子，“道家”思想侧重于慈爱	(1)“泛爱”指人人对外物都必须怀抱着一颗宽容之心，不损于别人。这与庄子在《天运》篇所述“至仁无亲”是一个道理，即最高的“爱”是无亲疏之分的 (2)道家特别推崇自发之爱和自然朴素之情
	4. 墨家的关爱思想	代表人物是墨子，提倡了“兼相爱，交相利”。主张人与人之间不分亲疏彼此，对众生皆持对等的爱	(1)墨家的“关爱”主要体现为“兼爱”思想。兼爱指无差别、普天下平等之爱，不分血缘和等级而给予无差别、一视同仁的爱 (2)社会中一切不和谐的人际关系都源于人们违反了团体生活原则，只知亏人自利，不知相互关爱。如果可以做到相互关爱，一定可以天下大治
	5. 汉唐宋明时期的关爱思想	代表人物有韩愈、张载 韩愈提出了“博爱” 张载提出了“仁爱观”	(1)唐代韩愈将以往“仁”的含义扩展为“博爱”，提出“博爱之为仁”，“以养生之道教人则谓仁”(《原道》) (2)宋代张载主要为“仁爱”建构哲学本体论根据，并在此基础上提出以“爱必兼爱”为纲领的仁爱观(刘天杰，2007)。在现实生活中，仁通过爱的方式表现出来，即“仁”这种内在精神的外在表现则是爱，“尽施己爱”，便是尽仁

续表

	时期	代表人物	代表思想
中国古代“关爱”思想的发展脉络	6. 近现代仁爱思想	代表人物有梁启超、康有为、孙中山 梁启超认同资产阶级自由思想，致力于中国社会的改造	宣扬资产阶级的自由、平等、博爱思想。继承了晚清思想中儒家经世致用的传统，并将这一传统转变为新的人格和社会理想
		康有为认为，“能爱类者谓之仁，不爱类者谓之不仁” 具体看，仁就是要爱类，即爱自己的同类；正因为做到了爱类、博爱，才把人和自然界万物作出区别之时，又高于万物	“人人交相亲爱，此为人类之公理”、“人人平等，爱人如己，不独亲亲(康有为，1987)”。康有为一生为救国救世游走之时，已秉承了“博爱济众”、悲天悯人的宏图愿景。显然，他已冲破了贵贱等级的博爱，其关爱思想已成为近代思想家的共识及时代新风尚
		孙中山是中国近代民主主义革命的开拓者，中国民主革命的伟大先行者，三民主义的倡导者	孙中山的“博爱”是为全国同胞共谋幸福、爱我中华民族、爱我中国同胞之爱，而其“三民主义”的政治纲领则是对博爱的具体践行。如国家的责任，就在于保障民族，使民族有着强有力的保障与安全

(二)近现代中国共产党执政理念中的关爱元素

中国目前正处于现代化转型的历史进程中，其经济发展迅速，财富积累更多，人民生活也越来越好。但不可回避的是，随着我国城市化率进入45%~65%的“坎”上，人均国民收入水平进入了快速提升时期，收入差距也处于一个较大的张力状态之上。相应地，各种社会的、心理的问题尤其是社会公平问题与民生问题十分突出。而中国共产党不仅在实践中努力地回应这些问题，也始终将人民的利益放在第一位，这也是我党能够永葆青春的一剂良方。事实上，中国共产党自成立以来，在其执政理念中一直都贯彻着关爱的思想，以下主要从我党的根本宗旨、科学发展观、和谐社会的建设等方面来挖掘其关爱社会思想(见表 2-2)。

表 2-2　　中国共产党执政理念中的关爱元素

时期	代表理念	政策
1. 党的根本宗旨中的关爱元素	中国共产党人以历史唯物主义为指导，在总结领导中国人民长期革命和建设实践经验的基础上，将全心全意为人民服务概括为党的根本宗旨。这也是一百年来共产党员一直坚持和践行的理念	(1)中国共产党自成立以来，就将“为人民服务”的宗旨牢记在心，为人民办实事，也充分体现了党的宗旨中的关爱元素 (2)共产党人要高度重视人民群众最关心、最现实的问题，永远要站在人民的立场上思考问题，进行工作
2. 科学发展观中的关爱理念	党的第十六届三中全会提出了科学发展观，并把其基本内涵概括为“坚持以人为本，树立全面、协调、可持续的发展观，促进经济社会和人的全面发展” 科学发展观改变了只追求 GDP 增长，关注人文社会环境发展，强调社会大多数人的内在体验、感受及梦想的实现	(1)“以人为本”是科学发展观的本质和核心，即在经济发展中更加注重人民群众需求，从而解决了“发展依靠谁、发展为了谁”的根本问题 (2)科学发展观其实是党的宗旨“全心全意为人民服务”的具体体现。这种始终关爱人民，以人民利益至上，以人为本的执政理念自然也体现了我党在现代执政中的关爱思想
3. 和谐社会建设中的关爱思想	党的第十届六中全会正式提出了“构建社会主义和谐社会”的概念 社会和谐是中国特色社会主义的本质属性，是国家富强、民族振兴、人民幸福的重要保证	(1)和谐社会的美好社会图景是全体人民“各尽其能、各得其所而又和谐相处”。其中“和谐相处”可以理解为人们的一种基本需求，即对良好、融洽的人际关系和社会关系的深层次精神需求 (2)要实现和谐社会的目标，既要通过关爱社会建设来解决各种人际关系紧张，又要及时发挥“关爱”社会机制在协调社会运行与人际相处中的“润滑剂”作用

续表

时期	代表理念	政策
4. 党的十九大中关爱因素的体现	党的十九大报告中指出，当前我国面临的形势是“决胜全面建成小康社会，夺取新时代中国特色社会主义伟大胜利”	(1)在民主法治建设上，迈出了重大的步伐，积极发展社会主义民主政治 (2)作为一种制度，现在人权来源于人类的文明。社会不断发展正在推动着人权意识的觉醒，人们也在不断争取自己的基本权利，并享受国家给予的关爱
5. 构建人类命运共同体	习近平总书记提出的“人类命运共同体”，展示中国和平发展给世界带来的机遇，以及中国“一带一路”倡议，改变了世界人民的生活 在“人类命运共同体”的理念影响下，世界正在发生“互爱互助”式的改变	(1)通过国家之间的经济交往，建立了良好关系，达到一种互相依存的状态 (2)中国不仅是在本国发展关爱思想，也借助不同的方式将关爱思想和服务传播到世界各地

(三)国外“关爱思想”及相关研究的述评

国外学术界从西方哲学、宗教学、伦理学、教育学、社会学等多个方面，阐述了与“关爱”有关的思想及理论。比如，“友爱”思想在古希腊时期占有重要的地位，在希腊人看来，友爱指两个拥有共同生活的并且一直愿意主动为对方做事情的人之间的关系。这是西方哲学中的一个重要论题，苏格拉底、柏拉图、亚里士多德、伊壁鸠鲁、西塞罗、奥古斯丁、德里达等，都对友爱问题进行过不同程度的阐述(见表2-3)。亚里士多德的友爱思想为基督教博爱思想奠定了良好的思想条件，因为亚里士多德的友爱是在世俗生活层面解决灵魂的净化，基督教博爱思想是在精神归宿层面给人一种超越性的价值关怀，爱是基督教伦理的核心观念。

在挖掘国外“关爱思想”与理论中我们发现，有的是从起源与本质的角度来理解“关爱”的，有的是从道德主题的高度探讨“关爱”的，有的是将“关爱”限定在特定领域内进行讨论的，有的则能够启发我们如何在一定的平台层次来实施“关爱”的。毫无疑问，上述社会思想与理论既为我们提供了理解“关爱”的不同学科视野，也为建构关爱型的社会提供了很好的启发。

表 2-3　　**国外“关爱思想”相关研究**

层次	代表人物	仁爱思想
从微观层面看西方哲学的关爱思想	柏拉图作为古希腊最伟大的哲学家之一，在其诸多著作中都有“友爱”流行话题的论述	柏拉图认为，希腊人把友爱看作是一种欲，它自身既不美，也不善，但在本性上是对美和善的追求。这些有关友爱的谈论，深刻影响亚里士多德对友爱的思考
	亚里士多德对友爱的研究是最深刻、详细的，在《尼克马克伦理学》中他对友爱问题进行了较为详细和深刻的阐述	亚里士多德对友爱进行了分类，并在比较友爱思想、自爱、正义、幸福等概念中进一步阐述了友爱的深刻内涵。他认为友爱作为一种现实活动，其轨迹是以爱与被爱为两个焦点的椭圆形。不过，亚里士多德式的“友爱”是一种有等级差别的爱
	伊壁鸠鲁深受亚里士多德的影响，认为友爱思想是开展友爱与快乐关系的研究	伊壁鸠鲁试图借友爱化解自己理论中远离社会的、冷漠的快乐，但结果并不尽如人意。尽管伊壁鸠鲁强调快乐是集体的快乐，但其友爱始终保持快乐的手段，并不具有独立的价值
	西塞罗深受柏拉图学派、亚里士多德学派、伊壁鸠鲁学派的影响，为折衷主义哲学家	在《论友谊》著作中，西塞罗对友谊的性质、起源、好处、择友标准、友爱规则，以及友爱与美德、年龄、性格、爱好等关系，作出了精辟的阐述(李影，2010)
	德里达是 20 世纪下半期法国哲学家、解构主义的代表人物	在《友爱的政治学》中，德里达表达了对友爱的重视，试图唤醒人们对友爱的关注，并将友爱重新与政治、民主相连。这对社会和谐建设，有着不可磨灭的影响

续表

层次	代表人物	仁爱思想
从宏观层面来看待西方中的关爱思想	基督教的博爱思想主要体现在《圣经·新约》之中。博爱思想代表了基督教思想发展的最高阶段，这既是上帝对人的恩赐，也是上帝对人发出的命令（黄亚娟，2006）	(1)基督教的博爱思想源自上帝之爱，人不能从自身来解释爱，必须由上帝的爱来规定 (2)基督教的爱主要指神性的圣爱，指作为人对神爱的回应即爱上帝，和作为回应的神爱即爱邻人。基督教的爱是连接人与神之间的桥梁，也是人与人之间爱的基础 (3)基督教的博爱需要具备以下性质：爱应当是发自内心的和行动的；爱必须要有谦逊的态度
社群主义思潮的“共同的善”	以迈克尔·桑德尔为代表，认为从根本而言，正义是对社群共同的善或公共利益的共识 “共同的善”指作为整体社群的共同目标、共同的价值规范及共同的利益	(1)“共同的善”既是一种社会的伦理德性，也是一种公共利益，可以区分为物化和非物化两种基本形式。非物化形式主要体现为德性及各种共同的目的与价值，物化形式则是通常所说的公共利益 (2)如此，“社会关爱”主要表现为国家、政府、社会及其他社会团体或组织，对民众特别是弱势群体提供的一种服务或关注。同时，从社群主义理论倾向和社会建设总体目标看，构建一个科学合理的社会关爱指标体系至少应该包括：服务型社会群体（团体）的发育程度；政府对“共同的善”的投入力度

续表

层次	代表人物	仁爱思想
发展性社会福利思想中的关爱	以吉登斯（Anthony Gidden）等为代表人物，先后提出了社会投资性福利战略、积极福利制度、福利社会等概念 之后，James Midgley 于 2003 年提出了发展性社会福利理论	(1)“发展性社会福利”指把社会福利和经济发展整合起来的福利观，从项目看包括通过提高全民生活水平来提高人的福利、确保社会正义及公平分配国家的财富，通过人力资源培养尽可能提高人们的健康和教育水平等 (2)基于发展性社会福利研究的启示是，中国福利政策需要从以往单纯针对社会弱势群体的剩余性社会福利政策，转移到建立制度性与发展性社会福利，这是中国社会福利未来的方向。为了适应这种发展，则要求进一步转变政府职能，形成社会福利的专业化管理、完善社会福利制度以及社会福利事业管理法制化①
关怀伦理学的关爱	以吉利根、诺丁斯为代表人物 从最初女性主义关怀伦理学的兴起，发展到特朗托的超越性别的伦理模式，关怀伦理学体现的是道德情感	(1)主要观点：①人与人均沉浸在关怀中，关怀体现了生活最终极的本质；②个人在各个时期都需要他人的理解、接纳、尊重、认同，关怀他人和被他人关怀是人的基本需要；③把关怀看做双方都有付出与收获的互惠关系 (2)关怀伦理学从注重“平等”向“差异”倾斜，让不同立场和观点的人在关怀平台上沟通和对话，这对关爱指数与服务体系研究的启示是：关怀是人类的普遍需要，应体现在教育及社会生活各方面，并促使关爱变成每个人的一种生活方式

① 孟钧．我国需走向制度性、发展性社会福利[J]．中国社会报，2007(6)：1-2.

二、国内外与关爱指数相近的指数研究现状及趋势

(一) 国内与关爱指数相近的研究

一般认为国内与关爱指数相近的主要指数研究有：主观幸福指数研究、中国民众幸福指数研究、天津和上海居民生活质量指标体系研究、全国小康社会指标体系研究、澳门生活质量指标体系研究、中国城市生活质量指数研究，以及深圳市文明指标体系研究等。国内与关爱指数相关的研究内容及成果如表 2-4 所示：

表 2-4　　国内与“关爱指数”相关的研究

研究主题	研究内容简介
主观幸福指数研究	(1)我国学者在中国人生活质量研究中不同程度涉及主观幸福感测量问题，大致沿用了国外同类研究的思路和方法。比如，林南等对天津市民的生活满意感研究，主要考察的指标是家庭生活、职业的社会特征、职业收入与家庭经济、文化休闲条件、公共服务设施、住房及环境、家庭外社会关系、子女教育等八个具体领域的满意度(林南等) (2)国内心理健康层面的幸福感研究，主要针对某些特殊群体展开。比如学者在我国大学生中试用 Fazio 修订的总体幸福感量表(GWBS)。此量表包含了 48 项，因素分析表明量表由正性情感、负性情感、健康状况三个分量表组成。同时，Lu Luo 对台湾地区居民主观幸福感进行研究，编订了中国人幸福感量表(CHI)，考虑到了与中国文化有关的某些因素(张卫东，2011)

续表

研究主题	研究内容简介
中国民众幸福指数指标体系	从我国文化背景和当前的社会实际出发，在大量实证研究的基础上，提出了由十个次级指标构成的我国民众幸福指数指标体系。包括：知足充裕体验指数、心理健康体验指数、成长发展体验指数、社会信心体验指数、目标价值体验指数、自我接受体验指数、人际适应体验指数、身体健康体验指数、心态平衡体验指数、家庭氛围体验指数(邢占军，2006)
全国小康社会指标体系	中国社会科学院在1991年提出全国小康社会指标体系。包含社会结构(6个指标)、人口素质(14个指标)、经济效益(5个指标)、生活质量(22个指标)、社会分配结构(4个指标)、社会稳定和社会秩序(8个指标)六大类共60个指标(杨立勋，2009)
澳门生活质量指标体系	国内有学者(周长城、柯燕，2008)参照国际通行的生活质量指标体系，结合澳门的实际情况，分别从健康、教育水平、物质福利、居住质量、生态环境、生活设施、社会保障、闲暇生活、精神生活、公共安全和社会公正等方面，对澳门的客观生活质量作了系统研究，并对澳门回归前后作了系统的比较研究
中国城市生活质量指数研究	2011年中国社会科学院经济学所和首都经贸大学联合发布首个《中国城市生活质量指数报告》，采用客观指标和主观指标加权的生活质量指标体系。其中主观指数包括收入、生活成本、医疗保障、生活环境、生活节奏及生活便利程度等方面的满意度，客观指数包括人均财富、通货膨胀率、绿地面积、恩格尔系数等内容

续表

研究主题	研究内容简介
深圳市文明指标体系	深圳市精神文明办公室和深圳市社会科学院在深圳市文明指数研究中选取了105个候选指标，并把隶属度和强度都在80以上的75个指标确定为正式二级指标。其中，关爱指标有14个，幸福指标有11个，人文指标有12个，安全指标有11个，诚信指标有11个，环境指标有10个，廉洁指标有6个。占二级指标权重分配方面：关爱指数(18)、幸福指数(15)、人文指数(15)、安全指数(14)、诚信指数(14)、环境指数(14)、廉洁指数(10)，总权数为100。其中关爱指标的14个具体测量项目包括：福利彩票销售额、法律援助人次、注册志愿者人数、安排残疾人就业人数、公共场所无障碍设施普及率、社会救济对象总人数、百名老人福利床位数、刑释解教人员安置率、社会保险基金征缴率、垫付欠薪员工数、办理收养登记、无偿献血人次、志愿无偿捐献眼角膜人数，以及志愿无偿捐献遗体人数(杨立勋，2009)

(二)国外与关爱指数相近的研究

国外与关爱指数相近的主要指数研究有：国外主观幸福指数研究、国外生活质量指数研究、联合国人类发展指数(HDI)研究、联合国千年发展目标监测指标研究，以及美国社会健康指数研究等。国外与关爱指数相近的研究内容及成果如表2-5所示：

表 2-5　**国外与“关爱指数”相关的研究**

研究主题	研究内容简介
国外生活主观幸福指数研究	(1)学术界一般将主观幸福感界定为人们对自身生活满意程度的认知评价。研究者选取的主观幸福感维度主要包括总体生活满意感和具体领域满意感。目前见到的较早的生活满意感量表是 Neugarten 等人 1961 年发表“生活满意感量表(LSI)”。该量表包含生活热情，毅力，所达到目标与期望目标的一致程度，身体、心理、社会方面良好的自我概念，愉快乐观的心理品质等维度(Havighurst R J. Tobin S S.，1961) (2)在心理层面上，Bradburn 于 1963 年编制了情感平衡量表(ABS)，包含 10 个项目。其中 5 个项目测量的是积极情感，另外 5 个项目测量的是消极情感。根据被测者在两个方向的得分情况来衡量其近期的情感状态，从而推测其幸福感状况(邢占军，2002)
国外生活质量指数研究	(1)世界卫生组织于 1991 年发起了一项由多个国家和地区、不同文化背景的人员参与的、可作跨文化比较的生活质量测量工具的研发行动，建构了涵盖生理、心理、独立性、社会关系、环境和精神支柱等六个领域的生活质量指标体系(郝元涛、方积乾，2000) (2)美国学者的生活质量指标体系大多以测量主观感受为主。如 Diener(1995)完全从满意度角度建构了美国社会的生活质量指标体系。包括美国生活中对生活总的看法，对家庭生活、社会生活、与工作有关的生活领域、个人健康、娱乐、精神生活、自我、健康、物品与服务的购买以及消费、物质拥有、联邦政府的工作表现和当地政府的工作表现等 14 个领域(周长城、蔡静诚，2004)

续表

研究主题	研究内容简介
联合国人类发展指数	(1)联合国开发计划署(UNDP)在《1990年人文发展报告》中，首次发布人类发展指数(Human Development Index)。该指数由预期寿命指数、教育成绩指数和实际人均国内生产总值三大指标复合而成，用以衡量联合国各成员国人类、经济和社会发展水平，揭示了经济增长与社会发展的不平衡。人类发展指数是三个衡量人类生活基本方面的分指标的算术平均值。这三个基本方面分别是：①出生时预期寿命。反映人的寿命和健康状况；②教育。由各阶段的适龄教育人群接受不同阶段性教育的平均时间长度和小学、中学和大学综合入学率(占1/3权重)组成，反映了国民平均知识水平和国民教育普及程度；③实际国民人均收入水平(Gross National Income Per Capita)。反映了“有尊产”的生活所需资源的满足程度 (2)该指数三项分指标中只有一项指标与经济数据有关，其实质是用实际人均国民收入来代替传统的人均国内生产总值的核算方式；而其他两项指标则分别指向公民个人健康水平和受教育程度，这说明该项指数把公民的利益与福祉作为核心要素进行考量
联合国千年发展目标监测指标	(1)2000年9月联合国千年首脑会议上，为在全球范围内消除贫穷、饥饿、疾病、文盲、环境恶化和对妇女的歧视，来自189个国家的代表签署了《联合国千年宣言》，制定了一套有时限的目标和指标，统称为千年发展目标(MDGs) (2)十年后(2010年9月)联合国千年发展目标首脑会议上，世界各国领导人再次齐聚联合国，为八大目标的推进商议具体战略和行动，以期在2015年能够顺利实现千年发展目标的全部八项目标。包括：消灭极端贫穷和饥饿、实现普及初等教育、促进两性平等并赋予妇女权力、降低儿童死亡率、改善产妇保健、抵抗疾病，及确保环境可持续发展以及制定全球伙伴计划。这八项目标突出体现了“以人为本”的时代主题，除了最后一项强调国际区域合作以外，其他目标全部涉及与人类生存发展息息相关的社会民生领域

续表

研究主题	研究内容简介
美国社会健康指数	美国社会政策创新研究所从 1970 年开始计算美国社会健康指数，采用 16 个不同的社会指标评价社会发展与社会健康的综合状况。包括婴儿死亡率、虐待儿童、儿童贫困率、青少年自杀率、青少年药物滥用、青少年高中辍学率、失业率、工资水平、医疗保险覆盖率、65 岁以上老龄人口贫困率、65 岁以上老龄人口医疗费用负担水平、命案发生率、酒后交通事故发生率、食物救济计划供给率、住房价格承受能力以及贫富差距幅度，每年根据上述 16 个指标计算出一个综合社会福利指数来反映这一年的社会健康状况(Miiringoff, M-L and Opdycke, S. , 2008)
美国国家关爱指数	美国联合慈善基金会发布的国家关爱指数是国外文献中少见的、明确以关爱指数(Caring Index)命名的指数指标体系，涵盖了经济福利、教育、医疗与健康、公民意识与志愿服务水平、公共安全以及自然生态环境等 6 大核心领域下的 34 项具体指标(Jim Masters & Teresa Wickstrom, 2004)。此项关爱指数是由美国联合慈善基金会的有关专家通过对社区建设的投入产出比的严格测算，来确定相关指标并最终发布的整套关爱指数。该指数涵盖的六大核心领域以及各领域下的各个指标都被赋予了不同的测算权重。即经济福利、教育、医疗与健康、公民意识与志愿服务水平四大领域所赋权重基本相同(20%左右)，其中经济福利类指标所占权重稍大(24%)。在六大领域中，自然生态环境类指标所占比重最少(6%)，但不可或缺。同时，公共安全类指标权重分布虽然只占 10%，但其下两项与犯罪率相关的指标所赋权重比例很大(5%)，反映出良好公共安全状况与低犯罪率对于社区关爱程度的极其重要

(三)国内外与关爱指数相近的研究总结

纵观国内外各类与关爱指数相近或相关的社会发展指数及指标体系

的研究成果，当前社会发展指数研究的特点和趋势主要表现在四个方面：其一，关注以人为本，从人的全面发展和生活满意度的提高作为社会全面发展的衡量标准；其二，不再单纯强调经济增长，在社会整体福利状况上提高关注度，重视社会协调发展；其三，不再单纯从理论出发，而是更加注重可操作性和可评估性；其四，从小范围研究到跨区域、跨文化研究，针对的问题和对象更广，做到了提高指标体系的地区代表性与普遍适用性的有机统一。

此外，对比“美国联合慈善基金会的国家关爱指数研究”和“深圳市文明指数下的关爱指标研究”的研究成果，可以发现，当前仅有的关爱指数研究的特点主要体现在为三个方面：一是深圳市的关爱指标完全由一些单一化衡量关爱水平、客观化的指标构成；相比之下，美国联合慈善基金会的国家关爱指标更系统、更全面，并重视对社区关爱水平的测量；二是两套指标体系都侧重了对经济福利状况的测量，凸显了经济福利状况对衡量一个地区关爱水平的重要性；三是两套指标体系都重视对公民志愿服务水平的测量，表明志愿服务对于关爱水平的重要性，但是两套指标体系都很少涉及“专业化的社会服务”的项目。

以上分析为建构关爱指标体系提供了良好的设计方向和科学的参考模式。比如，关爱指标体系应该重视对社会整体福利状况和福利水平的测量，注重人文关怀层面的关爱政策或行动。同时，将本书涉及关爱指数与国内的幸福指数、生活质量指数相比较，幸福指数和生活质量指数主要是从个人或社会整体的幸福感或生活满意度出发，来测量国家、社会以及个人自身带给民众生活水平提高的程度；而关爱指数则应该侧重于反映国家和社会为保障市民尤其是弱势群体的基础性物质、精神层面需求的力度，体现为一个国家或地区的社会建设及精神文明建设的能力。另外，通过国内外各类与关爱指数相近或相关的社会发展指数体系的文献研究发现，目前国内外有关“关爱指标体系”的研究均属于起步阶段，无论是研究的深度还是广度都有待挖掘，尤其是对二级、三级关爱指标体系的建构更缺乏深入的、科学的、细致的讨论及追踪研究。

三、国内外与关爱服务指标体系相近的服务体系研究

目前国内外对关爱服务指标的研究文献相对较少，与之相关的研究主要集中在社会服务指标体系方面。笔者选取了其中比较完善的、成熟的服务指标体系回顾梳理，以此为笔者构建关爱服务指标体系奠定基础。

（一）《国家基本公共服务体系“十三五”规划》的公共服务体系

国务院于 2017 年 1 月颁布《国家基本公共服务体系“十三五”规划》，是“十三五”乃至更长一段时期推进基本公共服务体系建设的综合性、基础性、指导性文件。“十三五”时期，我国基本社会服务的重点任务仍然是社会救助、社会福利、社会事务和优抚安置等领域。具体包括：最低生活保障、特困人员救助供养、医疗救助、临时救助、受灾人员救助、法律援助、老年人福利补贴、困境儿童保障、农村留守儿童关爱保护、基本殡葬服务、优待抚恤、退役军人安置、重点优抚对象集中供养(国务院官网，2017)。公共服务“十三五”规划涉及基本社会服务的部分见表 2-6。

表 2-6 **国家基本公共服务体系“十三五”规划对基本社会服务方面的要求①**

重点任务	与本书研究相关的内容
1. 社会救助	(1)推进城乡低保统筹发展，健全低保对象认定办法，建立低保标准动态调整机制 (2)完善特困人员认定条件，合理确定救助供养标准，适度提高救助供养水平 (3)全面、高效实施临时救助制度，降低法律援助门槛，扩大法律援助范围

① 国务院关于印发“十三五”推进基本公共服务均等化规划的通知[EB/OL]. 政府信息公开专栏 http://www.gov.cn/zhengce/content/2017-03/01/content_5172013.htm. 本表格依据此通知文件基础上整理而成。

续表

重点任务	与本书研究相关的内容
2. 社会福利	(1)全面建立针对经济困难、高龄、失能老年人的补贴制度，并做好与长期护理保险的衔接 (2)加快社区居家养老信息网络和服务能力建设，推进医养结合发展 (3)进一步完善孤儿基本生活保障制度，做好困境儿童保障工作 (4)全面推进精神障碍患者社区康复服务
3. 养老服务体系建设	(1)支持主要面向失能、半失能老年人的老年养护院，医养结合设施和社区老人日间照料中心等服务设施建设 (2)推进无障碍通道、老年人专用服务设施、旧楼加建电梯建设，以及适老化路牌标识、适老化照明改造 (3)搭建养老信息服务网络平台，推广应用便携式体检、紧急呼叫监控等设备
4. 残疾人基本公共服务	(1)残疾人就业创业和社保服务。为有劳动能力和就业意愿的城乡残疾人免费提供就业创业服务，按规定提供免费职业培训；落实就业困难残疾人的各项就业援助和扶持政策，为智力、精神和重度肢体残疾人提供辅助性、支持性就业服务等 (2)残疾人康复、教育、文体和无障碍服务。推动公共文化体育场所设施免费或优惠向残疾人开放，为视力、听力残疾人等提供特需文化服务；加快推进公共场所和设施的无障碍改造
5. 创新服务供给	(1)积极引导社会力量参与。鼓励有条件的地方采取招标等方式确定举办或运营的主体 (2)大力发展社会组织。大力培育发展社区社会组织，支持其承接基层基本公共服务和政府委托事项 (3)鼓励发展志愿和慈善服务。广泛动员志愿服务组织与志愿者参与基本公共服务提供；发挥慈善组织、专业社会工作服务机构在基本公共服务提供中的重要补充作用

从上表中可以看出，基本社会服务包含社会救助托底性服务与社会福利发展性服务，并且重点关注老年人残疾人群体，加强养老服务及对残疾人士的关爱。在动员社会参与方面强调发挥各类社会组织的作用，大力发展志愿服务和慈善事业。可见，该服务规划对建构关爱服务指标体系的启示有：(1)关注社会救助托底性和社会福利发展性双重作用。据笔者的数据统计分析发现，关爱服务项目包含补偿性和增益性两大方面，相应地，服务指标设计需考虑特殊需要人群和一般公众。(2)充分发挥社会组织的力量。关爱服务在社会组织动员方面影响显著，应突出关爱办社会动员的功能以及对公益慈善的关注。

(二)《深圳市民政事业发展“十三五”规划》对社会服务的阐述

2016年11月深圳市民政局在官网正式发布《深圳市民政事业发展“十三五”规划》①(简称《规划》)。《规划》提出深圳“十三五”期间民政事业发展目标之一是“建立完善与建设更高质量民生幸福城市相适应的基本民生保障体系”，推动适度普惠。具体阐述为：社会救助从“保障生存”的单一救助转向“保基本生活、保基本权益”的综合救助，制度健全、标准科学、相互衔接、运行有效的社会救助体系建设取得明显进展。防灾减灾救灾体制进一步健全，减灾救灾保障更加有力，受灾群众基本生活保障水平有新的提升。社会福利保障范围进一步拓展、水平进一步提升，更多的市民群众享受与经济社会发展相适应的社会福利服务。公益慈善由“输出型”为主转向“输出输入”并重，公益慈善组织资源募集使用能力和社会公信力有新的提高，公益慈善事业在促进社会发展和共享发展成果中作用日益显著。

从阐述中归纳如下：其一，进一步完善“托底性”福利服务，继续发挥保障作用；其二，重点加强防灾减灾服务建设；其三，福利服务范

---

① 深圳市民政事业发展“十三五”规划．深圳民政在线，http：//www.szmz.sz.gov.cn/cn/xxgk_mz/ghjh/fzgh/201612/t20161220_5746742.htm.

围进一步扩大，服务水平进一步提升，以实现适度普惠的社会服务；其四，重视发挥公益慈善事业的作用。“十三五”规划在保障民生及增强适度普惠的服务内容如表 2-7 所示：

表 2-7 《规划》在加强基本民生保障、增进适度普惠服务方面实施的部分内容简表

《规划》领域	与本书研究相关的服务内容
完善社会救助体系	最低生活保障、专项救助、临时救助、特困人员救助供养、流浪、乞讨人员救助、推进精准救助、社会参与
加快发展社会福利事业	创新社会福利管理服务体制机制、提升儿童福利和保护服务水平、提升老年人福利水平、加快发展养老服务、开展扶贫开发和对口帮扶
发展公益慈善事业	健全培育发展机制、构建综合监管体系、创新运营模式、深入打造中国慈展会品牌
推进社区治理精细化现代化	深化基层管理体制改革、完善社区治理体系、健全基层群众自治机制、提升社区服务水平、加强社区工作队伍建设

《规划》对关爱服务指标体系设计的借鉴如下：(1)考虑特殊人群的“托底性”福利服务，以保障特殊人群的基本生活；(2)以儿童、老年人、贫困人口为服务重点，并辐射到其生态系统；(3)注意服务指标体系的可操作性、精细化，其中社区是主要的服务落地场域；(4)关爱服务人才的能力培养与组织载体建设十分关键。

(三)深圳市社区党群服务中心的服务指标体系

2016 年 9 月 30 日深圳市民政局发布《深圳市社区党群服务中心政府购买项目服务标准》(简称“标准”)，规定了各社区党群服务中心“5+1+2”模式下的主要服务内容。即每个服务机构每年至少应完成 8 大项服务，包含基础公共服务5大项、特色公共服务1项、外部合作类项目2项。其中，基础公共服务指社区居民需求度较高、需求较普遍的社会服务；特色公共服务指专业程度较高的社会服务项目；外部合作类项目指以服务机构为平台引入其他社会资源开展的、符合居民需求的服务项目(具体内容见表2-8)。

表2-8　　深圳市社区党群服务中心社区服务指标体系简表

服务大项类别	服务人群与场域		服务要求
基础公共服务	老年人	特殊老年人	提供入户探访、个案、群体服务
		普通老年人	提供身心健康、生活适应、文体康乐、人际交往、关系协调、社区融入、支持网络构建等服务
	妇女、儿童、青少年、家庭	一般妇女、儿童青少年及家庭	儿童青少年身心健康成长支持服务
			妇女身心健康发展服务
			家庭关系促进与辅导支持服务
		特殊妇女、儿童青少年及家庭	为社区内妇女、儿童青少年特殊群体与家庭，提供特定需求的针对性服务
	社区发展	社区团结、融合与互助	培养社区居民互助意识，形成守望相助的社区氛围，促进全体居民特别是来深建设者及家庭对社区和城市的融合与适应
		社区义工队伍建设	建立社区义工队，鼓励居民参与志愿服务
特色公共服务	社区矫正		促进药物滥用者、社区矫正人员回归社会
	残疾人与特困人群服务		提供社会救助，改善生活质量
	优抚对象服务		退役人员生活辅导；军人及军属关爱支持
	社区营造与发展		整合资源，联合社区力量促进发展
	社区危机与公共事件应急援助		社区危机介入与预防
	其他特色服务		自主开发

续表

服务大项类别	服务人群与场域	服务要求
外部合作服务	社区民生微事实	街道和社区党委领导下的民生微事实服务
	其他政府部门购买的服务项目	以社区为平台政府购买服务实施
	其他公益社会组织及企业合作	社区引入公益社会组织或企业合作开展的服务

与原先的标准相比，新出台的社区党群服务中心的标准进一步区分了基础服务和特色服务、一般人群服务和特殊人群服务；同时，将儿童青少年、家庭放在一个板块，将特殊群体服务从社区居民自主互助中拆分，更加凸显托底性社会服务的重要性，也在一定程度上促进了社区服务项目化运作（如妇女、儿童青少年社工的合作）。此外，设立外部合作服务，鼓励社工积极对外链接资源，与政府、其他社会组织与企业联动，以跨界合作方式提供社区服务。

可见，社区党群服务中心标准对建构关爱服务指标体系的启示有：(1)既考虑一般人群又兼顾特殊人群，即关爱服务需要以适度普惠为原则。标准中聚焦社区老人、妇女、儿童青少年、来深建设者、社区矫正人员、优抚安置对象、志愿者等多元群体，增益性与发展性服务并存，并针对不同人群有所侧重。(2)围绕个人的“生理-心理-社会”维度、“家庭-企事业单位-社区”系统，运用生态系统理论与整合的实务手法提供服务，以满足个人及环境的多层次需要，并将宏观与微观介入相结合。(3)注重跨界合作与社工机构对社会力量的动员，如社会工作者与政府、企业及公益性社会组织合作，以引入多元资源来提升服务效率与质量。

(四)中国志愿服务体系

佘双好、李晓凤等以湖北省志愿服务状况为基础背景，探讨中国志愿服务中存在的一些较为普遍性问题，对我国志愿服务体系进行了梳理。该体系从志愿服务的内容、主体、状态、对象、多元力量等五个方面进行分类，具体分类如表 2-9 所示：

表 2-9　　我国志愿服务的领域分类①

领　域	具体划分
志愿服务内容	专项性志愿服务、公益性志愿服务、社区性志愿服务
志愿服务主体	专业志愿服务、普通志愿服务
志愿服务时间紧急状态	应急服务、常态服务、大型活动服务
志愿服务对象	城镇下岗失业人员、农村特困人口、优抚对象、妇女、未成年人、残疾人、老年人、流动人员
志愿服务政社关系	官方志愿服务、半官方志愿服务、民间志愿服务

他们对我国志愿服务基本领域与重点领域进行了划分。其中，基本领域包括扶贫济困、扶弱救弱、帮老助老、慈善捐助、环境保护、文明劝导、就业创业、社区服务、应急救援、大型活动 10 个领域；重点发展领域包括关爱未成年人、关爱农民工子女、关爱空巢老人、流动人口志愿服务、社区志愿服务、大型活动志愿服务、国际救援志愿服务 7 个领域。此外，他们还对我国志愿服务的意义、历史脉络、构成要素、体系建设以及志愿服务的开展、管理等方面，全面阐释了我国的志愿服务体系。

志愿服务体系对本课题的启示在于，志愿服务作为重要的社会参与力量，应纳入指标设计之中；同时，志愿服务对象的重点人群划分，应结合本土实际状况进行界定。此外，志愿服务多维度划分也为关爱服务体系的分类提供了借鉴。

① 佘双好，李晓凤. 志愿服务概论[M]. 武汉：武汉大学出版社，2013：56.

(五)香港社会服务体系

香港社会服务起源于慈善组织的救济运动，经历第二次世界大战后六十多年的发展，已形成了十分完善的服务体系。香港社会服务既具西方特色又受中国传统文化影响(见表2-10)。

表2-10 **香港社会服务简表**

服务领域	服务内容	
社会保障	综合社会保障援助(综援)计划、自力更生支援计划、公共福利金计划、暴力及执法伤亡赔偿计划、交通意外伤亡援助计划、紧急救济服务	
儿童及家庭服务	慈善信托基金、家务指导服务、保护家庭及儿童服务、幼儿服务、体恤安置服务、家庭危机支援中心、危机介入及支援中心、家庭生活教育、寄养服务、综合家庭服务、妇女庇护中心、露宿者服务、性暴力受害人士服务、防止自杀服务、临时收容中心、市区单身人士宿舍、领养服务、儿童住宿照顾服务	
康复社会服务	学前儿童康复服务、残疾学龄儿童服务、肢体伤残/弱智/精神病康复人士服务、视觉/听觉受损人士服务、职业康复服务、就业/业务拓展机会及社会企业、日间训练服务、残疾人士资讯科技训练及支援、特定基金	
安老服务	社区照顾及支援服务	长者中心服务：长者地区中心、长者邻舍中心、长者活动中心
		社区照顾服务：长者日间护理中心、改善家居及社区照顾服务、综合家居照顾服务
		其他社区支援服务：老有所为活动计划、长者度假中心
	院舍照顾服务	长者宿舍、安老院、护理安老院、护养院、长者住宿暂托服务、长者紧急住宿服务

续表

服务领域	服务内容	
青少年服务	中心服务	儿童及青年中心、综合青少年服务中心
	学校服务	学校社会工作服务、课余托管计划
	边缘青少年服务	地区青少年外展社会工作服务、青少年深宵外展服务、青年热线服务、社区支援服务计划、为接受警司警戒的青少年召开家庭会议、边缘青少年危机住宿服务、夜青后援住宿服务
	为吸毒人士提供的服务	滥用精神药物者辅导中心、住院戒毒治疗及康复中心和中途宿舍、戒毒辅导服务中心
违法者服务	社区层面	感化服务、社会服务令计划、青少年罪犯评估专案小组、监管释囚计划、曾违法者及刑释人士服务、受感化青少年住宿服务
	感化/住宿院舍(屯门儿童及青少年院)	
社区发展服务	社区中心、邻舍层面社区发展计划、边缘社群支援计划	

香港较为完善的社会服务体系经验有：服务内容以“直接服务”为主、社会保障为辅；服务供给以“官办民营”为主导模式；服务规划由中央规划走向行政主导；服务发展由政府统筹迈向“非官营化”；服务输送由标准化走向综合化；社会服务的专业化(李海荣，2013)。① 进一步，香港社会服务体系对建构深圳关爱服务指标体系的经验启示有：(1)在提供物质援助时，应注重服务对象的能力建设；(2)服务并非完全由政府主导，应广泛发动社会多方持分者参与，其中新媒体的作用很重要；(3)在提供多元的综合服务中，涉及

① 李海英. 社会服务：香港经验及启示[J]. 甘肃行政学院学报，2013(5)：28-39.

的人群和场域更广泛，但应有一定层次性，并充分把握一线实际需求；(4)通过慈展会、公益映像节等平台推广服务成效之时，应注重服务品牌的打造与宣传。

此外，通过简要梳理香港社会服务体系，笔者认为，深圳关爱服务指标体系的设计原则包括：(1)服务内容应尽可能全面。如针对有需要人士提供的直接服务，应包括物质的、心理的、精神的多层次需求；(2)服务指标设计应精细化。即不能停留在宏观抽象的指导层次，应考虑服务在社区或场域的落地性，并能精准评估服务的数量与质量；(3)突出本土特色。香港社会服务既与国际接轨又能结合本土实际状况，因此，关爱服务指标设计不能完全照搬境外经验，应符合深圳本土社会服务的现状。

(六)美国关爱指标体系

美国联合慈善基金会发布的国家关爱指数，是以关爱指数命名的指数指标体系，涵盖了经济福利、教育、医疗与健康、公民意识与志愿服务水平、公共安全以及自然生态环境6大核心领域下的34项具体指标。在34项具体指标的权重分布中，从1%~7%不等，权重为2%的指标数量最多。正如Miringoff和Opdycke在《国家的社会健康：美国是如何运作的》一书中的评论："美国联合慈善基金会发布的国家关爱指数是一个赋予不同指标不同权重的典型案例，34项指标中几乎有半数指标都被涉及经济福利状况、学校教育资源、犯罪率和非营利组织发展四个方面的9项具体指标所主导。"虽然此书并未具体指明这9项具体指标，但涉及经济福利状况、学校教育资源、犯罪率和非营利组织发展的权重分布不小于4%的指标正好有9项，分别是贫困人口比率(7%)、失业率(5%)、学生平均每人惠及的公共教育费用开支(4%)、公立中小学的师生人数比率(4%)、非营利组织的财政支持水平(5%)、美国联合慈善基金会人均自筹资金数目(5%)、每10万居民中被举报的暴力罪案数量(5%)，以及每10万居民中被举报的财产犯罪数量(5%)。在该指数的设计者眼中，这9项指标对于衡量社区关爱能力的重要程度和影响力显然不言而喻①。

美国关爱指标体系对建构深圳关爱服务指标体系的经验启示有：(1)提供了关爱服务指标体系建构的分类框架。如美国关爱服务指标体系涵盖了经济福利、教育、医疗与健康、公民意识与志愿服务水平、公共安全以及自然生态环境6大核心领域下的34项具体指标。(2)注重服务指标的权重计算。如美国关爱服务指标的权重，是有关专家通过对社区建设的投入产出比的严格测算来确定的，而这些指标的权重对于衡量社区关爱能力是十分重要的。

(七)国内外服务体系文献述评

通过回顾国内外与关爱服务指标体系相近或相关的服务体系，可以发现：

(1)无论是国家层面的公共服务规划，还是深圳民政事业规划与社区服务标准的设计，在服务范围、内容、保障标准、受众群体等方面均有所变化；同时，社会福利的水平在不断提高，并且福利提供的主体越来越多元化。

(2)香港各领域的社会服务指标体系较为完善、精细，并注重本地性。如服务指标的精细化与操作化涵盖服务的所有方面，能精准衡量和评估社会服务的数量与质量。同时，服务指标在与国际接轨之时，重视依据本土特色进行相应的调整。

(3)美国关爱服务体系十分重视“公民意识与志愿服务水平”，两项指标占总权重的20%。同时，通过对比美国关爱指标体系与中国志愿服务体系发现，志愿服务在关爱行动水平评估中尤为重要，包括志愿服务的开展、志愿组织的培育、志愿者与志愿组织管理等方面。

此外，笔者还总结了国内外社会服务指标体系研究的总特点与趋势：其一，以人为本，将人的基本需求和全面发展相结合，并作为社会

---

① 李晓凤. 深圳市关爱指数及指标体系建构研究报告[M]. 武汉大学出版社，2013：23-24.

服务指标体系的重要组成部分。其二，关注社会整体的福利状况，重视经济社会协调发展，不再单纯强调经济增长。其三，不再局限于托底型社会福利服务，逐步重视“适度普惠型”公共服务。其四，从小范围研究到跨区域、跨文化研究，针对的问题与对象更加广泛，相应地，应提高服务指标体系“地区代表性与普遍适用性”的有机统一。

总之，通过对国内外各类服务指标体系的梳理与总结，可以为本课题建构“关爱服务指标体系”提供良好的设计方向和科学模式的参考。需要说明的是，因目前国内外有关“关爱指标体系”的研究均处于起步阶段，其研究深度与广度都有待挖掘，尤其是对二级、三级关爱服务指标体系的建构更缺乏深入的、科学的、细致的讨论及追踪研究。

第三章　理论框架

一、关爱行动的发展历程

作为慈善公益事业的创新工程，深圳市关爱行动日益成为社会发展的“润滑剂”和“减压阀”。到目前为止，关爱行动已开展了15年，为弱势群体摆脱困境及促进社会公平提供了有力的保障。同时，关爱行动注重以慈善公益活动培育公民意识，鼓励市民参与，不断推动深圳关爱社会的形成。

在关爱行动10多年积累的“浩如烟海”的资料中，为了梳理关爱行动的发展历程，本书采取“量主质辅”的混合研究方法，通过文献资料与实证调查，将关爱行动分为四个时期，即萌芽时期、生长时期、质变时期、精准化时期。以下结合调查资料，简略介绍关爱行动在不同时期的特点。

（一）关爱行动的萌芽时期

2003—2006年被称为“关爱行动的萌芽时期”。2003年胡锦涛总书记提出了“权为民所用，情为民所系，利为民所谋”的施政理念（人民网，2010），深圳市委市政府与宣传部积极响应，在借鉴国外公益事业成功经验之上，结合深圳实际情况，创造性地提出了关爱服务的新思路和新发展，为关爱服务的开展打开了良好的局面。

在萌芽时期，关爱行动的主要任务是发动党委政府、企业、社会团体、市民等多元主体，共同发起、策划、组织、开展丰富多彩的关爱服务，以帮助残疾人、失学儿童、困境老人等弱势群体。与此同时，不同的社会人群在关爱服务的发展中拥有了表达与发展爱心的机会，并促使深圳逐渐转向“关爱之城”。

然而，关爱行动在形塑深圳关爱社会的初期，也显现了某些问题。其一，关爱服务的数量、规模、配套设施未能满足居民的较高期待；其二，关爱服务的社会支持网络明显欠缺，表现为社会各界支持不足、政府重视力度不够以及服务范围有限等；其三，关爱服务的不同主体参与度不均衡（见图 3-1），即以党委政府为主、企业和社团为辅、市民的参与度较低；其四，实施关爱服务的人员几乎未接受过专业训练，专业价值观和专业素养有限，致使关爱服务质量不佳等。可见，在关爱行动的萌芽期，民间力量十分弱小，这促使深圳市开始探索“小政府大社会”的社会治理方式，也为官民结合的“关爱行动组委会办公室”（简称“关爱办”）的成立奠定了基础。

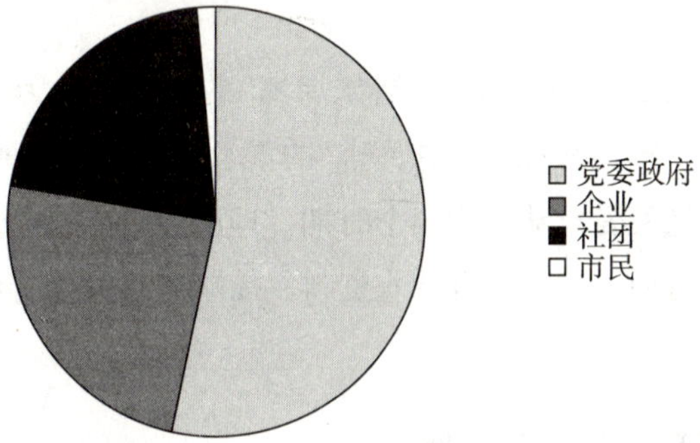

图 3-1　关爱服务主体的参与情况

（二）关爱行动的生长时期

2006—2007 年被称为“关爱行动的生长时期”。2006 年 8 月 8 日深圳市“关爱办”正式成立，标志着深圳关爱行动由萌芽期转向生长期。此时，关爱行动日益重视服务应贴近居民的需要，并且关爱服务开始呈现出社会化、多元化的特点。

在关爱行动的生长时期，参与关爱服务的社会组织有 50 多个，包括深圳市精神文明建设委员会、市委宣传部、市文明办、深圳电视台、深圳广播电影电视集团、深圳报业集团、市属职能部门、各区和社会有关团体等。这些组织和团体在联合发展、共同推动关爱行动发展之时，成功地建立了各自的生存与长效机制，促使关爱服务具有无限的生命力，也迅速推动着关爱服务数量的迅速增加。如图 3-2 所示，关爱服务的数量由 2005 年初期的 62 次，猛增至 2007 年的 797 次；同时，关爱服务对象扩大至外来劳务人员、农村城市化居民等。值得一提的是，此阶段的爱心账户收到 4225. 9 万元的捐款，帮扶困难家庭共计 1300 多个，数十万的人受益于关爱服务(深圳关爱办官网，2007)。简言之，通过“托底性”关爱服务的提供，促使深圳成为一座更具潜力的爱心城市，并不断地巩固着全国文明城市建设的成果。

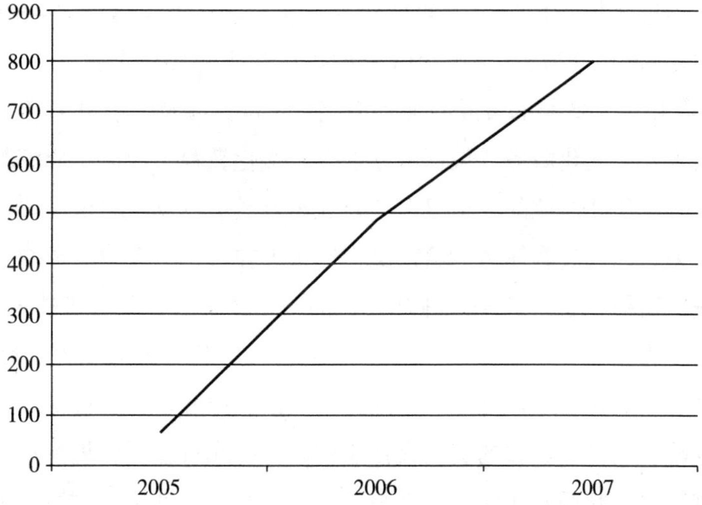

图 3-2　关爱服务数量的变化图

此外，在生长时期，深圳的关爱服务大量借鉴香港特区的成功经验，积极推进慈善公益组织的发展，探索社会慈善事业发展的新道路，并促使志愿服务成功转型为全方位、多层次、民主型的专业志愿服务。由此，调动了市民参与慈善公益事业的积极性，为关爱服务的发展注入了多元化的力量；同时，促进关爱服务的思维模式由部门利益转向群体利益，让慈善公益事业迈向民众的福祉，真正做到为民请命，成为关爱行动发展史上的一个创举。

（三）关爱行动的质变时期

2008—2012 年被称为“关爱行动的质变时期”。在这个时期，由追求“深圳速度”转向“深圳质量”，关爱服务在广度、深度方面得到了深入发展。其中，“广度”主要表现为服务提供者不是以单一的某个单位为核心，而是借助“关爱办”的综合服务平台，由政府、媒体、企业、社会慈善机构等多主体的合作式发展，这是一个统合不同资源、找寻服务对象、提供关爱服务的过程。而“深度”主要表现为关爱服务的聚焦点不再是数量增加，而是服务质量（如服务满意度）和类型的同步扩展。比如，通过文献资料与相关数据研究发现，居民对关爱服务的满意度（服务满意度满分为 5），由 2013 年的 4.0 上升至 2017 年的 4.2。又如，如图 3-3 所示，此时的关爱服务类型比较丰富，涉及一般群体和特殊群体的需求及多元化服务，包括医疗卫生、文化教育、劳动就业等服务。

此外，质变时期的一个显著特点是开始注重关爱行动的媒体建设，即将关爱行动通过媒体传播给市民，以扩大在市民生活中的影响力。举例来说，“深圳关爱网”是媒体建设中的一个新平台，通过媒体的宣传，强化榜样力量，将大批具有榜样性质的爱心人物、爱心家庭、爱心社区、爱心企业送进千家万户。比如，个人出资招募教师进行支教的企业家许凌峰，山区中支教的美丽女孩李樱樱，花光自己所有积蓄只为帮助家庭贫困癌症晚期病人的志愿者高正荣，过半积蓄献给公益慈善事业的杨超军家庭，投入 800 万元建立 16 个关爱服务的企业富士康集团等。这一个个典型的人物和企业都是深入人心的，既得到了社会的认可和赞许，也在关爱服务的平台上得到了“爱心”的传递。

总之，在关爱行动的质变时期，关爱服务的发展不是机械般的增

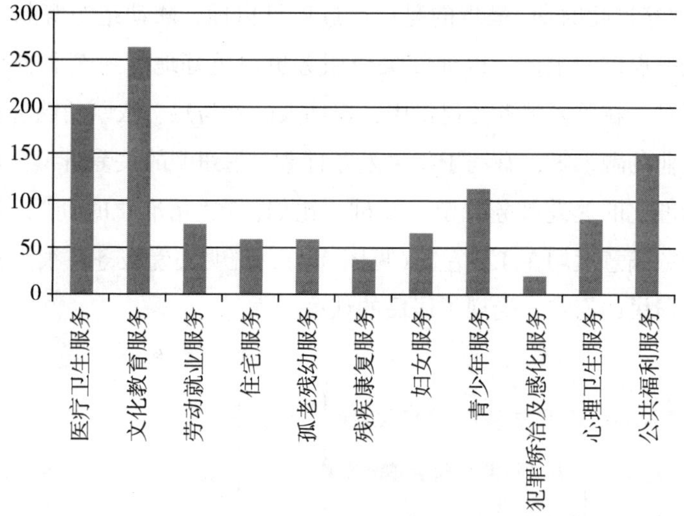

图 3-3 居民享受关爱服务的类型和频次

多、复杂化，而是注重服务质量和类型的多元、与新媒体相互结合，以及个人行动获得社会支持的时期。如此，市民认识到了关爱服务在和谐社会建设中的重要性、必要性与无限可能性，也激发出市民参与的热情、感恩及回报。

(四)关爱行动的精准化时期

2013 年至今被称为“关爱行动的精准化时期”。为了把握“精准化时期”关爱行动的发展状况，笔者于 2017 年 10 月针对关爱行动的服务对象(主要指儿童、青少年、妇女、老年人、残疾人、来深建设者、特殊社区公众人士等)展开了实证调查。通过“量主质辅”的混合研究方法，笔者对“不同的服务对象的需求”进行了精细化的资料分析，初步建立了关爱服务的常规模式，形成了“精细化”的关爱服务指标体系，也为今后的关爱行动提供了更有针对性的服务指导。

通过课题组的进一步研究发现，“关爱行动的精准化时期”的主要特点如下：

其一，服务主体的再扩大化。在“生长时期”虽然服务主体有所扩大，但“精准化时期”呈现的是，通过项目招标、联动组织等新方式来扩大服务提供的主体，以促使关爱服务更快更好地传送至服务对象身边。同时，在关爱服务的提供中，媒体人的参与感、浓厚的慈善氛围与社会企业的融入等，有利于将关爱办打造为枢纽型的关爱组织，从而为提供精准化的关爱服务奠定了基础。比如，在“精准化时期”，各类群体的服务满意度均在 4. 0 左右(见图 3-4)，说明关爱服务在很大程度上满足了居民的需求，受到了居民的认可。

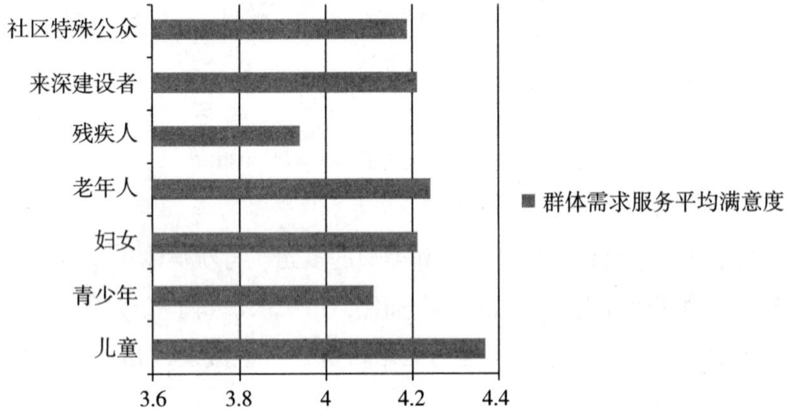

图 3-4　群体需求服务平均满意度

其二，关爱服务已成为深圳市民的共同行动。通过深入访谈资料表明，关爱服务的价值观念和人文关怀已融入市民的精神世界，成为这个城市的灵魂，催生了关爱社会的出现和发展。著名主持人白岩松曾这样解读深圳精神，“天南海北的人们离开自己的家乡来到深圳，他们最懂得这个城市互相温暖的意义”。在深圳这座城市中，关爱服务的发展是真正的关爱社会建设，年轻人得到扶持，老年人得到关怀，孤独的人得到陪伴，伤残人得到照料……这成为深圳关爱社会的真正内涵。从这个角度看，“精准化时期”不再是某个政府或者某些社会团体的单向服务输送形式，而是对于奉献、关心最真挚的认可以及对互助式的友爱共同体的打造。

二、关爱指标体系设计的理论框架

(一)关爱指标体系设计的理论框架(见图 3-5)

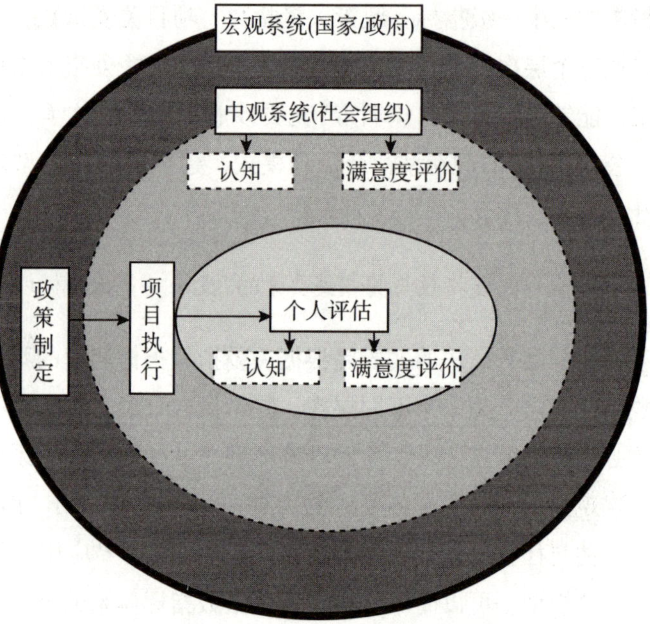

图 3-5 关爱指标体系建构的理论框架图

1. 横向分层：关爱指数体系设计分布的三个层次

根据关爱行动与重要指数的相关文献回顾、理论研究及关爱的操作化定义，借用布朗芬布伦纳的多元系统理论架构，我们认为，这个多元系统理论的四个系统(即微观系统、中观系统、外观系统、宏观系统)的分层研究方法，特别适合构建关爱指数体系的理论发展模型。同时，因关爱指数是由一个系统化的、多层次的各种因素组成的动态结合体，结合 Kreger (2007)运用 Lafferty and Mahoney 的系统变化理论模型的三个层次(这三个层次能较好地从理论上整理关爱行动的复杂现状)，即政府层次(Governmental Level)、组织体系层次(Institutional Level)、公民个人层次(Individual Level)，关爱指数体系建构的理论框架主要涉及三大主体、三个层次。即从政府的政策(国家宏观层面)、社会组织的项目(中间组织层面)、公民个人(微观个体层面)构建了“理想化”的关爱指数指标体系“横向分层”的理论框架，见图3-5。这三个层次可以作为关爱指数的三个一级指标：政策关爱指数、项目关爱指数、个人关爱指数。以这三个层次的系统变化理论研究模型作为关爱指数指标体系的设计框架，能够进一步突出深圳市“党委政府主导、媒体承办推动、社会协同、公众参与”的创新型社会治理模式、建设公共服务型政府及打造关爱社会的施政理念。

2. 纵向分层：关爱指数与其相关要素的“投入—产出分析评估模型”

上述横向分层研究法的实质是根据关爱指数指标测度的不同对象将关爱指数指标横向分为三个不同层次。除了横向分层之外，在指数设计过程中还必须考虑纵向比较，才能准确体现关爱指数指标体系的整体动态特征，客观揭示不同层次各要素的因果联系与相互作用。而“投入—产出分析评估与社会服务项目评估模型”是国际学术界应用比较广泛的项目分析评估模型，可以简单应用于关爱指数指标体系的纵向比较①。

进一步，关爱指数指标所代表的客观情况和主观体验可以看成相关政策与关爱行动各项目的“产出”结果。而相关政策、人力、物力、项目资金、计划时间等要素皆为“投入”的资源。这样的指数指标设计，不仅有利于评估关爱行动中各项目的成效，也有利于将具体领域的指数测度结果与政府的相关政策一一挂钩，从而提供富有建设性和针对性的政策建议。

---

① 王思斌.《社会工作综合能力》(中级)[M]. 北京：中国社会出版社，2015：333-336.

(二)关爱指标体系设计的原则

1. 与国际接轨，囊括社会民生核心领域

通过对国外相关文献的对比分析发现，几乎所有考察民生的社会发展指数都无一例外地涉及以下几个社会民生领域：(1)经济福利水平。指个人与家庭维持“有尊严”的生活所需物质资源的满足程度。包括人均收支水平，就业与失业状况、住房等关键资源的供给能力等。(2)居民健康状况。这里的“健康”指广义上的健康，包括身体健康与心理健康。(3)居民受教育程度。这里的“教育”是广义教育，包括一切增进人的知识技能、影响人的思想品德等素质发展的社会活动。(4)公共安全状况。广义上的“公共安全”，指多数人的生命、健康和公私财产的安全。(5)公民参与志愿服务(活动)水平。它反映了社区整体的公民意识、社会责任感与道德水准。

深圳关爱指数体系的设计旨在从社区情感能力、互助互信水平、居民生活质量等角度，监测深圳关爱行动的实施效果，客观反映深圳市社会发展水平、社会管理水平和社会和谐程度，为政府提升社会服务和管理效能提供依据。同时，深圳关爱行动是本指数建构的现实基础，这项已有 15 年成功运营经验的政府主导性项目以建设和谐社会为目标，以扶弱帮困、权益保障和提高市民素质为重点，以关爱人、爱护人、帮助人为特征，以解决群众密切关注的生产和生活问题为核心，其着力点放在基层民众关心的社会民生问题。据此，关爱指数指标的设计与遴选必须囊括上述几大民生关键领域。换言之，深圳关爱指数指标体系的测度对象定于五大社会民生核心领域之中。这种考虑，不仅是由深圳关爱行动的基本性质所决定的，也和国际公认的社会发展监测指标的设计理念相吻合。

当然，我们还必须看到，关爱指数指标体系是一个有着特定核心主题——“关爱”的社会指标体系。与其他社会发展指数指标体系相比较，关爱指数的测度对象更加偏重于以情感为纽带的人际互助、资源共享及其对弱势群体的关怀。因此，本章在设计深圳关爱指数指标的五大社会

民生领域之中加入了以下测度重点(见表3-1)。

表3-1 **“关爱”的社会指标体系**

经济福利水平	指标设置旨在考察民生经济基础，无侧重点
居民健康状况	此类关爱指标侧重于反映医疗卫生设施的投资与使用、基本医疗服务供给、社区健康知识普及程度和社会资本参与医疗援助的情况
居民受教育程度	广义上的教育包括各种促进人的素质发展的社会活动。所设指标应突出反映两方面的信息：第一，居民平均知识水平和教育普及程度；第二，政府对教育的资源投入、支持力度与重视程度
社区公共安全与环境状况	此类关爱指标侧重于反映普通居民社区的治安状况、社区邻里和谐程度、食品药品安全与社区居民的生活安全感
公益服务(活动)与宣传	此类关爱指标侧重于反映深圳近年来非营利组织、基金会、民间公益组织的发展状况，以及志愿者、义工、专业社工的规模程度

2. 指数指标体系需要囊括主客观指标

关爱指数指标体系的测度对象是大众关注的社会民生领域中的状况和问题。这些状况与问题，有其外在的客观表象，也有其内在的精神、感受与体验。客观指标一般用来测度其客观外在表象，而主观指标则用来测度其内在的精神、感受与体验，二者缺一不可。① 以公共安全状况为例，我们一般用犯罪率这样的客观指标对社区群体安全状况进行客观测量。如果单一使用这样的客观指标，则会带来主观属性的明显缺陷。即该社区内的居民如何看待社区的安全状况，居民是否能对社区的安全感同身受。而关爱指数指标体系只有囊括了主客观两方面的指标，才能

① Mark Anielski. *The Economics of Happiness*: *Building Genuine Wealth*. Social Sciences Academic Press (China), CASS, 2010.

既反映客观现象，又与人们对重要事物的感受与体验产生共鸣，其发布才能产生广泛而深远的社会影响力。

3. 指标设计与遴选应充分考虑深圳市情与不同区域的发展状况

深圳市的经济发展虽然一直走在全国的前列，但不同区域内的社会经济发展程度仍有显著不同，如特区内外存在着社会发展的阶段性差异。这种区域发展的不平衡性是城市发展的客观规律，在进行社会调研时应采取不同的测评标准，才能真实再现其纵向发展趋势与上升空间，避免不必要的横向比较。因此对处于不同发展阶段的市区应采取不同的指标设计体系，以此还原不同区域的社会发展阶段、趋势与上升空间。

此外，在各级关爱指标选择的过程中，还需要参考国内外有关指标体系构建的原则。具体地说，本书在关爱指标的选取上应遵循以下原则。

其一，科学性原则。关爱指标体系是衡量关爱水平的一套科学完整的系统，在关爱指标的选取过程中需要考察科学性原则。本书以深圳市近年来社会建设和关爱行动所取得的成果为基础，并以相关社会学、心理学理论作为指导，严格按照科学的程序和方法进行数据收集与统计分析，力求做到科学、专业、准确、可靠。与此同时，指标体系既要求科学反映出深圳市关爱水平与现状，又要求能够将这一体系适用于其他地区关爱水平的科学测量，以此作为衡量关爱水平的一套科学体系。

其二，综合性原则。关爱指标体系的构建不仅包含了具体的关爱项目，也涵盖了与关爱相关的诸多客观数据，比如，经济福利水平、居民健康状况、社区公共安全等内容。如此，运用关爱指标体系来测量深圳市关爱指数这一过程，需要综合了解深圳市政策、经济、文化、福利等方面对关爱行动的支持和帮助。在构建关爱指标体系与选取关爱指标之时，需要秉承综合性原则，考虑到与关爱相关的各个层面，并综合形成一个系统的体系。

其三，可比性原则。关爱指标体系应该具有可比性原则，能够对不同时期或不同地区的关爱水平进行横向或纵向的综合评价比较。这样，在指标的选取上需要把握统一的统计口径、范围，能直接进行比较分析。对此，在构建关爱指标体系的指标过程中，需要借鉴国内外与关爱相关的各项指标，如参考地区社会发展报告、福利指标体系等，而由这些经理论实践论证得到的指标内容，更有利于进行各时期地区关爱水平的评价比较。

其四，代表性原则。从选取的关爱指标来构建关爱指标体系，这一过程不仅需要科学性和综合性的保证，还需要选取具有代表性的关爱指标，能够全面反映某地区社会关爱水平发展的综合情况。而使用各项具有代表性的关爱指标，既能减少关爱指标体系的复杂程度，又能够确保对关爱水平的整体把握。因此，在构建关爱指标体系与测量深圳市关爱指数时，需要选取最能够代表全面的关爱指标。

其五，导向性原则。测评体系除了反映关爱行动现状，体现政府在促进关爱水平提升各方面工作效果之外，更强调通过各关爱主体工作树立标杆，具有导向性的功能。期望通过关爱指数的测评，促进关爱行动更加科学化、合理化。

其六，可操作性原则。构建关爱指标体系的关爱指标选取，要求具有可操作性。即能够在具体调查过程中获得相关数据以及在统计分析过程中能够进行量化操作，并将各项指标的具体内容通过量化数据表现出来。由此，才能够使用数理统计分析方法进行具体分析及指数的汇总。因此，关爱指标的选取必须遵循可操作性原则，才能通过量化分析方法构建关爱指标体系及测量关爱指数等。

（三）关爱指标体系的设计方案

笔者通过对比研究“美国联合慈善基金会的国家关爱指数研究”“深圳市文明指数下的关爱指标研究”发现：其一，深圳市文明指数中的关爱指标完全由某些单一化衡量关爱水平、客观化的指标构成；相比较而言，美国联合慈善基金会的国家关爱指标更系统、更全面，并重视对社区关爱水平的测量。其二，两套指标体系都侧重于对经济福利状况的测量，凸显了经济福利状况对衡量一个地区关爱水平的重要性。其三，两套指标体系都重视对公民志愿服务水平的测量，表明志愿服务对于关爱水平的重要性，但是两套指标体系都很少涉及“专业化的社会服务”的项目。

根据国内外关爱指数的相关研究，参照深圳关爱指标体系建构的理论框架，我们认为，在深圳市关爱指标体系的设计方案中，一级指标有3个，即政策关爱指数(A)、项目关爱指数(B)、个人关爱指数(C)。在政策关爱指数(A)层面，有5个二级指标和42个三级指标；在项目关爱指数(B)层面，有5个二级指标和19个三级指标；在个人关爱指数(C)的层面，有6个二级指标和33个三级指标。其中，在最为宏观的政策层次，指标考察的是深圳市政府推行的各项民生政策对改善民众基本生活的作用与影响，并通过数据收集与演算制成“政策关爱指数”(见表3-2)。在“项目关爱指数”方面，指标考察的是以深圳关爱行动为典范的创新性社会管理机制的项目投入、实施成效与社会影响(见表3-3)。“个体关爱指数”主要考察以个人或家庭为单位的深圳市市民对于上述两个层面所体现的关爱水平的主观认知和评价，并运用笔者编制的“关爱的主观问卷”进行测量(见表3-4)。由此，笔者建立了由宏观到微观的系统性关爱指标体系，整合了不同维度与不同视角的关爱方式、路径与关爱精神诉求，提高了指标体系的效度和信度。

表3-2 **政策关爱指数设计方案**

二级指标	三级指标及其选择依据		相关政策	相关深圳关爱行动类型
A1经济福利水平关爱指标	基本社会保障类	A1-1社会保险实际征收收入 A1-2社会保障占政府财政支出比例 A1-3城市居民最低生活保障标准 A1-4居民最低生活保障人数 A1-5流浪乞讨弱势群体(儿童妇女、老人、残疾人)救助人数	深圳市构建普惠性社会福利制度和全民社保的相关政策	残疾人救助、外来劳务工帮扶、老年人关爱、妇女关爱、儿童和青少年成长关爱

续表

二级指标	三级指标及其选择依据		相关政策	相关深圳关爱行动类型
A1 经济福利水平关爱指标	保障性住房类	A1-6 各类保障性住房(公共租赁住房、安居型商品房、廉租住房、经济适用房、货币补贴住房)的建设总数 (注：保障性住房具体类型参照《2011 年深圳政府公共服务白皮书》)	保障性建设住房政策、人才安居工程政策、深圳住房公积金制度	外来劳务工帮扶
	居民收入类	A1-7 恩格尔系数 A1-8 城镇居民年家庭人均可支配收入	收入分配调节政策	扶贫救助
	居民就业类	A1-9 城镇登记人口失业率 A1-10 职工年平均工资	积极的就业政策、以创业带动就业的政策体系	事业救助与就业援助、外来劳务工帮扶
A2 居民健康状况关爱指标	A2-1 财政性卫生经费支出占财政支出比例 A2-2 国民体质合格率 A2-3 城镇每千人执业医师数 A2-4 城镇每千人医院床位数 A2-5 妇幼保健所 A2-6 卫生技术人员 A2-7 医疗机构总诊疗人数 A2-8 疾病预防和控制中心		医疗卫生体制改革政策、医保优惠政策、鼓励社会资本参与医疗、完善社区健康服务体系的相关政策	疾病救助、外来劳务工帮扶、医务人员关爱

续表

<table>
<tr><th>二级指标</th><th colspan="2">三级指标及其选择依据</th><th>相关政策</th><th>相关深圳关爱行动类型</th></tr>
<tr><td>A3 居民受教育程度关爱指标</td><td colspan="2">A3-1 九年义务教育普及率
A3-2 普通高等学校数
A3-3 中等职业学校数
A3-4 普通中学学校数
A3-5 小学学校数
A3-6 群众艺术/文化馆
A3-7 公共图书馆
A3-8 广播/电视覆盖率
A3-9 图书出版数(万册)
A3-10 公共图书馆馆藏图书总数
A3-11 财政性教育支出占财政支出比例
A3-12 在校学生总和</td><td>《深圳市中长期教育改革和发展规划纲要》、职业培训补贴和技能人才津贴政策</td><td>教育支持、外来劳务工帮扶、企业员工关爱、教职工关爱、儿童与青少年成长关爱</td></tr>
<tr><td rowspan="2">A4 社区公共安全与环境关爱指标</td><td>公共安全</td><td>A4-1 发案率(侵害公民人身/民主权利案件/侵害财产案件/危害公共安全案件的发案率)
A4-2 深圳市禁毒办戒毒成功率(数据来自药物滥用检测)</td><td>治安维稳、构建动态治安防治体系、排查治安高危人员相关政策</td><td>劳教人员帮扶与社区矫正、社区关爱</td></tr>
<tr><td>社会环境</td><td>A4-3 主要饮用水源水质达标率
A4-4 城市建成区绿化覆盖率
A4-5 城市人均公园绿地面积
A4-6 城镇生活垃圾无害化处理率
A4-7 城市污水处理率
A4-8 人均公园绿地面积</td><td>深圳构建绿色、健康城市计划，深圳食品安全监管责任白皮书、深圳环境卫生建设计划</td><td>以关爱大自然、实现人与自然和谐相处、共建美丽家园为目的的各类绿色环保活动</td></tr>
</table>

续表

二级指标	三级指标及其选择依据	相关政策	相关深圳关爱行动类型
A5 公益服务与宣传指标	A5-1 慈善会募捐的善款总数 A5-2 慈善公益组织基金会数量 A5-3 慈善公益类民办非企业数量 A5-4 慈善公益类社会团体数量	《关于加快深圳市慈善事业发展的意见》	志愿服务活动和捐赠，关爱、公益宣传及活动

表 3-3　**项目关爱指数设计方案**

二级指标	三级指标（指标来源参照附录中的关爱项目统计表）	投入资金	参与人数	实施次数
缺失性物质关爱项目指数（B1）	B1-1 失业救助和就业援助 B1-2 残疾人救助 B1-3 疾病救助 B1-4 扶贫救助 B1-5 外来劳务工救助 B1-6 对外扶贫救助			
发展性物质关爱项目指数（B2）	B2-1 教育支持 B2-2 企业员工关爱 B2-3 专职人员关爱 B2-4 对外发展支持项目			
缺失性精神关爱项目指数（B3）	B3-1 劳教人员帮扶与社区矫正 B3-2 老年人关爱 B3-3 妇女关爱 B3-4 儿童、青少年成长关爱			
发展性精神关爱项目指数（B4）	B4-1 文体活动支持 B4-2 公益宣传活动			
综合性关爱项目指数（B5）	B5-1 志愿服务和捐赠 B5-2 社区关爱 B5-3 其他			

表 3-4　　个人关爱指数设计方案

二级指标	三级指标	平均得分
关爱服务质量满意度指数(C1)	C1-1 对关爱行动服务质量有形性方面的评价 C1-2 对关爱行动服务质量反应性方面的评价 C1-3 对关爱行动服务质量移情性方面的评价 C1-4 对关爱行动服务质量可靠性方面的评价 C1-5 对关爱行动服务质量激励性方面的评价 C1-6 对关爱行动服务质量保证性方面的评价	
关爱行动知晓度指数(C2)	C2-1 对关爱行动各项目的认知情况 C2-2 对关爱行动宣传渠道的认知情况 C2-3 对关爱行动整体的知名度情况	
关爱行动美誉度指数(C3)	C3-1 对关爱行动的信任和赞美情况	
关爱行动关注度指数(C4)	C4-1 对关爱行动各项目的关注情况 C4-2 对关爱行动各项目的需求情况	
关爱行动覆盖率指数(C5)	C5-1 关爱行动覆盖的服务范围情况	
关爱行动参与率指数(C6)	C5-1 参与关爱服务的情况	

三、关爱服务指标体系设计的理论框架

(一)关爱需求的相关理论

深圳市关爱服务指标的建立与服务的实施，均需要较为精准地了解服务对象的各类需求，为此笔者简要梳理了相关的“需求”理论(见表 3-5)。包括布拉德肖的需求理论、人本主义心理学家马斯洛的需求层次理论、阿尔德弗尔的新人本主义需要理论，以及佩尔曼的需要层次理

论。上述多元化的需求层次理论，对于科学构建深圳关爱服务指标体系及提升关爱行动的质量，有着十分重要的理论指导意义。

表 3-5 **代表性需要理论简表**

代表人物	需求理论的主要观点
布拉德肖的需求理论	将人的需求划分为： (1)规范性需要：由专业人员、专家学者或行政人员依据专业知识和现存规则，制定在特定环境下人类所需的标准 (2)感受性需要：当被问到对某种特定服务是否有需求时，其反应则是感受性需要。该需要可以通过调查获得，是个人的主观感受 (3)表达性需要：指来自个体或团体的需要，如通过行动或表现来明示，就成为表达性需要 (4)比较性需要：指根据某种特征所作比较后发现的不足，此种需要通常在选择服务提供时出现
马斯洛的需要层次理论	将人的需求划分为： (1)生理需要：这是人类最原始的基本需要，指衣、食、住、饥、渴、性等生理机能的需要，也是人类最强烈、最迫切的、最不可回避的需要 (2)安全需求：指能满足个体免于身体与心理危害的一切需要，如收入稳定、强大的治安力量、福利条件好、法制健全等 (3)社交需要：当生理需要和安全需要得到相应的满足后，就会产生社交需要，如社交欲和归属感等就是对友谊、爱情及隶属关系的需求 (4)尊重需求：指满足他人对自己的认可以及自己对自己认可的一切需要，如名誉、地位、尊严、自信、自尊、自豪等 (5)自我实现需要：是一种最高层次的需要，指人们希望完成与自己能力相当的工作，促使自己的潜能得到最充分的发挥，成为自己所期望的人，实现个人理想、抱负，发展和发挥个人的能力及创造性

续表

代表人物	需求理论的主要观点
阿尔德弗尔的新人本主义需要理论	将人的需求划分为： (1)生存需要：生存的需要与人们基本的物质生存需要有关，包括马斯洛提出的生理和安全的需要 (2)人际关系需要：指人们对保持重要的人际关系的要求，此种社会和地位需要的满足是在与其他需要相互作用中达成的 (3)成长发展需要：指个人谋求发展的内在愿望，包括马斯洛自尊需要分类中内在部分和自我实现层次中包含的特征
佩尔曼的需要层次理论	人类需要有生理、心理、社会三个角度。作为生理和生物的人，人会根据过去体验、现在状况和将来预期，借助人际联系和社会环境中的生活模式获得需要的满足

1. 布拉德肖的需求理论

英国学者布拉德肖(Paul Bradshaw)将人的需求划分为规范性需求、感受性需求、表达性需求、比较性需求。①规范性需求。适用于规范共同的最低标准，可以克服潜在需求者不知如何获得福利的不足，但该模式难以逃脱父权意识，具有相对性与多变性，忽略了个性差异及人性化不足。②感受性需要。假定个人之间的需求因主客观原因有所差异，可以使个人避免不知道如何申请服务及受限于规范性需要等问题。但其所感受的可能并非是真正的、根本的需要，容易产生误差，降低服务效果。③表达性需要。表达性需要小于感受性需要，适合于比较性差异条件。但该需要可能随着不同场景而有所变化，缺乏信息，限于心理制约等都会影响个人、团体乃至机构全面表达需要的意愿和行为，资源分配计划的推行效果就会受到一定的影响。④比较性需要。存在于因相对剥夺而引起的个人、团体区域之间，具体的特征是其比较的基础，上述特征的界定会有所困难，因为比较的基础及其价值认定具有相对性。①

2. 马斯洛的需求层次理论

人本主义心理学家马斯洛(Abraham Harold Maslow)于1943年初次提出，他在1954年又对这个理论作了进一步的发展和完善。② 马斯洛的需求层次理论在西方各国广为流传，近几年来在我国思想界尤其是在心理学和管理学界产生了很大的影响。需求层次理论把人类纷繁复杂的需要划分为生理需要、安全需要、友爱和归属需要、尊重需要和自我实现需要五个层次(见图3-6)。

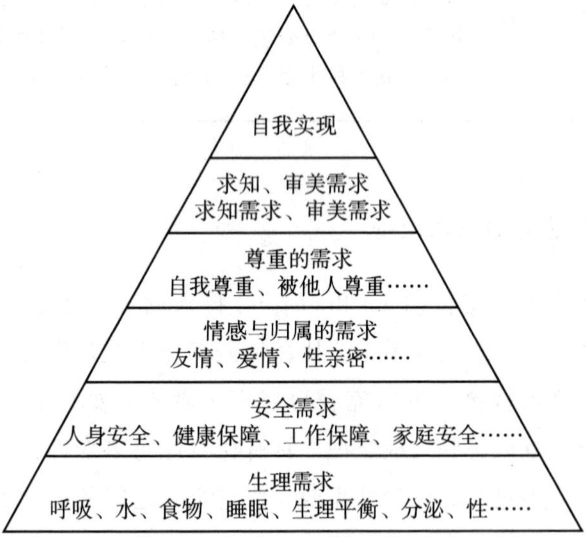

图3-6 马斯洛的需求理论

马斯洛的需求层次理论假定，任何一种特定需求的强烈程度取决于其在需求层次中的地位，以及和所有其他更低层次需求的满足程度。马

① 全国社会工作者职业水平考试教材编写组. 社会工作综合能力[M]. 北京：中国社会出版社，2018：213-214.

② 赵国祥. 管理心理学[M]. 河南：河南大学出版社，1995：113.

斯洛认为，激励过程是动态的、逐步的、有因果关系的。在这一过程中，不断变化的重要需求控制着人们的行为，这种等级关系并非对所有人都是一样的。换言之，不同群体在不同阶段的需要是不同的，如社交和尊重的中高层需求排列顺序将因人而异。不过马斯洛明确指出，人们总是优先满足生理需求，而自我实现的需求则是最难以满足的。此外，马斯洛认为，个体需要层次结构实际上是一个动态系统，物质和精神需要之间不是彼此独立的，而是相互联系、相互作用的。任何一个层次的需要的满足与否，都会对其他层次需要的内容和满足标准产生影响。如此，必须建立一个精准化的服务体系，才能在长时期内保持一种高效的服务状态，这对于构建和谐社会有很大的作用。

总之，马斯洛“需求层次论”对人类需求的心理规律进行了深入、细致、科学的研究，为中国和谐社会的建立提供了有益借鉴。因人类的心理状况决定人类的行为动机，在建立和谐社会的实践中，应加强对群体需要的层次研究，尤其要与时俱进地深入分析需求产生的原因，才能更好地校正中国建设和谐社会的路径和方向。①

3. 阿尔德弗尔的 ERG 理论

在马斯洛需要层次理论之上，阿尔德弗尔(Clayton Alderfer)提出了 ERG 理论，即把人的核心需要划分为生存(Existence)需要、相互关系(Relatedness)需要、成长(Growth)需要。② 其中，“生存需要”对应马斯洛需求层次理论中生理与安全需要，指关系到人们生存的物质需要；“相互关系需要”指与他人保持人际关系的需要；“成长需要”指自我发展和自我实现的需要。

与马斯洛需要层理理论不同的是，阿尔德弗尔的 ERG 理论表明，人在同一时间可能还有不止一种需要起作用，如果较高层次的需要受到

---

① 赵国祥．管理心理学[M]．河南：河南大学出版社，1995：113.

② Alderfer C. P. An empirical test of a new theory of humanneeds [J]. Organizational Behaviour and Human Performance, 1969: 35.

抑制，对较低层次需要的渴望则变得更强烈。同时，ERG 理论并不认为各类需要层次是刚性结构，如果人的生存和相互关系需要尚未得到完全满足，仍可以为成长发展需要而工作。概括地说，ERG 理论有三个核心概念，其一，需要满足。即在同一层次需要中，当某个需要只得到少量满足时，会强烈希望得到更多满足。消费需要不会指向更高层次，而是停留在原有的层次，向量和质的方面发展。其二，需要加强。即低层次需要满足越充分，高层次需要就越强烈，消费需要指向更高层次。其三，需要受挫。即高层次需要满足越少，越会导致低层次需要的膨胀（见图 3-7）。

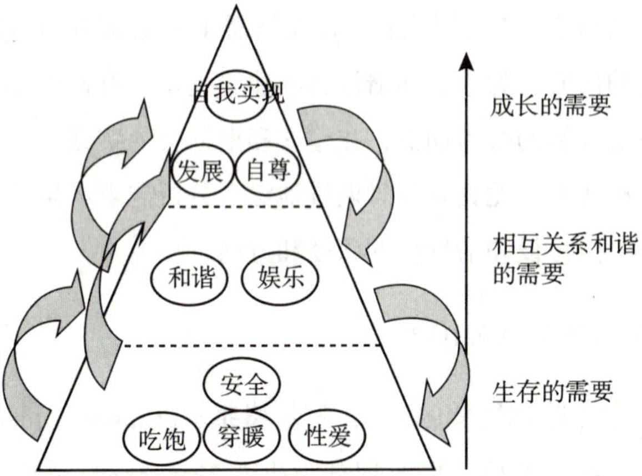

图 3-7　阿尔德弗尔的 ERG 理论

4. 佩尔曼的整体需要说

佩尔曼（Perlman）的“整体需要说”认为，人类需要是过去、现在、将来的生理、心理、社会的组合，人类需要则有生理、心理、社会三个角度①。其中，人会根据过去体验、现在状况和将来预期，借助人际联系

---

① 韩晓燕，朱晨海．人类行为与社会环境［M］．上海：格致出版社，2009：12.

和社会环境中生活模式获得需要满足。可见，人类的需要并非单一的，而是多种需要混合一起；并且，人类行为也是整合诸多需要的结果。

(二)关爱服务指标体系设计的理论框架

关爱服务并不是简单提供服务的活动，而是一系列平台搭建、社会动员、能力提升、品牌打造、影响广泛深远的过程，并致力于营造关爱和谐、互助友善的社会氛围。由此，通过精神文明与关爱社区建设带动地区发展，达致社群主义的“共同的善”。以下通过关爱服务指标体系建构的相关理论介绍，如列表描述米奇利的社会发展理论、系统理论、社群主义、志愿服务理念、新社会运动理论等主要观点与启示(见表3-6)，再阐述关爱服务指标体系设计的理论框架。

表3-6　**建构关爱服务指标体系的相关理论**

相关理论	主要观点	对关爱服务指标体系建构的启示
社会发展理论	(1)米奇利认为，社会发展是“一个旨在改善作为整体的人口福利并伴之以一个动态的经济发展过程的有计划的社会变迁过程”① (2)米奇利提出一个社会发展的政策思想，他将增进整个人口的福利水平作为其政策体系的根本目标，强调社会发展的成果应惠及包括社会各个阶层的全体人口②	社会发展理论强调发展的成果应惠及社会各个阶层的全体人口，故关爱服务指标体系应建构在关注社会弱势群体之时，兼顾一般公民的关爱，以促使关爱服务由“托底型”转向“适度普惠型”。此外，米奇利从个人、集体、政府三个层面对社会发展策略的论述，也为关爱服务指标体系的建构提供了微观、中观、宏观三个层面的理论框架设计

① 米奇利．社会发展：社会福利视角下的发展观[M]．苗正民译．上海：格致出版社，2009：25.

② 方巍．发展型社会政策：理论、渊源、实践及启示[J]．社会工作与管理，2013：8.

续表

相关理论	主要观点	对关爱服务指标体系建构的启示
系统理论	(1)系统理论把人与生活看作是由功能上相互依赖的各元素组成的系统整体；协调或均衡是该系统运行与维持的基本条件。在系统理论中，个人面对并能够认知的外在环境有微观、中观、宏观三个层次 (2)系统理论的核心观点是以整体视角看待人和社会，并非彼此割裂。而关爱服务体系需要针对不同群体提供生理、心理、社会等整合服务；并且需要充分考虑服务对象所处的家庭、组织、社区、社会等不同层次的环境系统	系统理论将人的外在环境划分为微观、中观、宏观三方面。而在本研究中，微观层次主要指公民个人，中观层次指社会组织，宏观层次指政策与文化等。如此，综合考虑三类环境层次，可以全面设计关爱服务指标体系
社群主义“共同的善”	按照社群主义的观点，社群成员都应当追求美德，在追求美德中实现一种“善”的生活。社群中的“善”有两种内涵，一种是个人之善，一种是社群之善。真正的“善”是个人之善与群体之善的有机结合，即在保障个人充分实现自身利益时，最大程度推进公共利益的实现。如此，将个人与社群统一起来，可以用这种“共同的善”作为评价社群生活方式的合理标准①	社群主义呼吁回归传统美德及尊重美德的作用。而在社会主义市场经济条件下，继承并弘扬团结友爱、互助合作、自我奉献、追求共赢等符合社群精神的传统道德，既有助于个人善德与善行的形成，也有助于社会共同的善的实现。② 无疑，关爱服务指标体系的建构需要彰显“共同的善”的理念

① 俞可平．社群主义[M]．北京：中国社会科学出版社，1998：21.

② 王泽．社群主义及其现实意义评析[J]．唐山师范学院学报，2012：111-114.

续表

相关理论	主要观点	对关爱服务指标体系建构的启示
新社会运动理论	(1)新社会运动指为了某种非物质的需求，如因环境保护、女权主义、同性恋权益等而发起的集体行为。作为集体行动的一种，往往是一群有着共同的价值理念的人，为了维护、保障某一领域的社会利益而发起的社会行动 (2)“新社会运动”之所以“新”，在于提出了“新”的社会问题。这些新问题既不是根据任何特定阶级，也不是根据任何特定利益集团而提出的。如此，将吸引不同阶层的公民参与到行动中	将关爱服务与新社会运动相结合，关注社会热点乃至痛点问题。一方面借助新闻媒体力量与关爱服务的发送，促使市民意识觉醒；另一方面通过系列具体服务项目进行社会动员，促使市民参与到关爱服务中，以推动服务对象转变为服务提供者。显然，这个关爱行动的过程与新社会运动理论的运动实践模式具有一致性的，是一种“知、情、意、行”的过程①

通过对上述理论的文献回顾，借助于布朗芬布伦纳的多元生态系统模式，笔者建立了关爱服务指标体系设计的理论框架，见图 3-8。

(1)“宏观系统”：主要指政府、企业、媒体等多元主体的政策制定，并能通过具体数值进行测量。比如，政府购买服务的相关政策数量，构建“需求-服务”的指标体系类型；同时需要考虑政府推行各项民生政策对于“改善民众基本生活”的实际效用与影响，其着力点应放在基层民众关心的社会民生问题上。

(2)“中观系统”：主要考察的是关爱对象的需求评估，并要测评各类社会组织的关爱服务项目与服务对象需求的匹配程度。比如，根据国内外社会服务需求标准，对七大受益人群(即儿童、青少年、妇女、老年人、残疾人、来深建设者、特殊公众人士)的服务需求进行测评，包

① 张振伟，陈文．公民社会理论视阈下的新社会运动分析[J]．山东理工大学学报，2016：22.

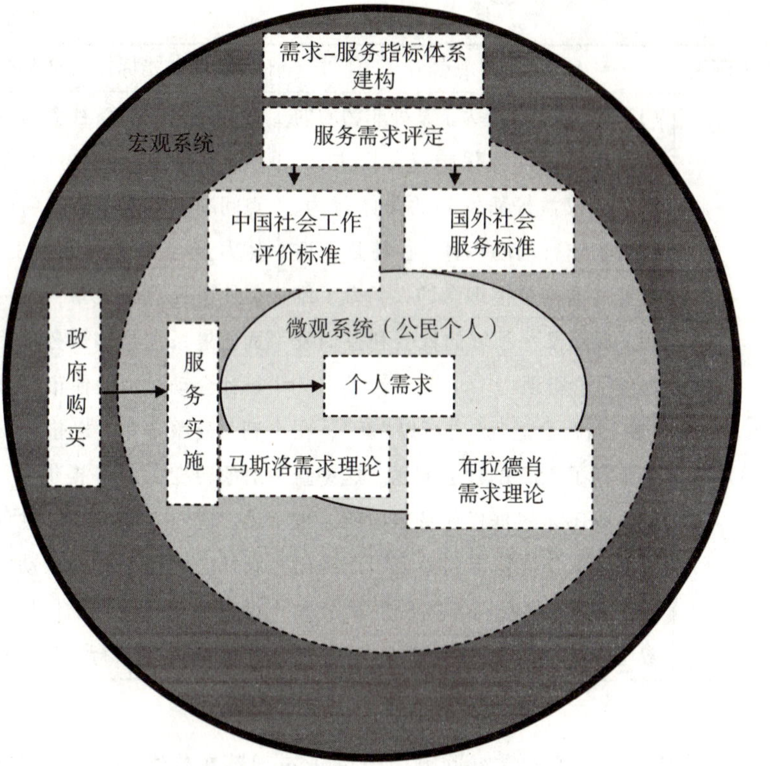

图 3-8 关爱服务指标体系设计的理论框架

括对关爱行动的认知、满意度状况等评估。

（3）“微观系统”：指根据相关的需求理论，通过实证调查来评估个人需求，对应的是个人关爱层次。如此，笔者参考态度测量理论，如个人对关爱服务的必要性、及时性、效果的评价和判断，以及个人对关爱服务需求的满意度评估等，构建了个人需求评估的具体指标。

四、关键概念的界定

（一）关爱、关爱服务

在定义关键概念之前，笔者进行了“关爱”社会思想资源的文献研究，现总结如下：

（1）通过对国内外与关爱有关的社会思想资源的挖掘，我们发现：国外社会思想中（如哲学层面、基督教宗教层面）所推崇的“关爱”思想，主要是从社会层面和精神层面出发，而较少强调国家和政府主导的制度性关爱模式。相比较之下，中国社会思想资源中所包含的关爱元素，则体现着从“有差别的爱”到“博爱”的转变，同时散发着对社会弱势群体的人文关怀，并且特别注重强调“关爱”思想的政治意图和抱负。

（2）从对中国共产党的根本宗旨、科学发展观及和谐社会建设的解读中，我们发现：我党执政理念精华中所蕴含的“关爱元素”，为促进我国学术界对于社会关爱与社区关爱的相关研究提供了良好的制度背景和政策支持。

通过文献梳理及调查研究，笔者对“关爱”概念进行了操作化研究，创造性地提出了“关爱”“关爱服务”的定义。同时，因本书研究的需要，“关爱服务”和“关爱行动”将在本书中交替使用。

“关爱”的定义：指政府、社会组织、公民个人为了满足社会成员的不同需要，所提供的补偿性与增益性的政策、项目、服务的行动。①此外，“关爱”是一种态度、信念，是一种行动，是一种从认知到行动的转变，是一种主动的行为，是一种正确的行为。如此，从个体社会心理学层面看，关爱包括了关爱认知、关爱情感、关爱意向、关爱行动；从政府、文明办的职能角度看，关爱又是一种道德的培育和执政的理念。

“关爱服务”的定义：指在政府主导下，通过培育慈善组织和文化传播的方式，由政府、媒体、企业、社会组织、公民个人提供的补偿性与增益性的项目及服务活动，以此满足社会成员的多元需要，促使服务由托底性向适度普惠性公共服务体系转变，打造关爱型社会，促进社会共融。

---

① 李晓凤．深圳市关爱指数及指标体系建构研究报告［M］．武汉：武汉大学出版社，2013.

（二）关爱指数体系、关爱服务指标体系

通过国内外相关的“关爱指数体系与关爱服务指标体系”的文献研究笔者发现：

（1）国内外社会指数体系十分重视人文关怀层面的关爱政策或行动，如注重社会整体福利状况和福利水平的测量；同时，强调从个人或社会整体的幸福感或生活满意度出发，来测量国家、社会以及个人自身带给民众生活水平提高的程度。

（2）国内外社会服务指标体系研究的总特点有，以人为本，将人的基本需求和全面发展相结合；关注社会整体的福利状况，重视经济社会协调发展；不再局限于托底型社会福利服务，逐步重视“适度普惠型”公共服务；注重服务指标体系“地区代表性与普遍适用性”的有机统一。

通过对国内外各类关爱指数体系与关爱服务指标体系的梳理与总结，笔者对“关爱指数体系”“关爱服务指标体系”两个概念进行了操作化的定义。

“关爱指数体系”的定义：运用科学的理论与方法，从宏观到微观来测量深圳城市关爱水平的一套评价系统，包含政策、项目、个人三大测量层次。其显著特点是系统性、层次性、立性性，并通过数据收集与演算制成三个层面的关爱指数。

其中“政策关爱指数”（5个二级指标与42个三级指标），重点考察深圳市政府各项民生政策对改善民众基本生活的作用与影响；中观层次的“行动或项目关爱指数”（5个二级指标和19个三级指标），重点考察以深圳关爱行动为典范的创新性社会治理模式的基本运作情况、实施进度、运行成效与社会反响等；微观层次的“个体关爱指数”（6个二级指标和33个三级指标），重点考察以个人或家庭为单位的社会大众对于上述政策与机制所体现的关爱水平的主观评价。

“关爱服务指标体系”的定义：指运用程序逻辑模型，按照关爱服务发展的现状、属性、特征，科学地加以分类，整合福利服务（弱势群

体托底性服务)、公共服务(适度普惠性均等化服务)、慈善组织体系等形成的指标集合。以此形成“精细化”的关爱服务指标体系，为今后的关爱行动提供更有针对性的服务指导。

第四章　研究方法

笔者在深圳关爱指数体系与关爱服务指标体系的研究中，主要采用了定量研究和质性研究两大方法，在此基础上，寻求一种“量主质辅”的混合研究方法模式。在具体研究方法的选择和运用上，笔者结合课题开展的具体情况和实际需求，分别采用了专家咨询法、数理统计法、问卷调查法、心理学量表测量法、半结构访谈法、参与观察法、文献研究法及历史比较法等，以下就本书的研究设计及主要研究方法的介绍如下：

一、关爱指数体系建构的方法

（一）关爱指数体系建构的方法

构建关爱指数体系并不能主观臆断或杂乱拼凑各项指标，而是需要运用科学方法进行指标选取、赋权、测量、汇总过程的一个工作系统。如此，在借鉴国内外各类指标体系构建经验的基础上，笔者选取了几项常用方法作为本书构建关爱指数体系的主要方法，如专家咨询法和无量纲化方法等。

1. 专家咨询法

关爱指数体系的构建需要运用专家咨询法，以获取有关专家对关爱指标选取和关爱指标赋权的意见，对整个关爱指数体系的构建提供专业性的咨询和评价。而国际通用的专家咨询法(如德尔菲法)是凭借各个专家的知识、经验和分析能力，同时避免专家的意见相互干扰的预测及决策方法。① 专家咨询法具体运用的方面包括：在编制预选关爱指标集后对指标的选取，以及确定指标体系各级指标后对其赋权。具体地说，可以采用问卷调查或登门访问的方式，征求有关专家对各指标的意见，专家依靠自己的知识经验和价值判断，独立采取任何方法给出指标模型及权重体系，最后综合处理所有专家提供的指标模型与权重体系，从而得到整体上的专家意见。

2. *无量纲化方法*

关爱指数体系作为多指标综合评价体系，需要融合对多个单项指标的测量，由此形成一个包含各层面的综合指数。对于这一目标的操作化过程，则必然涉及无量纲化处理。根据研究的实际要求，笔者采用直线型无量纲化的均值化方法处理各项指标，由此反映各指标的相互影响程度，并能反映原始数据各指标在变异程度上的差异。此外，指标无量纲化对于不同属性的指标，其指标值与指数的对应关系也是不同的。综合起来，最终均值化处理公式为：$Y_i = X_i / X_o$(X_o 为 X_i 平均值)，均值化后各指标的均值都为 1，方差为 $\mathrm{var}(Y_i) = E[(Y_i - 1)^2] = E(X_i - X_o)^2 / X_o^2 = \mathrm{var}(X_i) / X_o^2 = (o'_i / X_o)^2$($o'_i$ 为 X_i 标准差)，
即均值化后各指标的方差是各指标变异系数 X_o 的平方，它保留了各指标变异程度的信息。②

(二)关爱指数体系构建的技术路径

关爱指数体系作为测量和评估深圳市关爱水平高低的一套系统、科学的研究体系，其构建的过程包括制定预选关爱指标集、测算预选关爱

---

① 陈佳贵．企业管理学大辞典[M]．经济科学出版社，2000：53.

② 叶宗裕．关于多指标综合评价中指标正向化和无量纲化方法的选择[J]．浙江统计，2003(4)：24-25.

指标的隶属度、分配各级关爱指标的权数、构建关爱指标体系四个部分，具体内容参见关爱指数体系构建框架示意图(见图4-1)。

1. 制定预选关爱指标集，构建初步指标体系

通过分析深圳市11年(2003—2014)关爱行动经验与李晓凤(2011)等撰写的深圳市关爱行动调查报告，参考深圳市文明指数研究报告与国内外社会发展指数综述，并在指标构建原则指导及关爱研究内容基础之上，共同构建了深圳市关爱预选指标集。这一过程主要是参照国内选择指标所采取的通用办法即经验预选，如在构建指标体系之前，进行的文献梳理和实践经验的统计分析以及对指标选取原则的考虑，都将在建立预选指标集的过程中发挥作用。需要明确的是，关爱预选指标集本身是作为具有初步层次分级的体系，关爱指标体系中所有具体关爱指标内容都将从关爱预选指标集各层级中分别选取。

2. 测算预选关爱指标的隶属度，确定三级的指标体系

国际通用的指标筛选方法是根据模糊数学中有关隶属度的理论，按照不同的元素属于某集合的不同程度，计算出不同的隶属度，再把各项指标的隶属度作为确定指标的依据。① 在这个过程中，笔者主要采用理论实践论证、专家咨询法和问卷调查法。具体而言，一是梳理国内外相关研究和理论，总结关爱指数一级指标的候选指标；二是采用专家咨询和问卷调查的方式，对20名专家和700名市民进行问卷调查，通过限量选择、差额筛选与具体评分的方式得到筛选指标的数据，然后使用SPSS分别测算这些预选一级指标的隶属度；三是根据指标的科学性、综合性、可比性、代表性、可操作性的原则，将隶属度在90以上的确定为关爱一级指标。按照此步骤，依次确定各一级指标下属的二级指标、二级指标下属的三级指标，从而构建关爱指标体系的三级体系。

---

① 周长城，袁浩．专家的观点可靠吗——对国内生活质量综合指数建构问题的探讨[J]．社会科学研究，2003(1)：100-106.

3. 分配各级关爱指标权数，建构权重体系

采用科学的赋权方法分配各级关爱指标权数，是本书中的一个重要环节。而建构权重体系依照前面确定的三级指标体系，首先是对一级指标的赋权，本书采用等权重法，即每个一级指标在各个时期和地区对于整个综合指数的重要性是相等的，那么它们的权重都一样。对于二级指标和三级指标的赋权，本书结合主观构权法中专家评判法与客观构权法中因子分析法等共同实现。采用的因子分析法，主要作用是分析影响变量、支配变量的公共因子个数和本质，通过数据处理求出公共因子和因子负荷矩阵后，比较不同指标与不同公共因子相对应的因子负荷大小进行分类。接着，在不同类中用各指标的因子负荷对相应的指标值加权求和，以此得到各分类指数。① 此外，在此基础之上结合专家评判法来测算和修正指标权重和指数，确立各级关爱指标权数，使得指标的权重更具科学性，确保了信度和效度。

4. 构建科学的关爱指标体系，测量深圳市关爱指数

依照科学的程序和方法，笔者选取出关爱指标，并确立了各指标权重，由此构建了科学的、系统的关爱指标体系。在本书中，除了构建关爱指标体系外，还需对深圳市关爱指数进行测量，具体的操作过程是：首先，收集原始数据。即按照关爱指标体系的具体内容收集深圳市相关的调查数据。其次，进行无量纲化数据处理。因关爱指标中数据的量纲不同，故对这些指标进行综合集成则需要进行无量纲处理，以促使指标值转换成相应得分。再次，根据各级指标权数，对各级指标得分进行加权乘积的处理，得到各级指标指数。最后，将各级指标指数相加汇总，获得深圳市关爱指数。

---

① 周长城，袁浩．专家的观点可靠吗——对国内生活质量综合指数建构问题的探讨[J]．社会科学研究，2003(1)：100-106.

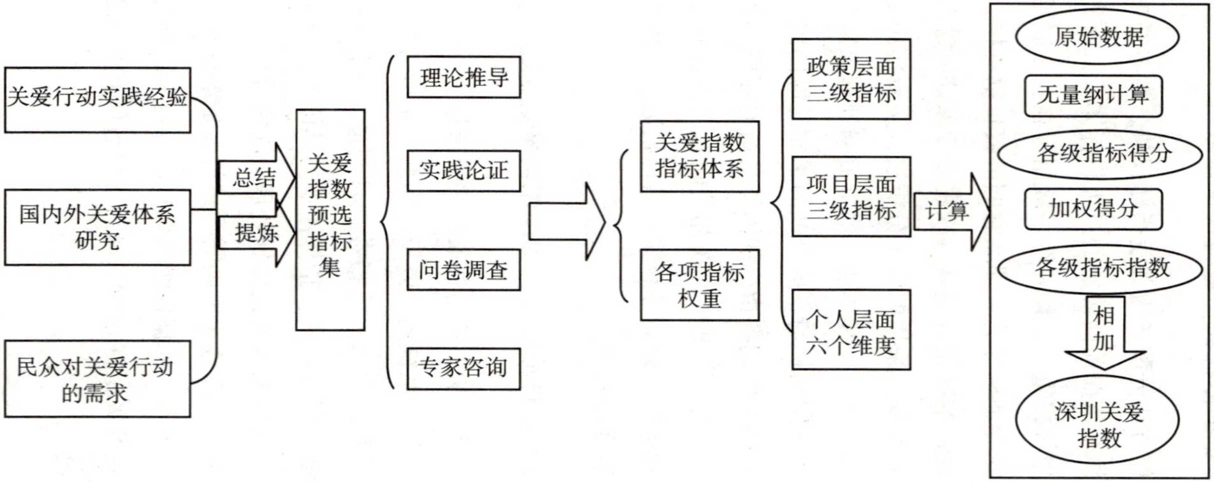

图4-1 深圳关爱指数指标体系建构技术路径图

(三)关爱指数评价的主观问卷编制

1. 问卷编制的目的与意义

根据社会服务项目的评估手段与技术路径，人们在了解某项具体的社会服务效果时，除了对该项服务的结果进行客观性描述外，服务对象对于该项活动的主观态度测评也是必不可少的。从这个角度看，主观问卷的编制是为了更好地了解市民对于政府和机构所提供的关爱服务活动的评价情况，便于从公众视角出发，更准确地了解公众的实际需求和态度，为下一阶段关爱行动的深入发展提供指导性的方向和建议。

一般来说，主观问卷的编制应遵从科学的理论依据。从社会服务项目的评估体系出发；结合深圳市关爱服务的实际情况，通过问卷计分的形式了解市民对关爱服务的主观态度，将公众对服务的评价做出量化的分析。由此，可以科学地监测深圳市关爱服务开展的状况并预测其未来发展趋势。

2. 问卷编制的程序

从程序上看，本书的主观问卷编制主要分为五个步骤(见图 4-2)。

第一，确立调查目标，寻找理论支撑，设计问卷维度。共分四步：其一，调查目标主要是针对服务对象对深圳关爱服务的主观评价做出调查，以对服务对象进行跟踪、监测与评估。其二，根据社会服务项目的“多元交代”评估，一个服务项目完成后，通常公众希望了解服务项目的覆盖情况与服务对象的评价状况；项目领导方需要了解项目产生的社会影响如何；服务机构则希望明了服务质量如何。如此，在编制问卷进行关爱服务项目评估时，需要考虑多元主体对于评估的需要及实现多元交代。其三，根据社会工作实务的一般过程，项目评估可划分为服务前期评估、服务中期评估、服务后期评估三个类型。① 其四，通过专家咨

---

① 王思斌. 社会工作综合能力(中级)[M]. 中国社会出版社，2015：187.

询法与质性访谈法，对此评估框架进行验证，以提高其科学性和可操作性。

第二，问卷的开发和试测。在上述项目评估的理论框架指导下，展开具体条目的编写，形成一个相对丰富的问卷条目库。同时，在条目库中挑选出合适的条目进行规范与整理，借以形成初始问卷。之后，将问卷以书面的形式寄给专家评定，并随机选取部分被试对初始问卷的科学性做小范围的评定，根据反馈的结论进一步修改问卷。

第三，预测。采用有效的抽样方式，对被试进行调查。调查的程序和指导语完全按照正式施测的程序来进行。

第四，对收集回来的问卷进行筛选，剔除无效问卷，对有效的问卷进行分析检验。

第五，对数据进行项目分析、因子分析和多元方差分析后，对问卷进行评估，并以此作为研究的依据。

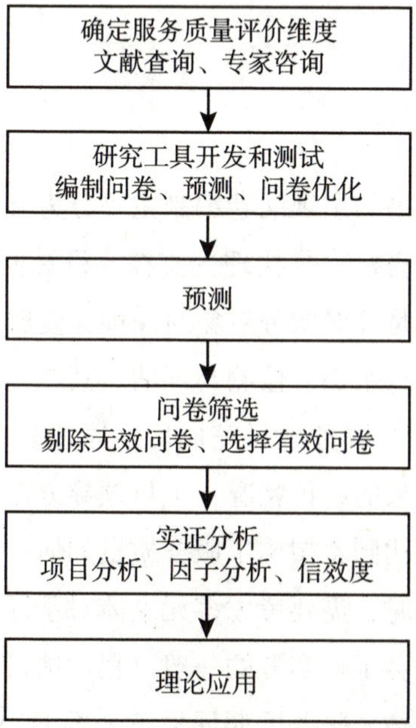

图 4-2　问卷编制技术路线图

3. 关爱服务主观问卷维度的建构

此阶段，根据个人层面关爱指数的调查目的，在查阅大量文献以及与专家进行多次讨论后，我们确立了关爱服务项目的评估框架。这个评估框架的建立，不仅有助于了解关爱服务开展的实际效果，也可从中发现存在的问题及影响因素。

需要说明的是，笔者主要选取了“服务后期评估”方式，包括结果评价和影响评价。① 结合深圳市关爱服务的具体情况，本书将结果评估分为项目的覆盖率、项目的满意度两个维度，将影响评估分为项目的知晓度、关注度、美誉度三个维度。此外，我们把 SERVPEF 服务质量评价模型作为服务质量满意度维度的理论支撑框架。

4. 服务质量满意度评估的问卷设计

服务质量满意度的测量是对服务提供者最直接的反馈，在整个测量评估中占据着重要的位置。为使结果更加科学、客观，根据个人层面关爱指数的调查目的，笔者在收集大量文献资料之上，最终选取由克罗林和泰勒在 1992 年提出的 SERVPEF 服务质量评价模型②，作为服务质量满意度维度的理论支撑框架。同时，心理测量要求将抽象的概念转变为实际操作的、可行的指标体系。如此，在实际操作过程中，必须对 SERVPERF 质量评价模型中有形性、可靠性、保证性、激励性、反应性、移情性六个维度进行操作化定义，并通过专家咨询法和质性访谈法检验其科学性。经过衡量和界定后，笔者形成了关爱服务评估维度建构图（见图 4-3）。

---

① 王思斌．社会工作综合能力（中级）[M]．中国社会出版社，2015：334.

② Elliott，Kevin M. SERVPERF versus SERVQUAL. A Marketing Management Dilemma when Assessing Service Quality[J]. Journal of Marketing Management，1994：56-61.

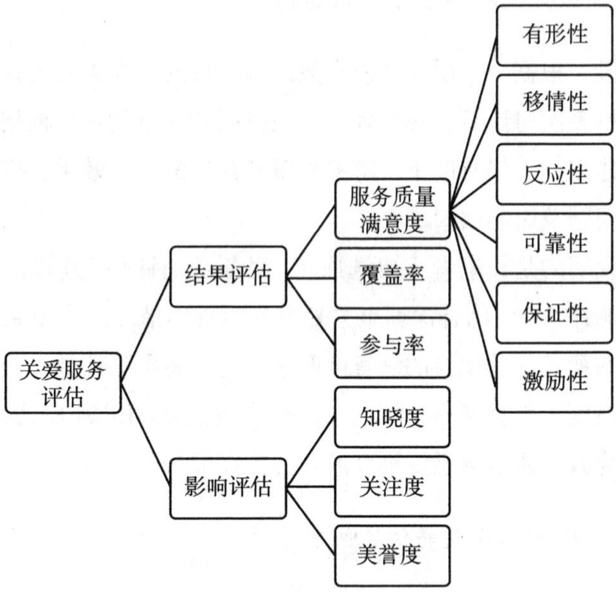

图 4-3 关爱服务评估维度建构图

5. 初步编制问卷题目

根据调查目的和理论框架，在文献分析和专家建议的基础上，本书将问卷确定为个人信息、服务质量满意度评价、社会学的补充问卷(主要指项目影响评估)三部分。问卷的编制在文献分析和专家咨询的基础上进行，以确保其专业性和科学性，以下简述之。

个人信息部分的编制主要是了解被调查对象的基本信息，已获得和主体部分服务满意度测量的一些相关信息。这部分编制在结合之前的问卷信息时，应根据这次调查的实际需要对专家学者、市民和大学生群体进行调查访问，通过收集到的意见进行相应的问卷修改。

主体部分根据理论框架的构建情况则分为两部分：一是市民对深圳关爱服务质量满意度评价。即按照服务质量模型的六个维度(有形性、可靠性、保证性、反应性、及时性、移情性、激励性)，对整个关爱行动的政策和项目层面进行测评，涉及的主体包括各个组织机构、政策、实施等部分。二是自编的社会学问卷，主要了解市民对关爱服务的知晓度、关注度、美誉度，包括公众对关爱行动的了解情况和评价。这部分的测评需要在文献分析和专家咨询下，结合市民需求与调查方向进行问卷编制。不过，对于覆盖率、参与率两个维度，笔者将通过客观指标来测算。

进一步，在问卷条目的备选形式上，笔者根据各部分的要求具体做出选择，做到封闭式选项与开放式填答相结合。而在主体部分主要采用的是李克特5点计分法，每个条目设置5个选项(1、2、3、4、5)，被访问者根据自己的实际情况做出相应的选择，所有选项均正向计分，不设置反向计分的题目。

6. 评定条目质量，确定初始问卷

笔者从条目可中抽取部分条目，按照一定的顺序进行整理，组成一份相对完整的问卷，邀请专家和相关人士共同确定其编制的科学性。同时，为确保问卷条目的质量，根据互斥性、通俗性、准确性三原则进行评定，以此作为修改问卷条目的依据，并进行小范围试调查。

指导语如下：

您好！我们准备对深圳市关爱行动的服务质量进行追踪调查。通过查阅相关文献和对相关人员进行访问，我们制定了该调查表，为了更好地了解该问卷的科学性和合理性，请您协助我们进行以下调查。请您对该问卷是否满足“互斥性”“准确性”“通俗性”的要求，进行相关的评价。万分感激！

互斥性：表示此条目只属于某个维度，而不是其他维度。

准确性：表示此条目表达清晰、明确、无歧义。

通俗性：表示该条目用语通俗易懂、无太多专业化的术语。

1代表是，2代表否。

具体数据如表 4-1 所示：

表 4-1　　深圳市关爱行动调查问卷

		互斥性 1 是 2 否	准确性 1 是 2 否	通俗性 1 是 2 否
服务的有形性	B2 服务提供者能够主动地提供有价值的信息	1 2	1 2	1 2
	B4 服务提供者能够及时提供所承诺的服务	1 2	1 2	1 2
	B21 服务内容是合理的、人性化的	1 2	1 2	1 2
	B24 服务提供者能够及时有效地处理市民反映的情况	1 2	1 2	1 2
	B27 服务提供者能够提供个性化的服务	1 2	1 2	1 2
	B29 服务提供者随时准备响应市民的要求	1 2	1 2	1 2
	B31 服务提供者能够及时有效地提供反馈	1 2	1 2	1 2

7. 项目分析，形成最终问卷

综合考虑本阶段的实际情况，确定被试数量为 100 份。通过整群抽样，在深圳市 10 个区(罗湖、南山、福田、盐田、宝安、龙岗、光明新区、坪山新区、大鹏新区、龙华新区)之中，每个区随机抽取 10 名被试者进行调查。确定样本分布后，邀请心理学专业人士以初始问卷为工具，对被试实施试测，为问卷修改收集数据。

在项目分析上，通过 t 检验法、反应度分析、相关系数法、克朗巴赫(Cronbach’s a)系数法、因子分析法进行项目筛选；在信度评价上，采取内部一致性信度(因多级几份使用 Cronbach 系数)，计算量表总分及各个维度的 Cronbach 系数；在效度方面，进行内容效度和结构效度的分析，其中内容效度以专家评议为主，结构效度以因子分析法为主。如此，通过综合分析，在完善初始问卷的基础上形成最终的问卷。

8. 问卷调查和结果分析

此阶段的主要任务包括：撰写问卷说明，简要阐明问卷情况，方便日后问卷的使用；与问卷试测阶段一样，选取合适的抽样方法、确定施测程序；问卷的正式试测、最终数据的分析及结果的呈现。

问卷基本情况说明如下：本问卷为深圳市关爱行动追踪调查问卷，问卷主体分为三大部分。第一部分“个人信息”，包括年龄、性别、收入状况、生育状况、职业类型等 13 道题目；第二部分“服务质量满意度”，按照服务质量满意度模型建立了 33 道题目，反映了服务质量满意度评价六大维度；第三部分“服务影响评估”，指市民对关爱活动的知情度、赞美度等，有 9 道题目。在问卷题型的设置上，所有题目均属于封闭式；在选项设置上，依据具体问题而有所不同。有单选也有个别是多选，在服务质量满意度评价部分均是单选，即按照李克特 5 级计分方式对选项进行相应的设置，而被试会根据自己的主观感受对项目进行评定。

二、关爱服务指标体系建构的研究方法

因关爱服务实施主体广泛，如何让研究结果更加精确，应是本书的关注重点。为此，笔者进行了研究设计及研究方法的严格选取，以此把握关爱服务的发展现状、成功经验与存在不足，确定未来的工作规划，提升关爱服务的质量与影响力。

(一)关爱服务指标体系建构的研究设计

研究设计对于关爱服务的研究结果具有重要意义。研究前期，我们对建构关爱服务指标体系课题进行了严谨的研究设计。在这里，所谓的“研究设计”(research design)指对整个研究工作进行规划，制定出探索特定社会现家或事物的具体策略，确定研究的最佳途径，选择适当的研究方法等。① 以下简略介绍“深圳市关爱服务指标体系”的规划和研究设

---

① 风笑天. 社会调查原理与方法[M]. 首都经济贸易大学出版社，2008：1-10.

计工作。

1. 研究目的

本书的研究目的具有探索性、描述性、解释性等特征，这也是研究所有社会现象的基础。①

其一，探索性研究。指对研究的对象或问题进行初步了解，以获得初步的印象和感性认识，并为今后更周密、更深入的研究提供基础和方向的研究类型。一般来说，探索性研究在研究方法上操作不太严格，通常采用参与观察、无结构式访谈等收集资料。在研究初期，笔者主要通过走访、观察了解某些接受过关爱服务的组织和个人，以此对关爱服务的开展情况作出初步的认识与理解。

其二，描述性研究。指发现总体在某些特征上的分布状况，其主要目的是收集有关总体分布特征的资料，提供有关总体结构、现象特点等方面的信息。一般来说，开展描述性研究在方法上要求相对较高，应表现出系统性、结构性、全面性等特点，常采用严格的随机抽样与问卷调查法。在本书中，笔者通过深圳市各区内人数与服务对象人数的总体研究，综合确定最终研究对象的数量；然后依据“确定的抽样数量”与自编的“调查问卷”，在各区进行随机抽样。由此，对关爱服务的现状与效果进行测评，对相关组织的参与状况、组织自身的发展情况与服务满意度展开问卷调查与数据分析，利用大量的统计学图形和表格来描述关爱服务的总体状况。此外，我们也辅助运用深度访谈、现存统计资料分析、文献研究、历史比较等方法，对关爱服务的总体发展状况与发展态势进行分析。

其三，解释性研究。指探寻现象背后的原因，解释现象发生或变化的内在规律，回答各种“为什么”的社会研究的类型。一般来说，解释性研究是建立在前两种研究之上，特别注重研究内容的针对性和适用性。在本研究中，我们不仅要了解关爱服务的总体状况，更需要对关爱

---

① 风笑天．社会学研究方法[M]．中国人民大学出版社，2013：61.

服务的效果、为什么会产生这些效果，以及关爱服务的经验发展模式、动态发展趋势进行深入的研究。相应地，解释性研究则是本书需要达到的最终目的所在。比如，笔者常常要求进行双变量和多变量统计分析，并结合文献资料梳理，以深入诠释关爱服务的深层原因及服务成效等。

2. 研究性质和研究对象

根据研究性质的不同，我们通常将社会研究分为理论性研究和应用性研究两类。因关爱服务体系研究既是当今我国社会建设的热门问题，又带有强烈的社会政策性质，理应属于应用性研究。

研究对象又称分析单位，是研究中将被分析和描述的对象。在本书中，因关爱服务体系研究要对深圳整个关爱活动进行调查，其涉及的研究对象相对复杂，主要包括个人、群体、组织三类。其中，个人指参与关爱服务的个体，如各种年龄层次、收入层次的个人等；群体指关爱行动的七类服务对象，如儿童、青少年、妇女、老人、残疾人、来深建设者、特殊社区公众人士；社会组织主要集中于“参与关爱行动”的政府、企业、媒体、公益组织四类。

3.“量主质辅”的混合研究方法

本书的主要关注点是对深圳关爱行动的基本情况进行实证调查和分析，以形成关爱服务指标体系与发展趋势分析，并对政府有关“关爱行动的公益”政策与服务作出倡导。如此，对于这项复杂的、“全景式”的研究，本书将采用“量主质辅”混合研究方法。这其中除了利用现有的书面文献的比较研究、现存的统计资料分析、研究报告的回顾作为我们进一步诠释问题的佐证使用以外，“量主质辅”的问卷调查、心理量表测验、参与观察、深入访谈等，也是本书的特色。如此，本书将采取定量分析与定性分析相结合、主观分析与客观分析相结合、宏观分析与微观分析相结合的研究方法，并运用数据统计、心理量表、理论诠释、实证分析、对比分析、质性研究等多元交叉的调查手段，以此对关爱服务体系的建构进行深入细致的研究。

(二)关爱服务指标体系建构的方法

本书采用“量主质辅”的混合研究方法，包括定量研究方法的数理统计法、问卷调查法、心理学量表测量法，以及质性研究方法的文献研究、参与观察法、半结构式访谈等。

1. 定量研究方法

定量研究方法指从一组单位中收集各单位的可对比信息进行计算，进而对资料作更广泛的定量分析。比如，服务体系主要采用了数理统计法、问卷调查法、心理学量表测量法。

(1)问卷调查法。指以实证主义为方法论的定量研究方法，通过把标准化的问卷分发给调查对象后，对问卷回收整理，并进行统计分析，以得出研究结果的研究方法。① 在本书中，我们对深圳市 10 个区进行随机抽样，实际发放问卷 1020 份，有效回收 1000 份，有效回收率为 98.04%。同时，问卷填写采用自填方式，当场回收，并将数据录入 SPSS22.0 进行社会统计分析。

(2)数理统计法。指以概率论为基础，运用统计学方法对数据进行分析、研究导出其概念规律性。在问卷录入后，对样本的平均数、标准差、相关性、回归等有关统计量进行研究。同时，在建构关爱服务指标体系的研究中，也使用了交叉分析、因子分析等统计学方法，以获得深层次的分析结果。

(3)量表测量法。心理学量表法是运用量表对象进行测量研究的方法。根据调查的实际情况，选用心理学量表法来测量深圳市居民的社会服务需求及服务满意程度，并从侧面了解其参与关爱服务的意愿。同时将此方法与问卷调查获取的数据结合，可以得到更为准确的数据。

---

① 郑晶晶．问卷调查法研究综述[J]．理论观察，2014(10)：102.

2. 质性研究方法

质性研究是以文字叙述为材料、以归纳法为论证步骤、以建构主义为前提的一种研究方法。① 质性研究可以挖掘更深层次的信息，有效补充定量研究方法收集资料的不足。在本书中主要使用了文献研究法、参与观察法、半结构式访谈法。

(1)文献研究法。指收集和分析现存的、以文字形式为主的文献资料。主要收集关爱服务国内外的相关文献资料，包括关键概念的界定、服务内容分类及服务政策实施等。由此，获取资料分析不同领域中特定人群的总体状况，评估现有关爱服务的成效，阐释其问题与挑战，并提出切实可行的、前瞻性的建议。

(2)参与观察法。指观察者真正进入被观察者场景，从内部感受其生活。根据不同领域的状况及服务对象的总体数量，在对象选择、内容结构、程序安排等方面事先进行了明确计划，之后深入社区，观察和了解不同服务对象对关爱服务的认知度、满意度及接受情况等。

(3)半结构式访谈法。半结构式访谈法是质性研究中最常用的一种方法，在本书中可以探索服务对象本身及关爱服务项目等更全面的资料。采取效标抽样方法在不同区域共选取了 67 名访谈对象，其中儿童 9 名、青少年 5 名、妇女 5 名、老人 10 名、残疾人 6 名、残疾人家属 4 名、来深建设者 4 名、特殊社区公众人士 10 名、社会工作者 14 名。② 同时，依据访谈提纲采用半结构式访谈，共开展了 70 余人次访问。之后，在征得访谈对象同意，使用录音笔或手机对资料进行收集，并运用类属分析方法对访谈资料进行分类总结、研究。

---

① 熊秉纯．质性研究方法刍议：来自社会性别视角的探索[J]．社会学研究，2001(5)：10.

② 李晓凤，佘双好．质性研究方法[M]．武汉：武汉大学出版社，2006.

中篇　深圳市关爱指数体系研究

第五章　客观指数：政策层次的关爱指数分析

早在 2011 年，笔者在借鉴国内外各类指标体系建构的基础上，选取了几项常用方法作为本研究构建关爱指标体系的主要方法。同时，在关爱指标权重确定的过程中采用了专家调查法，在指数技术过程中采用无量纲化方法。如此，2014 年指标构建依然按照 2011 年的计算方法进行计算，具体的计算过程及结果如下。

一、关爱指数权重的确定方法与过程

通过邮寄、座谈会等方式向专家库的所有专家发放问卷，共有 31 位专家回复，剔除无效问卷 13 份，剩下的 25 份构成了有效的专家意见，并将收集的数据录入 SPSS。此外，笔者主要使用了加权平均值、标准差、变异系数 3 个统计量进行数据处理。其中，均值用以反映专家意见的集中程度，并以此作为项目层次关爱指数体系中各具体指标的权重。其计算公式如下：

$$\bar{x} = \frac{\sum x_i f_i}{\sum f_i}$$

经计算，笔者得出了深圳市政策层面和项目层次关爱指数的各指标的权重，具体的权重得分详见表 5-1 与表 5-2。

表 5-1 政策层面各关爱指标的权重

指标名称	计量单位	权重
A1：经济福利水平关爱指标		
A1-1 社会保险实际征收收入	元	3.3
A1-2 社会保障占政府财政支出比例	%	3.5
A1-3 城市居民最低生活保障标准	元	3.4
A1-4 居民最低生活保障人数	人	2.3
A1-5 流浪乞讨弱势群体(儿童妇女、老人、残疾人)救助人数	人	2.4
A1-6 各类保障性住房(公共租赁住房、安居型商品房、廉租住房、经济适用房、货币补贴住房)的建设总数 注：保障性住房具体类型参照《2011 年深圳政府公共服务白皮书》	套	2.8
A1-7 恩格尔系数(逆向指标)	%	2.7
A1-8 城镇居民年家庭人均可支配收入	元	3.6
A1-9 城镇登记人口失业率(逆向指标)	%	2.2
A2：居民健康情况关爱指标		
A2-1 财政性卫生经费支出占财政支出比例	%	3
A2-2 国民体质合格率	%	4.2
A2-3 城镇每千人执业医师数	人	3
A2-4 城镇每千人医院床位数	张	3.6
A2-5 妇幼保健所		3.2
A2-6 卫生技术人员	人	2.3
A2-7 医疗机构总诊疗人数		2.2
A2-8 疾病预防和控制中心	所	2.3
A3：居民受教育程度关爱指标		
A3-1 九年义务教育普及率	%	6.3
A3-2 全市学校数目	所	6.4
A3-3 在校学生总和	人	5.1
A3-4 公益性文化设施数量(包括图书馆、群众艺术馆、文化馆)	座	3

续表

指标名称	计量单位	权重
A3-5 广播/电视覆盖率	%	3.3
A3-6 公共图书馆馆藏图书总数	万册	4.7
A4：社区公共安全及环境状况关爱指标		
A4-1 发案率(侵害公民人身/民主权利案件/侵害财产案件/危害公共安全案件的发案率)逆向指标	%	2.6
A4-2 深圳市禁毒办戒毒成功率(数据来自药物滥用检测)	%	2.5
A4-3 主要饮用水源水质达标率	%	4.2
A4-4 城市建成区绿化覆盖率	%	3.3
A4-5 城市人均公园绿地面积	%	3.5
A4-6 城镇生活垃圾无害化处理率	平方米	2.7
A4-7 城市污水处理率	%	2.4

表 5-2　　项目层面关爱指标权重

检测指标	权重
B1：缺失性物质关爱项目指数	30
B1-1：失业救助和就业援助	6
B1-2：残疾人救助	6
B1-3：疾病救助	6
B1-4：扶贫救助	6
B1-5：外来民工救助	4
B1-6：对外扶贫救助	2
B2：发展性物质关爱项目指数	20
B2-1：教育支持	6
B2-2：企业员工关爱	5
B2-3：专职人员关爱	5
B2-4：对外发展支持项目	4

续表

检 测 指 标	权重
B3：缺失性精神关爱项目指数	30
B3-1：劳教人员帮扶与社区矫正	8
B3-2：老年人关爱	8
B3-3：妇女关爱	7
B3-4：儿童、青少年成长关爱	7
B4：发展性精神关爱项目指数	10
B4-1：文体活动支持	4
B4-2：公益宣传活动	6
B5：综合性关爱项目指数	10
B5-1：志愿服务和捐赠	4
B5-2：社区关爱	4
B5-3：其他	2
总　　计	100

二、政策层面关爱指数的计算过程及数据采集

计算政策关爱指数，第一步是采集政策层面关爱指数的原始数据，第二部是确定无量纲化计算方法及公式；第三步是利用无量纲化法计算各项指数的标准得分；第四步是计算政策层面关爱指数；第五步是计算政策层面关爱指数年增长率，描绘政策层面关爱指数增长曲线图。其中，政策层面关爱指标的原始数据大多取自政府公布的《深圳统计年鉴》《深圳年鉴》、历年的《政府工作报告》等官方资料；同时，部分在以上年鉴中未获得的数据来自直接向有关部分采集，政策层面关爱指数的原始数据见表5-3。

表 5-3　　政策关爱指数原始数据

A1. 经济福利水平关爱指标						
	单位	2010	2011	2012	2013	2014
A1-1 社会保险实际征收收入	万元	3401499	4462180	5499183	7114222	8720000
A1-2 社会保障占政府财政支出比例	%	3. 2%	3%	3. 6%	3. 8%	3. 4%
A1-3 城市居民最低生活保障标准	元	450	510	560	560	620
A1-4 居民最低生活保障人数	人	12220	10716	8598	7095	6729
A1-5 流浪乞讨弱势群体救助人数	人	23500	23474	23815	25079	23024
A1-6 各类保障性住房的建设总数	套	19620	10500	18000	22100	27442
A1-7 恩格尔系数(逆向指标)	%	35. 5	36. 7	36. 3	36. 1	33. 1
A1-8 城镇居民年家庭人均可支配收入	元	32380. 86	36505. 04	40741. 88	44653. 10	40948
A1-9 城镇登记人口失业率(逆向指标)	%	2. 45	2. 20	2. 42	2. 4	2. 26
A2. 居民健康情况关爱指标						
	单位	2010	2011	2012	2013	2014
A2-1 财政性卫生经费支出占财政支出比例	%	4. 1%	4. 4%	5. 6%	5. 2%	7. 3%(157. 6 亿)
A2-2 国民体质合格率	%	91. 9	90. 6	90. 5	90. 2	89. 8
A2-3 城镇每千人执业医师数	人	2. 05	2. 16	2. 27	2. 39	2. 49
A2-4 城镇每千人医院床位数	张	2. 2	2. 16	2. 27	2. 39	2. 94
A2-5 妇幼保健院	所	7	8	8	11	11
A2-6 卫生技术人员	人	54081	58059	61961	65782	69936
A2-7 医疗机构总诊疗人数	万人	8127	8878	8638	9112	8852. 63
A2-8 疾病预防和控制中心	所	17	8	9	10	11

续表

A3. 居民受教育程度关爱指标						
	单位	2010	2011	2012	2013	2014
A3-1 九年义务教育普及率	%	100	100	100	100	100
A3-2 全市学校数目	所	1705	1757	1856	1997	2094
A3-3 在校学生总和	人	1311139	1382735	1467267	1586923	1753300
A3-4 公益性文化设施数量①	所	645	648	647	647	658
A3-5 广播或电视覆盖率	%	100	100	100	100	100
A3-6 公共图书馆馆藏图书总数	万册	2296. 5	2492. 0	2695. 72	2854. 4	3056. 44
A4. 社区公共安全及环境状况关爱指标						
	单位	2010	2011	2012	2013	2014
A4-1 发案率(逆向指标)	千分之	186. 01	134. 19	134. 10	109. 14	91. 21
A4-2 深圳市禁毒办戒毒成功率	%	57. 7	44. 9	46. 6	64. 9	71. 8
A4-3 主要饮用水源水质达标率	%	100%	100%	100%	100%	100%
A4-4 城市建成区绿化覆盖率	%	45%	45%	45%	45%	45. 1%
A4-5 城市人均公园绿地面积	平方米	16. 4	16. 5	16. 6	16. 7	16. 8
A4-6 城镇生活垃圾无害化处理率	%	94. 6%	95%	95. 1%	98. 4%	100%
A4-7 城市污水处理率	%	88. 81%	93. 97%	96%	96. 22%	96. 5%

通过无量纲法计算出政策层次关爱指数各指标得分，详见表5-4。

① 公益性文化设施主要包括图书馆、群众艺术馆、文化馆等。下同。

表 5-4　　政策层面关爱指数无量纲化计算值

A1. 经济福利水平关爱指标						
指标名称	均值	2010	2011	2012	2013	2014
A1-1 社会保险实际征收收入	5839416. 8	0. 58	0. 80	0. 94	1. 2	1. 49
A1-2 社会保障占政府财政支出比例	3. 4%	0. 94	0. 88	1. 06	1. 12	1
A1-3 城市居民最低生活保障标准	540	0. 83	0. 94	1. 04	1. 04	1. 15
A1-4 居民最低生活保障人数(逆向指标)	9071. 6	1. 35	1. 18	0. 95	0. 78	0. 74
A1-5 流浪乞讨弱势群体救助人数	23778. 4	0. 99	0. 99	1	1. 05	0. 97
A1-6 各类保障性住房的建设总数	19532. 4	1	0. 54	0. 92	1. 13	1. 4
A1-7 恩格尔系数	35. 54%	1	1. 03	1. 02	1. 02	0. 93
A1-8 城镇居民年家庭人均可支配收入	39045. 776	0. 83	0. 93	1. 04	1. 14	1. 05
A1-9 城镇登记人口失业率	2. 346%	1. 04	0. 94	1. 03	1. 02	0. 96
A2. 居民健康情况关爱指标						
指标名称	均值	2010	2011	2012	2013	2014
A2-1 财政性卫生经费支出占财政支出比例	5. 32%	0. 77	0. 83	1. 05	0. 98	1. 37
A2-2 国民体质合格率	90. 6%	1. 01	1	1	1	0. 99
A2-3 城镇每千人执业医师数	2. 272	0. 9	0. 95	1	1. 05	1. 1
A2-4 城镇每千人医院床位数	2. 392	0. 92	0. 9	0. 95	1	1. 23
A2-5 妇幼保健院	9	0. 78	0. 89	0. 89	1. 22	1. 22
A2-6 卫生技术人员	61963. 8	0. 87	0. 94	1	1. 06	1. 13
A2-7 医疗机构总诊疗人数	8721. 526	0. 93	1. 02	0. 99	1. 04	1. 02
A2-8 疾病预防和控制中心	11	1. 55	0. 73	0. 82	0. 91	1

续表

A3. 居民受教育程度关爱指标						
指标名称	均值	2010	2011	2012	2013	2014
A3-1 九年义务教育普及率	100%	1	1	1	1	1
A3-2 全市学校数目	1881. 8	0. 91	0. 93	0. 99	1. 06	1. 11
A3-3 在校学生总和	1500272. 8	0. 87	0. 92	0. 98	1. 06	1. 17
A3-4 公益性文化设施数量	649	0. 99	1	1	1	1. 01
A3-5 广播或电视覆盖率	100%	1	1	1	1	1
A3-6 公共图书馆馆藏图书总数	2679. 012	0. 86	0. 93	1	1. 07	1. 14
A4. 社区公共安全及环境状况关爱指标						
指标名称	均值	2010	2011	2012	2013	2014
A4-1 发案率(逆向指标)	130. 93	1. 42	1. 02	1. 02	0. 83	0. 7
A4-2 深圳市禁毒办戒毒成功率	57. 18%	1. 01	0. 79	0. 81	1. 14	1. 26
A4-3 主要饮用水源水质达标率	100%	1	1	1	1	1
A4-4 城市建成区绿化覆盖率	45. 02%	1	1	1	1	1
A4-5 城市人均公园绿地面积	16. 6	0. 99	0. 99	1	1	1. 01
A4-6 城镇生活垃圾无害化处理率	96. 62%	0. 98	0. 98	0. 98	1. 02	1. 03
A4-7 城市污水处理率	94. 3%	0. 94	1	1. 02	1. 02	1. 02

三、政策层面的关爱指数与结果分析

年度政策层面关爱指数是由各单项评价指标加权综合而成，其计算公式为：

$$F=iW_i * Z_i$$

其中 Z_i 为 X_i 的无量纲化值，X_i 为实际值，W_i 为指标 X_i 的权数，将各子目标下的各项无量纲化值与相应权数相乘，然后加总得出各子维度的综合评价指数，再将各子维度综合评价指数与其相应权数相乘，最后加总得出深圳市政策层面关爱指数。

(一)经济福利水平关爱指数

由计算结果可知，深圳市经济福利关爱指数在 2010—2014 年之间逐年递增，平均增速达 25. 7%。其中，2011—2012 年之间增速最快，达到 37. 6%，2012 年之后稳步增长(见图 5-1)。

通过对经济福利水平关爱指数各项指标的分析发现，居民最低生活保障人数指标五年间下降 44. 93%，这一方面说明深圳市社会救助事业发展良好，多数低保对象成功脱贫；另一方面也说明社会保障机制不完善，低保标准过低，导致部分边缘群体不能享受救助政策。在 2010—2011 年之间，各类保障性住房指标下降 46. 48%，各类保障性住房的建设的数量不稳定(见表 5-5)。

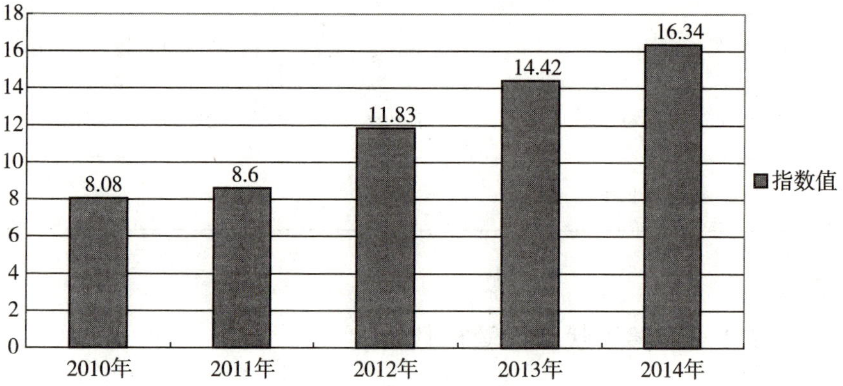

图 5-1　经济福利水平关爱指数

表 5-5　**经济福利水平关爱指数**

A1. 经济福利水平关爱指数值					
指标名称	2010	2011	2012	2013	2014
A1-1 社会保险实际征收收入	1. 9	2. 64	3. 10	3. 96	4. 92
A1-2 社会保障占政府财政支出比例	3. 29	3. 08	3. 71	3. 92	3. 5

续表

A1. 经济福利水平关爱指数值

指标名称	2010	2011	2012	2013	2014
A1-3 城市居民最低生活保障标准	2. 82	3. 2	3. 54	3. 54	3. 91
A1-4 居民最低生活保障人数(逆向指标)	−3. 11	−2. 71	−2. 19	−1. 79	−1. 7
A1-5 流浪乞讨弱势群体救助人数	2. 38	2. 38	2. 4	2. 52	2. 33
A1-6 各类保障性住房的建设总数	2. 8	1. 51	2. 58	3. 16	3. 92
A1-7 恩格尔系数(逆向指标)	−2. 7	−2. 78	−2. 78	−2. 75	−2. 51
A1-8 城镇居民年家庭人均可支配收入	2. 99	3. 35	3. 74	4. 1	3. 78
A1-9 城镇登记人口失业率(逆向指标)	−2. 29	−2. 07	−2. 27	−2. 24	−2. 11
合计	8. 08	8. 6	11. 83	14. 42	16. 04
年际增长率	6. 4%	37. 6%	21. 9%	11. 2%	
年均增长率	25. 7%				

(二)居民健康状况关爱指数

由计算结果可知，深圳市居民健康关爱指数在 2010—2014 年之间增幅较小，年均增长率为 4. 75%。其中，2010—2011 年略有下降，下降率为 4%；2013—2014 年增幅明显，达 10%；2012—2013 年略微增长，增长率为 7%(见图 5-2)。

通过对居民健康状况的关爱指数分析，国民体质合格率指标连续 5 年呈缓慢下降趋势，5 年下降为 2%，深圳市民健康问题需要引起关注；同时，5 年疾病防控中心的数量下降很快，5 年下降为 35. 3%(见表 5-6)。

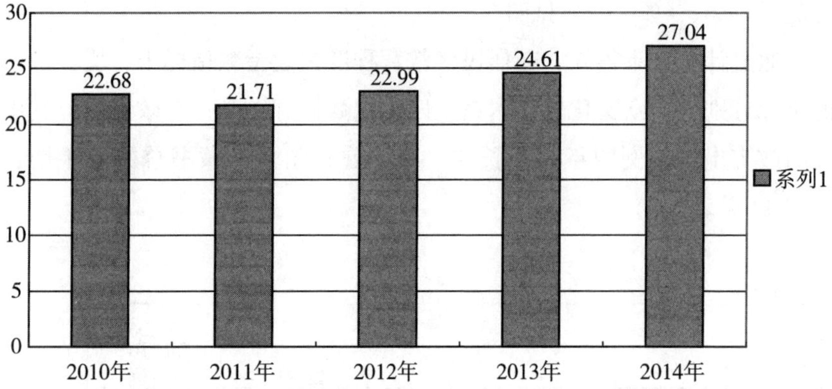

图 5-2　居民健康状况关爱指数

表 5-6　**居民健康状况关爱指标指数**

A2. 居民健康情况关爱指数值					
指标名称	2010	2011	2012	2013	2014
A2-1 财政性卫生经费支出占财政支出比例	2. 31	2. 49	3. 15	2. 94	4. 11
A2-2 国民体质合格率	4. 24	4. 2	4. 2	4. 2	4. 16
A2-3 城镇每千人执业医师数	2. 7	2. 85	3	3. 15	3. 3
A2-4 城镇每千人医院床位数	3. 31	3. 24	3. 42	3. 6	4. 43
A2-5 妇幼保健院	2. 5	2. 85	2. 85	3. 9	3. 9
A2-6 卫生技术人员	2	2. 16	2. 3	2. 44	2. 6
A2-7 医疗机构总诊疗人数	2. 05	2. 24	2. 18	2. 29	2. 24
A2-8 疾病预防和控制中心	3. 57	1. 68	1. 89	2. 09	2. 3
合计	22. 68	21. 71	22. 99	24. 61	27. 04
年际增长率	−4%	6%	7%	10%	
年均增长率	4. 75%				

(三)居民受教育程度关爱指数

由计算结果可知，深圳市居民受教育程度关爱指数在 2010—2014 年之间实现平稳地持续增长，年均增长率达 3. 75%，年际增长率分别为 3%、4%、4%、4%(见图 5-3)。

通过计算结果得知，在居民受教育程度关爱指数指标中，增长最快的指标分别为群众文化馆艺术馆，四年内数量翻一番；财政性教育支出占财政支出的比例四年内增长 37.4%，公共图书馆藏书总数四年增长 23.3%(见表 5-7)。

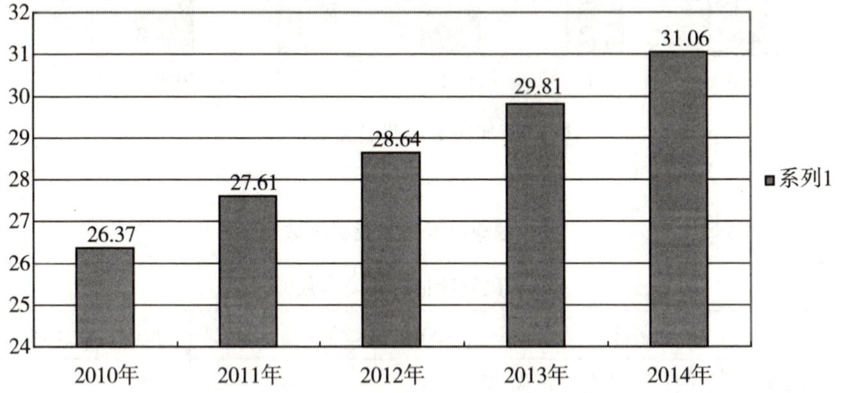

图 5-3　居民受教育程度关爱指数

表 5-7　**居民受教育程度关爱指标指数**

A3. 居民受教育程度关爱指数值					
指标名称	2010	2011	2012	2013	2014
A3-1 九年义务教育普及率	6. 3	6. 3	6. 3	6. 3	6. 3
A3-2 全市学校数目	5. 82	5. 95	6. 34	6. 78	7. 1
A3-3 在校学生总和	4. 44	4. 69	5	5. 4	5. 97
A3-4 公益性文化设施数量	2. 97	3	3	3	3. 03
A3-5 广播或电视覆盖率	3. 3	3. 3	3. 3	3. 3	3. 3
A3-6 公共图书馆馆藏图书总数	4. 04	4. 37	4. 7	5. 03	5. 36
合计	26. 87	27. 61	28. 64	29. 81	31. 06
年际增长率	3%	4%	4%	4%	
年均增长率	3. 75%				

(四)社区公共安全与环境状况关爱指数

由计算结果可知，深圳市社区公共安全及环境状况指数在2010—2013年间依然平稳连续增长，年均增长率为3.8%。五年的指数分别为14.72、15.35、15.48、16.89、17.06，逐年进步，稳步发展(见图5-4)。

在2005—2009年社区公共安全及环境状况关爱指数中，该项指标呈负增长趋势；但在2010—2014年，相关部门据上次研究结果及政策建议，对此进行改进，取得了非常显著的进步，发案率明显降低，该项指标增长了69.7%(见表5-8)。

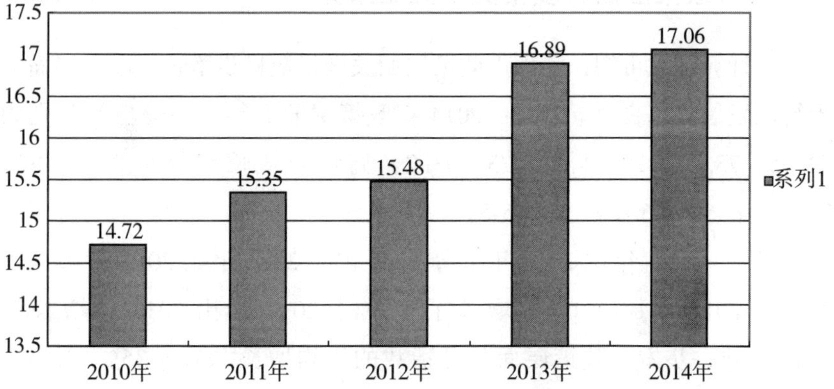

图5-4　社区公共安全及环境状况关爱指数

表5-8　　社区公共安全及环境状况关爱指标指数

A4. 社区公共安全及环境状况关爱指数值					
指标名称	2010	2011	2012	2013	2014
A4-1 发案率(逆向指标)	-3.69	-2.65	-2.65	-2.16	-1.82
A4-2 深圳市禁毒办戒毒成功率	2.53	1.98	2.03	2.85	3.15
A4-3 主要饮用水源水质达标率	4.2	4.2	4.2	4.2	4.2
A4-4 城市建成区绿化覆盖率	3.3	3.3	3.3	3.3	3.3
A4-5 城市人均公园绿地面积	3.47	3.47	3.5	3.5	3.54

续表

A4. 社区公共安全及环境状况关爱指数值					
指标名称	2010	2011	2012	2013	2014
A4-6 城镇生活垃圾无害化处理率	2.65	2.65	2.65	2.75	2.78
A4-7 城市污水处理率	2.26	2.4	2.45	2.45	2.45
合计	14.72	15.35	15.48	16.89	17.06
年际增长率		4.3%	0.8%	9.1%	1%
年均增长率	3.8%				

(五)政策层面关爱指数研究结果分析

由计算结果可知，深圳市政策层面关爱指数稳步增长，政策层面关爱行动发展势态良好。2010—2014 年政策层面五年的关爱指数分别为 72.35、73.27、78.94、85.73、91.2，五年间增长率分别为 -1.3%、7.7%、8.6%、6.4%(见图 5-5)。

其中，2011 年比 2010 年下降了 1.3%，2012 年比 2011 年增长了 7.7%，2013 年比 2012 年增长了 8.6%，2014 年比 2013 年增长了 6.4%。进一步看，政策层面关爱指数的年均增长率为 5.35%，并且，经过 12 年来关爱行动的不断成长，当前发展趋势日渐平稳成熟。具体而言，经济福利水平关爱指数的年均增长率为 25.7%，居民健康水平的关爱指数年均增长率为 4.75%，居民受教育水平的关爱指数年均增长率为 3.75%，社区公共安全和卫生情况关爱指数年均增长率为 3.8%，值得注意的是，四年间经济福利水平关爱指数与居民健康状况关爱指数增幅最大。同时，据质性研究获悉，2005—2009 年关爱指数发布后，各部门据发布成果对关爱行动进行调整，故出现小范围的浮动，2011 年后趋向平稳。由此，深圳市政府在推行关爱型社会建设中，要特别加强住房保障、疾病治理、社会管理及社会安全方面的工作，并促使慈善会的推广和宣传保持正常的连续性，以确保慈善类活动的持续进行(见表 5-9)。

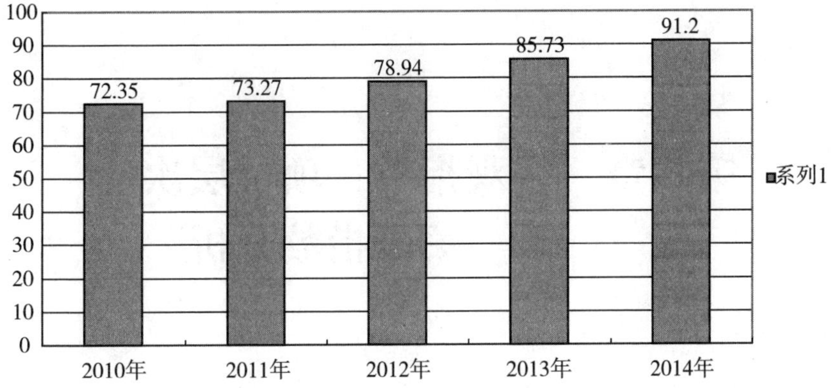

图 5-5　政策层面关爱指数

表 5-9　　**政策层面关爱指标指数**

	2010 年	2011 年	2012 年	2013 年	2014 年
A1 经济福利水平关爱指标	8.08	8.6	11.83	14.42	16.04
A2 居民健康状况关爱指标	22.68	21.71	22.99	24.61	27.04
A3 居民受教育程度关爱指标	26.87	27.61	28.64	29.81	31.06
A4 社区公共安全与环境状况关爱指标	14.72	15.35	15.48	16.89	17.06
合计	72.35	73.27	78.94	85.73	91.2
年际增长率	−1.3%　7.7%　8.6%　6.4%				
年均增长率	5.35%				

第六章　客观指数：项目层次的关爱指数分析

计算项目层次关爱指数，第一步是采集项目层次关爱指数的原始数据；第二步是确定无量纲法计算方法及公式；第三步是利用无量纲法计算各项指数的标准得分；第四步是计算项目层次关爱指数；第五步是计算项目层次关爱指数年增长率，描绘项目层次关爱指数增长曲线图。

一、项目层次关爱的原始数据采集

项目层次关爱指数的原始数据主要来源于2010—2014年的《深圳市关爱行动报告》等官方资料，笔者对深圳市举办的关爱项目采用问卷法进行数量统计。根据文本资料，计算每一类项目在每一年举办的次数。此外，部分原始数据是通过课题组成员到深圳市关爱办、慈善会、红十字会等部门进行收集。深圳市项目层次关爱指数的原始数据如表6-1所示：

表6-1　　项目层次关爱指数的原始数据表

检测指标	单位	年份变化情况				
		2010	2011	2012	2013	2014
B1：缺失性物质关爱项目指数						
B1-1：失业救助和就业援助	次	98	48	52	55	86

续表

检测指标	单位	年份变化情况				
		2010	2011	2012	2013	2014
B1-2：残疾人救助	次	46	61	60	62	64
B1-3：疾病救助	次	33	29	30	33	34
B1-4：扶贫救助	次	55	142	123	142	144
B1-5：外来民工救助	次	28	92	90	92	96
B1-6：对外扶贫救助	次	16	32	18	20	28
B2：发展性物质关爱项目指数						
B2-1：教育支持	次	61	33	42	59	62
B2-2：企业员工关爱	次	51	70	79	87	89
B2-3：专职人员关爱	次	6	38	40	52	55
B2-4：对外发展支持项目	次	9	22	25	28	29
B3：缺失性精神关爱项目指数						
B3-1：劳教人员帮扶与社区矫正	次	8	4	5	9	8
B3-2：老年人关爱	次	50	70	75	84	90
B3-3：妇女关爱	次	48	51	55	52	55
B3-4：儿童、青少年成长关爱	次	87	134	112	133	143
B4：发展性精神关爱项目指数						
B4-1：文体活动支持	次	175	214	173	196	198
B4-2：公益宣传活动	次	94	333	187	202	221
B5：综合性关爱项目指数						
B5-1：志愿服务和捐赠	次	98	48	51	59	87
B5-2：社区关爱	次	149	53	37	64	72
B5-3：其他	次	54	121	65	82	96

二、项目层面关爱指数的无量纲化计算结果

年度项目层次关爱指数是由各单项评价指标加权综合而成，其计算公式为：

$$F = iW_i * Z_i$$

其中 Z_i 为 X_i 的无量纲化值，X_i 为实际值，W_i 为指标 X_i 的权数，将各子目标下的各项无量纲化值与相应权数相差，然后加总得出各子维度的综合评价指数，再将各子维度综合评价指数与其相应权数相乘，最后加总得出项目层次关爱指数(深圳市项目层面关爱指数无量纲计算得分见表 6-2)。

表 6-2　　项目层次关爱指数的原始数据表

检测指标	平均数	年份				
		2010	2011	2012	2013	2014
B1：缺失性物质关爱项目指数						
B1-1：失业救助和就业援助	67.8	1.45	0.71	0.77	0.81	1.27
B1-2：残疾人救助	58.6	0.78	1.04	1.02	1.06	1.09
B1-3：疾病救助	31.8	1.04	0.91	0.94	1.04	1.07
B1-4：扶贫救助	121.2	0.45	1.17	1.01	1.17	1.19
B1-5：外来民工救助	79.6	0.35	1.16	1.13	1.16	1.21
B1-6：对外扶贫救助	22.8	0.7	1.4	0.79	0.88	1.23
B2：发展性物质关爱项目指数						
B2-1：教育支持	51.4	1.19	0.64	0.82	1.15	1.21
B2-2：企业员工关爱	75.2	0.68	0.93	1.05	1.16	1.18
B2-3：专职人员关爱	38.2	0.16	0.99	1.05	1.36	1.44
B2-4：对外发展支持项目	22.6	0.4	0.97	1.11	1.24	1.28

续表

检测指标	平均数	年份				
		2010	2011	2012	2013	2014
B3：缺失性精神关爱项目指数						
B3-1：劳教人员帮扶与社区矫正	6. 8	1. 18	0. 59	0. 74	1. 32	1. 18
B3-2：老年人关爱	73. 8	0. 68	0. 95	1. 02	1. 14	1. 22
B3-3：妇女关爱	52. 2	0. 92	0. 98	1. 05	1	1. 05
B3-4：儿童、青少年成长关爱	121. 8	0. 71	1. 1	0. 92	1. 09	1. 17
B4：发展性精神关爱项目指数						
B4-1：文体活动支持	191. 2	0. 92	1. 12	0. 9	1. 03	1. 04
B4-2：公益宣传活动	207. 4	0. 45	1. 61	0. 9	0. 97	1. 07
B5：综合性关爱项目指数						
B5-1：志愿服务和捐赠	68. 6	1. 43	0. 7	0. 74	0. 86	1. 27
B5-2：社区关爱	75	1. 99	0. 71	0. 49	0. 85	0. 96
B5-3：其他	83. 6	0. 65	1. 45	0. 78	0. 98	1. 15

三、项目层面关爱指数计算结果

关爱指标体系作为多指标综合评价体系，需要融合对多个单项指标的测量，由此形成一个包含各层面的综合指数。项目层次关爱指数的评价指标共有 5 个维度，19 个具体测量指标，总权数为 100，经无量纲法计算的各项得分(见表 6-3、表 6-4)。

表 6-3　　2010—2014 年项目层次关爱指数年份变化情况

检测指标	年份				
	2010	2011	2012	2013	2014
B1：缺失性物质关爱项目指数					
B1-1：失业救助和就业援助	8. 7	4. 26	4. 62	4. 86	7. 62
B1-2：残疾人救助	4. 68	6. 24	6. 12	6. 36	6. 54
B1-3：疾病救助	6. 24	5. 46	5. 64	6. 24	6. 42

续表

检测指标	年份				
	2010	2011	2012	2013	2014
B1-4：扶贫救助	2.7	7.02	6.06	7.02	7.14
B1-5：外来民工救助	1.4	4.64	4.52	4.64	4.84
B1-6：对外扶贫救助	1.4	2.8	1.58	1.76	2.46
合计	25.12	30.42	28.54	30.88	35.02
B2：发展性物质关爱项目指数					
B2-1：教育支持	7.14	3.84	4.92	6.9	7.26
B2-2：企业员工关爱	3.4	4.65	5.25	5.8	5.9
B2-3：专职人员关爱	0.8	4.95	5.25	6.8	7.2
B2-4：对外发展支持项目	1.6	3.88	4.44	4.96	5.12
合计	12.94	17.32	19.86	24.46	25.48
B3：缺失性精神关爱项目指数					
B3-1：劳教人员帮扶与社区矫正	9.44	4.72	5.92	10.56	9.44
B3-2：老年人关爱	5.44	7.6	8.16	9.12	9.76
B3-3：妇女关爱	6.44	6.86	7.35	7	7.35
B3-4：儿童、青少年成长关爱	4.97	7.7	6.44	7.63	8.19
合计	26.29	26.88	27.87	34.31	34.74
B4：发展性精神关爱项目指数					
B4-1：文体活动支持	3.68	4.48	3.6	4.12	4.16
B4-2：公益宣传活动	2.7	9.66	5.4	5.82	6.42
合计	6.38	14.14	9	9.94	10.58
B5：综合性关爱项目指数					
B5-1：志愿服务和捐赠	5.72	2.8	2.96	3.44	5.08
B5-2：社区关爱	7.96	2.84	1.96	3.4	3.84
B5-3：其他	1.3	2.9	1.56	1.96	2.3
合计	14.98	8.54	6.48	8.8	11.22

表 6-4　　　深圳市 2010—2014 年项目层次关爱指数

检测指标	项目层次关爱指数变化情况				
	2010 年	2011 年	2012 年	2013 年	2014
B1：缺失性物质关爱项目指数	25. 12	30. 42	28. 54	30. 88	35. 02
B2：发展性物质关爱项目指数	12. 94	17. 32	19. 86	24. 46	25. 48
B3：缺失性精神关爱项目指数	26. 29	26. 88	27. 87	34. 31	34. 74
B4：发展性精神关爱项目指数	6. 38	14. 14	9	9. 94	10. 58
B5：综合性关爱项目指数	14. 98	8. 54	6. 48	8. 8	11. 22
项目层次关爱指数	85. 71	97. 3	91. 75	108. 39	117. 04

(一)缺失性物质关爱项目指数

由计算结果可知，深圳市缺失性物质关爱项目指数在 2010—2013 年之间的发展非常平稳，四年间平均增长率为 7. 7%；同时，从每年指数变化可以看出，缺失性物质关爱项目指数较高的时期为 2013—2014 年，指数分别为 30. 88 和 35. 02，2012 年有所下降，下降率为 6. 2%。

此外，对缺失性物质关爱项目进行观察与比较发现，对外来务工人员的救助和关爱活动指标五年间获得了突飞猛进的发展，五年间增长了 246%。不过，下降较多的是失业救助和就业援助，五年间下降了 12. 4%(见图 6-1)。

(二)发展性物质关爱项目指数

由计算结果可知，深圳市发展性物质关爱项目指数在 2010—2014 年之间实现了连续平稳的发展，其年均增长率达到 18. 98%。从每年指数变化可以看出，发展性物质关爱项目指数发展比较迅速的时期是 2010—2011 年，同比增长 33. 8%。

通过观察发展性物质关爱项目指数，发现专职人员关爱指标增长最为迅猛的，2014 年比 2010 年增长了 800%，实现了从无到有的跨越；其次是对外发展支持项目，2014 年比 2010 年增长了 220%(见图 6-2)。

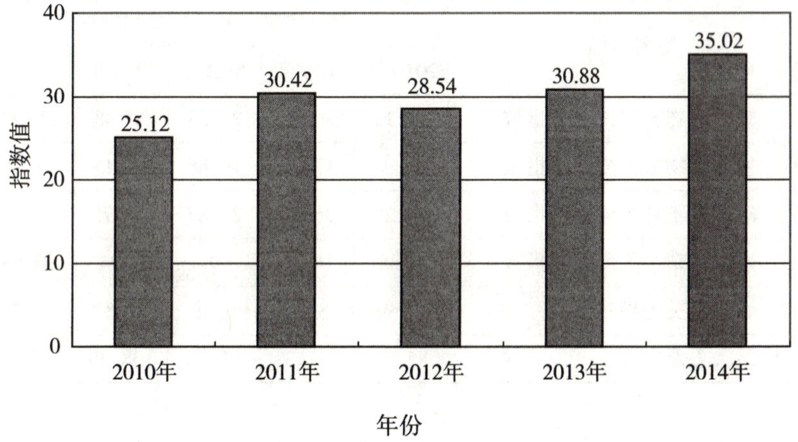

图 6-1　缺失性物质关爱项目指数

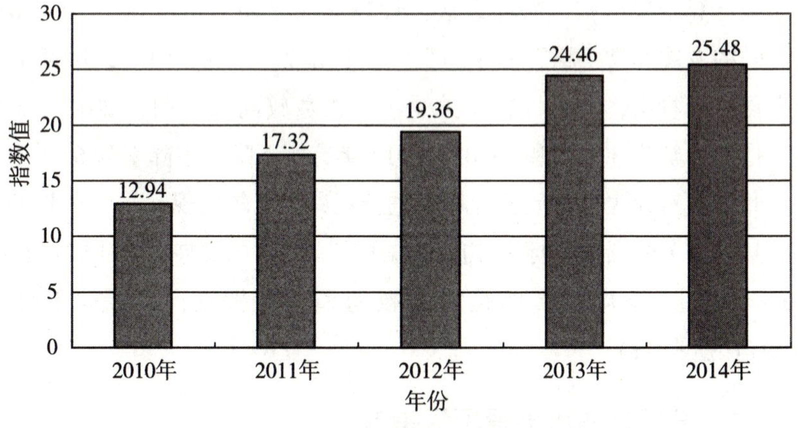

图 6-2　发展性物质关爱项目指数

(三)缺失性精神关爱项目指数

由计算结果可知，深圳市缺失性精神关爱项目指数在 2010—2014 年之间实现了稳步平衡发展，其年均增长率达到 7.58%。年增长率分别为 2.2%、3.7%、23.1%、1.3%，2012—2013 年实现了非常迅猛的发展(见图 6-3)。

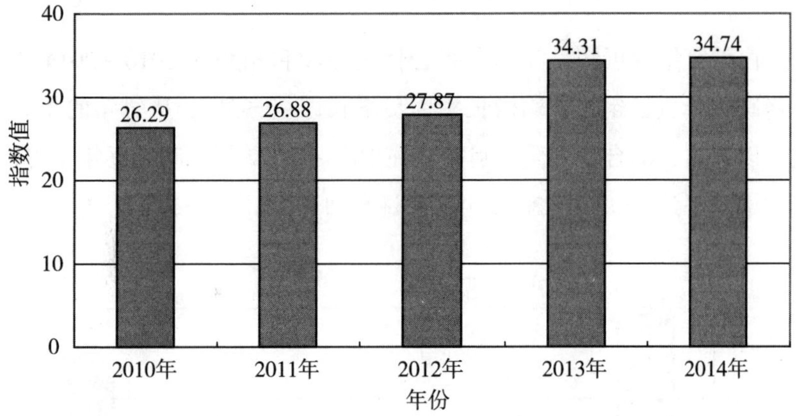

图 6-3　缺失性精神关爱项目指数

(四)发展性精神关爱项目指数

由计算结果可知，深圳市发展性精神关爱项目指数在 2010—2014 年之间发展并不均衡，平均增长率为 25.7%。从每年指数变化可以看出，发展性精神关爱项目指数发展最为迅猛的时期是 2010—2011 年，同比增长了 122%；但在 2011 年之后逐步下降，2012—2014 年逐渐稳步增长(见图 6-4)。

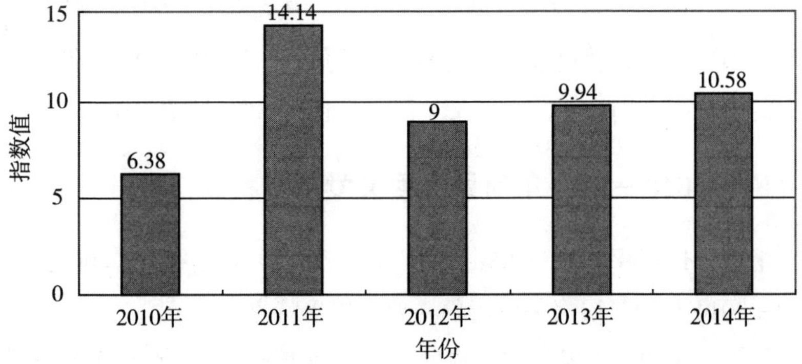

图 6-4　发展性精神关爱项目指数

(五)综合性关爱项目指数

由计算结果可知，深圳市综合性关爱项目指数在2010—2014年之间略有下降，三年间平均增长率为负增长即-0.93%。从每年的指数变化可以看出，综合性关爱项目指数在2010—2012年之间是逐年下降的，年均下降率达33.5%，2012年之后逐步回升(见图6-5)。

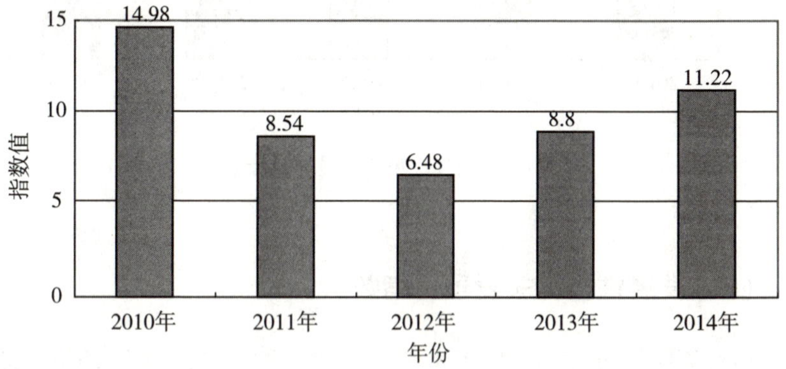

图6-5 综合性关爱项目指数

(六)项目层面关爱指数研究结果分析

由计算结果可知，深圳市项目层次关爱项目指数在2010—2014之间是稳步发展的，年均增长率为11.33%。从每年指数变化可以看出，深圳市项目层次关爱指数发展比较迅猛的时期是2012—2013年。五年之间的增长率分别为13.5%、5.7%、18.1%、8%(见图6-6)。

(七)2010—2014年项目层面关爱指数特点

笔者曾计算深圳市2005—2011年项目层次关爱指数，与之相比，2010—2014年项目层次关爱指数主要有以下特点：

第一，关爱项目发展趋于成熟，发展速度平稳、持续。关爱行动自2003年开展以来至2014年，如火如荼地发展了10多年。2005—2011

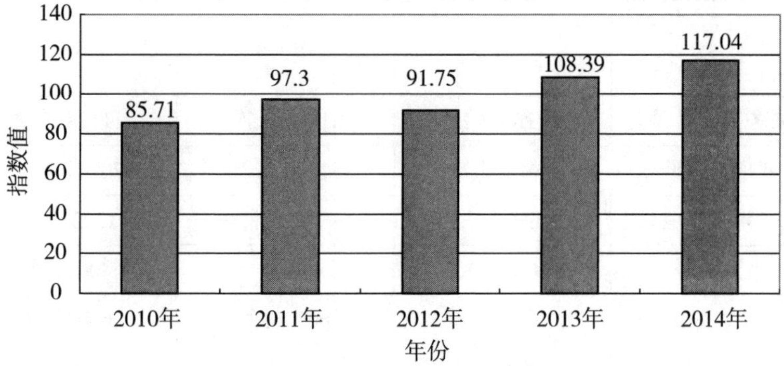

图 6-6　2010—2014 年项目层次关爱指数

年的平均增长率达 221%，2010 年之后项目层次的关爱行动逐步发展成熟，主要表现为：一方面保持着平稳发展的趋势；另一方面发展速度逐渐放缓，并在传统框架内进行了调整和改动。

第二，发展性关爱指数发展速度高于缺失性关爱指数。2010—2014 年之间，缺失性物质关爱指数和精神关爱指数的年均增长率分别为 0.47%、9.73%，发展性物质关爱指数和发展性精神关爱指数的年均增长率分别为 24.7%、32.2%。上述数据说明，近年来深圳市项目层次关爱行动更偏重于发展性的活动。

第三，从关爱项目服务人次特点看。由表 6-5 与图 6-7 可知，在 2013—2014 年关爱行动中，主要以疾病救助、外来务工人员关爱、社区关爱为主。一方面，开展的活动回应了服务主体的需求，另一方面说明当前关爱服务项目的服务主体性不广泛，今后应在其他领域扩展。此外，通过质性研究得知，深圳市关爱办每年会评出“十大爱心社区”，各社区积极参与，如此，社区关爱活动取得了相当显著的成就，已在打造关爱社区方面作出了很大贡献。同时，在残疾人救助中，市残联近几年加大了对残疾人关爱救助的力度，开展了形式多样的关爱行动，服务对象较为广泛。

表 6-5　　2012—2014 年关爱行动的服务人次表

项目 \ 年份	2012 年	2013 年	2014 年
外来务工人员关爱	51209 人次	41095 人次	11138 人次
残疾人救助	60874 人次	51720 人次	70744 人次
儿童青少年成长	594 人次	798 人次	1202 人次
老人关爱	（缺失）	（缺失）	400 人次
妇女关爱	（缺失）	600 人次	600 人次
社区关爱	5000 人次	30000 人次	40000 人次

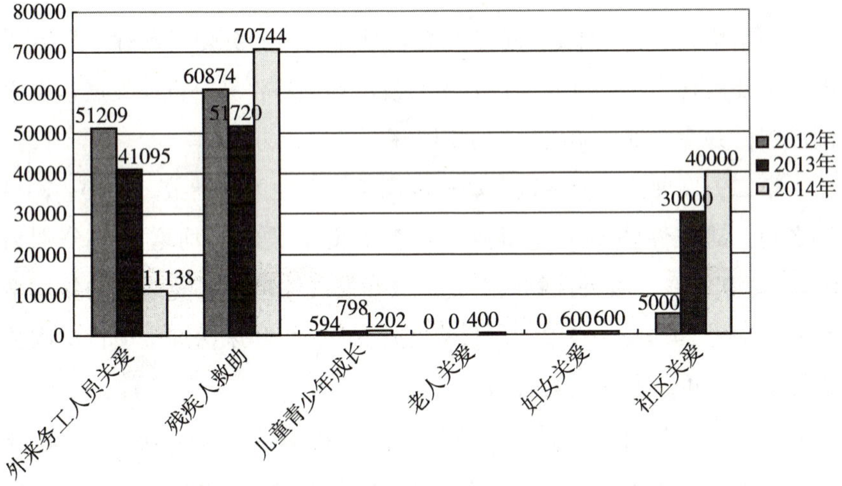

图 6-7　2012—2013 年关爱行动的服务人次图

四、关爱服务项目执行的资金投入

（一）红十字会对特定领域的关爱项目

由表 6-6 可以看出，红十字会在 2012—2014 年关爱项目中主要的资金投入，包括：贫困助学助校基金关爱，地中海贫血患儿关爱，唇腭裂儿童关爱。但是红十字会关爱救助主要集中于红十字医疗救助专项资金以及 2014 年最新开展的复明工程南粤项目，在其他方面的关爱行动略有弱化。

表 6-6　　红十字会对特定关爱项目的资金投入

数据收集项目 \ 年份	2012 年			2013 年			2014 年		
	金额（万）	人次	次数	金额（万）	人次	次数	金额（万）	人次	次数
贫困助学助校	81. 89	160	3	15. 93	35	2	24. 31	65	5
关爱地中海贫血患儿	32. 32	50	1	34. 77	54	1	25. 09	35	1
微笑工程(关爱唇腭裂儿童)	348. 52	435	10	230. 65	289	6	54	67	2
关爱先天性心脏病儿童	4. 5	9	1						
贫困社会救助	1. 23	58	58	1. 16	53	53	1. 94	83	83
红十字医疗救助专项资金	57. 36	72	6	87. 18	120	8	76. 51	105	8
复明工程南粤项目							50	80	3

(二)青少年发展基金会对特定领域的关爱项目

表 6-7 的数据表明，青少年发展基金会是从 2014 年开始对特定领域关项目开始基金投入的。同时，该基金会对特定关爱项目的投入主要集中在对外来务工及青少年儿童成长方面，投入金额较多，受众较广。

表 6-7　　青少年发展基金会对特定关爱项目的资金投入

数据收集项目 \ 年份	2014 年		
	金额(万)	人次	次数
外来劳务工关爱(对非深户在深务工者的关爱，包括培训、疾病救助等多种形式，救助的地点是在深圳市内。如来深建设者及子女重病项目、资助来深建设者春节返乡)	65	371	371

续表

年份 / 数据收集项目	2014年		
	金额(万)	人次	次数
儿童、青少年成长关爱(除义务教育之外的关爱活动，如社会人士对困难学生的资助、文体活动等。如“雏鹰展翅”计划、南太奖学金、金龙鱼农民工子女助学基金、“航空科普”活动等)	74.7	333	333

(三)康宁医院对特定领域的关爱项目

如表6-8所示，康宁医院在外来劳务工关爱以及社区关爱项目方面一直在延续进行；并且康宁医院开展关爱行动领域比较丰富，涉及公职人员、老年人关爱、妇女关爱、儿童青少年成长关爱、扶贫救助，以及对外扶贫救助与志愿者服务。

表6-8 康宁医院对特定领域的关爱项目投入

年份 / 数据收集项目	2012年			2013年			2014年		
	金额(元)	人次	次数	金额(元)	人次	次数	金额(元)	人次	次数
外来劳务工关爱		30000人 5000人次	10余场		5000人 4000人次	20场		10000人 600人次	95场
公职人员关爱								150人	1场
老年人关爱							2000元	400人次	5场次
妇女关爱					600人次	40次		600人次	40次
儿童青少年成长关爱					200人次	3场		300人次	3场
扶贫救助	12600			34290	684	2			

续表

年份 数据收集项目	2012年			2013年			2014年		
	金额（元）	人次	次数	金额（元）	人次	次数	金额（元）	人次	次数
对外扶贫救助及发展支持项目				39966	401	1			
志愿者服务					6	3		5	2
社区关爱		5000人	110场		30000人	109场		40000人	100场

(四)市残联对特定领域的关爱项目

由表6-9可以看出，市残联主要是针对残疾人与疾病救助方面进行救助，并且以残疾人救助为主，投入资金与服务人次均呈现逐年递增的趋势，残疾人救助金额年均增长率达6.3%，服务人次年均增长率达5.89%。

表6-9　　市残联对特定领域的关爱项目投入

年份 数据收集项目	2012年		2013年		2014年	
	金额(万)	人次	金额(万)	人次	金额(万)	人次
残疾人救助	2660.34	60874	2873.92	57120	3186.50	70744
疾病救助金额	12.67	9	45.05	32	17.11	13

(五)市民政局对特定领域的关爱项目

由表6-10可知，市民政局开展的关爱服务项目主要集中在外来劳务工、儿童青少年成长关爱，疾病救助，扶贫救助，并且主要以资金捐助的形式进行。

表 6-10　　市民政局对特定领域的关爱项目投入

年份 / 数据收集项目	2012 年			2013 年			2014 年		
	金额（万）	人次	次数	金额（万）	人次	次数	金额（万）	人次	次数
外来劳务工关爱	1550. 1	1209	12	1527. 5	1095	12	1690. 10	1138	12
儿童青少年成长关爱	181. 5	594	1	167. 2	598	1	165. 1	569	1
疾病救助金额	5. 4			50. 6			34. 8		
扶贫救助	126. 8	近万人次							

第七章　主观指数：个人层次关爱指数分析

个人层次关爱指数在本质上是个体对关爱服务的感受和评级，即主观态度层面的考查。这样，在构建个人关爱指数具体指标时，课题组以社会服务项目评估为理论框架，以服务质量模型为理论指导(参见第四章)，将“个人关爱指数”划分为服务质量满意度、覆盖率、参与率、知晓度、关注度、美誉度等维度，以此作为“个人关爱指数”的6个二级指标。

进一步，计算个人层次关爱指数的步骤为：第一步是确立个人层次关爱指标权重，建立计算模型；第二步是采集个人层次关爱指数的原始数据，并进行相应的标准化处理；第三步是计算个人层次关爱指数；第四步是描述与分析深圳市2014年市民对关爱服务项目的评价状况。

一、个人关爱指数的指标权重设置

(一)个人关爱指数指标权重的研究方法

第一，研究材料上，与政策和项目层次指标的权重确立方法一样，采用专家调查权重法，依据该原理，可以设计《深圳市个人层次关爱指标体系权重专家调查表》。

第二，研究程序上，可以将设计好的专家权重调查问卷，以邮寄或座谈等方式向专家库所有专家发放问卷，共26位专家回复；经严格筛选后将有效的 19 份数据通过 SPSS 软件进行录入和分析。

第三，研究对象的选择与项目和政策层次一致，此处不再赘述。

(二)个人关爱指数指标权重研究结果

经过计算，笔者得出了深圳市个人层次关爱指数的各指标的权重。各维度的权重差异较大，其中服务质量满意度的得分最高为 40.58；覆盖率和参与率得分差别不大，分别为 9.50 和 9.45；影响评估下的三个维度中权重最高的是美誉度，为 14.85；知晓度和关注度分别为 12.30 和 13.32。服务质量满意度维度和其他维度差异较大，说明服务质量满意度是最为重要的评价标准(见表 7-1)。

表 7-1　　深圳市个人层次关爱指标体系权重表

维　　度	权　重　数
服务质量满意度	40.58
覆盖率	9.50
参与率	9.45
知晓度	12.30
关注度	13.32
美誉度	14.85

二、问卷有效性的实证性检验

问卷调查是笔者对深圳市关爱行动进行后续研究的宝贵资料来源，也是科学分析的重要依据。为了确保问卷的专业性，笔者对问卷进行了科学严谨的分析，从深圳十个区随机抽取 104 名被试做调查，回收有效问卷 100 份，剔除无效问卷 4 份。在对问卷的分析中，主要运用项目分析、探索性因子分析对本研究的理论框架和条目设置做出合理解释，以此为大规模的问卷调查做准备，这也是自编问卷在正式运用前必须要做的工作。

(一)自编问卷的研究方法

1. 研究材料

笔者编制的《深圳市关爱行动的追踪调查问卷》①，包括三个部分：第一部分包括追踪调查问卷第一部分、补充调查问卷第一部分，主要是对被试的基本情况和事实部分做出调查，不涉及心理学专业问卷设置的问题；第二部分是根据服务质量满意度模型设置的心理学问卷，科学性分析主要是针对这部分进行的；第三部分主要是对被试关于关爱行动基本情况的了解和评价做出了解，多为多选题。

2. 研究程序

在对深圳市 10 个区的 104 名市民发放问卷之后，笔者对回收的问卷，运用 SPSS22.0 进行数据整理和分析。主要采用的分析方法包括项目分析、探索性因子分析和信效度分析，最终形成科学有效的正式问卷。

3. 研究对象

笔者从深圳市罗湖区、龙岗区、福田区、南山区、盐田区、宝安区、龙华区、大鹏新区、坪山新区、光明新区十个区中，随机抽取 104 名被试进行预测。最后回收到的有效问卷 100 份，每个区域各 10 份。具体情况见表 7-2。

① 问卷完整版见附录 1。

表 7-2 **预测问卷被试情况一览表(N=98)**

变量	水平	人数(人)	变量	水平	人数(人)
性别	男	42		党政机关工作人员	5
	女	58		事业单位工作人员	16
年龄	0~20岁	33		国有企业工作人员	5
	21~30岁	5	职业	私营企业工作人员	24
	31~40岁	43		个体经营者	11
	41~50岁	14		自由职业者	10
	51~60岁	3		农民	1
	60岁以上	2		学生	2
婚姻状况	在婚	64		离退休人员	1
	离异	1		无业者	8
	丧偶	1		其他	17
	分居	1		无收入	13
	未婚	33	收入	0~4000元	45
生育状况	无子女	35		4001~8000元	32
	1个	42		8001~12000元	6
	2个	19		12001~16000元	1
	3个及以上	4		16001元及以上	2
健康状况	非常好	13	户口类型	深圳户口	50
	很好	39		非深圳户口	49
	好	38	区域	南山区	10
	一般	9		福田区	10
	差	1		盐田区	10
文化程度	小学及其以下	4		罗湖区	10
	初中	12		宝安区	10
	普通高中	15		龙岗区	10
	职高	1		龙华区	10
	中专或技校	9		坪山区	10
	大专	28		光明新区	10
	本科及其以上	31		大鹏新区	10

续表

变量	水平	人数(人)	变量	水平	人数(人)
居住时间	0~4年	33	住房来源	自购	19
	5~10年	32		单位分配	11
	11~20年	22		租房	58
	21年及以上	13		其他	12
政治面貌	群众	40	(空)	(空)	(空)
	共青团员	30			
	中共党员	9			
	民主党派	6			
	无党派人士	14	总人数：100人		

(二)自编问卷的结果分析

1. 项目分析

本书采用临界比率法(或p值法)和相关法来考察项目的区分度，以作为验证问卷条目可靠性的指标之一。在这里，第一，所谓的p值法就是先将被试的答题总分全部按照高低顺序排列，取排名前27%的作为高分组，排名后27%的为低分组，然后对高低分两组被试的问卷总得分进行t检验(结果如表7-3、表7-4中t值所示)。第二，相关法则是计算项目的分数与测验总分的积差相关，考察其相关关系是否显著。如果相关显著，则说明项目具有较好的鉴别力；相关系数r越大，项目鉴别力越好。

进一步对问卷的35个题目做项目分析发现，临界比率法得到的大多数项目的区分度均达到了显著性水平，只有29和31题在方差不齐性的条件下，显著性水平高于0.05，表明高低分组之间差异并不显著，即这两个项目的区分度不高。同时，可以看到各项目与总分之间的相关系数都具有显著的相关性，且相关系数都是在0.38~0.758之间。如此，本问卷的大多数项目具有较好的区分度。为了保证问卷的科学性，课题组选择其余的33个题目进行接下来的分析，剔除25和30选项。

表7-3 **关爱行动服务满意度项目分析结果**

题号	T值	R	题号	T值	R
B1	7.652**	0.572**	B19	7.583**	0.702**
B2	5.524**	0.543**	B20	9.905**	0.758**
B3	7.624**	0.563**	B21	9.500**	0.754**
B4	5.226**	0.467**	B22	7.807**	0.728**
B5	5.882**	0.496**	B23	5.602**	0.629**
B6	6.183**	0.570**	B24	5.662**	0.644**
B7	7.644**	0.626**	B25	1.798	0.380**
B8	8.048**	0.640**	B26	7.066**	0.674**
B9	5.939**	0.536**	B27	9.067**	0.713**
B10	5.936**	0.613**	B28	7.124**	0.715**
B11	7.125**	0.604**	B29	5.060**	0.546**
B12	8.497**	0.718**	B30	1.795	0.345**
B13	6.963**	0.704**	B31	6.172**	0.654**
B14	7.249**	0.680**	B32	5.884**	0.660**
B15	5.112**	0.639**	B33	6.115**	0.631**
B16	7.604**	0.723**	B34	6.047**	0.578**
B17	8.671**	0.723**	B35	6.257**	0.602**
B18	8.561**	667**			

注：表中的T值为临界比率法的结果，R值为相关法的结果。

2. 探索性因子分析

(1)因素分析的适当性。因素分析的适当性指变量间的相关性，通常采用 KMO 和 Bartlett 球形检验加以考察。其中，球形检验需要达到显著；KMO 系数在 0.9 以上为非常适合做因子分析，0.8~0.9 之间为比较适合，0.7~0.8 之间为可以，0.6~0.7 之间为一般，0.6 以下则不适合做因子分析。

笔者将 33 个因素进行因子分析来考察其因素分析的适当性，结果表明，KMO 系数为 0.902，属于非常适合做因素分析的范围；球形检验值为 2540.548，其显著性水平为 0.000。以上数据表明这些项目之间存在着较多的共同因素，完全适合进行因素分析。

表 7-4　　**KMO 和 Bartlett 球形检验结果**

Kaiser-Meyer-Olkin 取样适当性度量		0.902
Bartlett 球形检验	近似卡方分布	2540.548
	自由度	528
	显著性	0.000

(2)探索性因素分析。对问卷进行探索性因素分析，考察问卷的因子模型，具体步骤分为：第一，根据原始数据建立各变量之间的相关矩阵；第二，采用“主成分分析法”对因素负荷量进行估量；第三，采用“极大方差法”通过正交旋转算得旋转因素负荷矩阵，完成结构探索；第四，根据常用标准确定因素数目并完成因子命名。需要补充说明的是，最终数目标准的决定因素如下：因素的特征值(贡献率)要大于 1；因素符合陡阶检验(详见图 7-1)；每个因素所含项目至少 3 个；抽取因素在旋转前解释的总变异至少达到 1%；因素命名方便。按照以上步骤和标准对本问卷进行探索性因素分析，其结果如下图所示。

结果显示，经主成分分析法分析得到特征根大于 1 的因素有 6 个，可解释总变异的 70.431%(见表 7-5)。同时，从主成分特征值的碎石图上也得到了验证，6 个因素符合陡阶检验，并且从第 6 个因素以后，曲线坡度变得平缓。对这 6 个因素进行极大方差旋转，旋转后的各个因子载荷量最少的也达到了 0.47(见表 7-6)。

表 7-5　**各个因子特征根、方差贡献率和方差累计贡献率**

公共因子	特征根	方差贡献率(%)	累积方差贡献率(%)
F1	45. 747	19. 571	19. 571
F2	8. 573	14. 397	33. 968
F3	5. 441	10. 395	44. 363
F4	4. 090	8. 947	53. 310
F5	3. 463	8. 823	62. 134
F6	3. 118	8. 297	70. 431

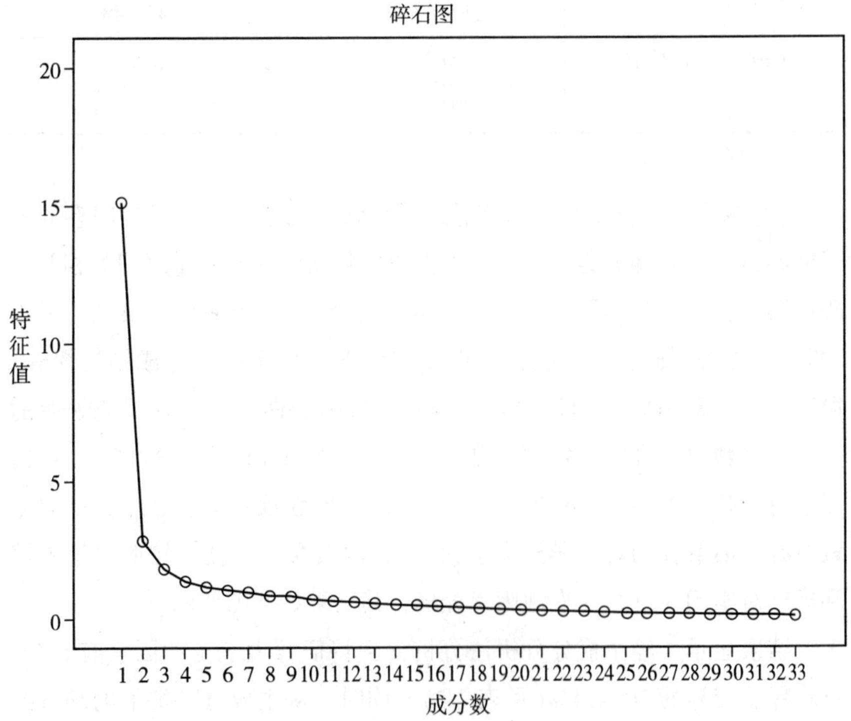

图 7-1　问卷主成分特征值的碎石图

表 7-6　**深圳市关爱行动服务质量满意度因素载荷表(旋转后)**

因素 1	载荷	因素 2	载荷	因素 3	载荷	因素 4	载荷	因素 5	载荷	因素 6	载荷
B1	0. 475	B2	0. 560	B12	0. 526	B8	0. 639	B3	0. 673	B6	0. 676
B13	0. 649	B4	0. 853	B14	0. 712	B10	0. 590	B5	0. 651	B7	0. 502
B15	0. 685	B21	0. 608	B18	0. 515	B11	0. 47	B17	0. 629	B9	0. 619
B16	0. 506	B24	0. 658	B25	0. 865	B22	0. 65	B20	0. 667	B19	0. 851
B23	0. 805	B27	0. 730							B32	
B26	0. 641	B29	0. 880								
B28	0. 862	B31	0. 642								
B30	0. 649										
B33	0. 709										

根据以上探索性因子分析的结果，需要对得到的 6 个因子进行最终的确定和命名，步骤分为两步：

第一步，因子范围和总量的确定。参考以上(包括碎石图、特征表和共同解释率等数据)，笔者提取了本问卷的 6 个公共因子。

第二步，因子的正式命名和涵义的解读：第一个因子包括 9 个项目，主要是强调的服务人员对实时服务的敏捷度和提供服务的热忱程度，笔者将这一因素命名为“服务的反应性”；第二个因子包含 7 个项目，主要强调服务的设施以及服务人员外部形象的吸引力等，命名为“服务的有形性”；第三个因子包含 4 个项目，主要强调的是服务人员对服务对象的关心、与服务对象之间的有效沟通，命名为“服务的移情性”；第四个因子包含 4 个项目，主要强调服务人员的服务态度及服务能够按照承诺达到该有的效果，命名为“服务的保证性”；第五个因子包含 4 个项目，主要强调服务人员和服务设施，以及程序等稳定性与一贯性，命名为“服务的可靠性”；第六个因子包含 5 个项目，主要强调关爱行动所产生的积极正向的作用，命名为“服务的激励性”。

根据因子分析的结果，基本上符合笔者之前的理论框架的构想，是对研究理论框架的有力验证。

3. 信度检验

在信度检验部分，笔者主要采用两个指标来考察：一是内部一致性信度（或称同质性信度“Cornbach a 系数”）；二是分半信度，并用Spearman-Brown 公式进行校正，具体结果见表 7-7。数据显示，该问卷的内部一致性系数为 0.970，分半信度为 0.91233。其余因子之间的内部一致性和分半信度系数均在 0.7 以上（0.713～0.970 之间），达到显著性水平。可见，本问卷具有较好的信度，即作为深圳市关爱态度的测量工具具有稳定可信性。

表 7-7　　**初测问卷的信度系数**

信度系数	总体情况	有形性	反应性	移情性	可靠性	保证性	激励性
内部一致性信度	0.970	0.887	0.903	0.834	0.784	0.802	0.827
分半信度	0.912	0.871	0.871	0.798	0.713	0.791	0.776
项目数量	33	7	9	4	4	4	5

4. 效度检验

效度指测量工具确实能够出所想要测量事物特质的程度。要证明量表的科学性，信度和效度是笔者必须要考虑的。在量表设计过程中可能存在测量误差，而信度是效度的必要不充分条件。也就是说，有信度不一定有效度，无信度一定无效度，有效度一定有信度等情形。一般来说，效度可分为内容效度、结构效度。因本书中问卷调查的测量项目皆是以克罗宁和泰勒的 SERVPERF 量表为基础，并依据深圳市关爱服务项目和各中心工作人员、专家学者、志愿者所提供的意见，经过深度访谈进行分类并归纳整理修改。如此，问卷内容能够切合研究主题与目的，并且此方法也是一般研究者所使用的方法，故相信本问卷应具有内容效度。与此同时，我们通过探索性因素分析，得出了深圳市关爱行动服务满意度问卷由服务的有形性、服务的反应性、服务的移情性、服务的可靠性、服务的保证性、服务的鼓励性 6 大因素构成。结构清晰，与理论构想完全符合，初步表明本问卷构想效度良好。

此外，根据因素分析理论，各个因素之间应该有中等程度的相关，如果相关太高则说明因素之间有重合，即有些因素或许并非必要；但如果因子之间的相关太低，则表明实际测得的和所有测量的内容有出入。根据该理论，测验项目和测验的相关系数应该在 0.30~0.80 之间，项目间的组间相关要保持在 0.10~0.60 之间，符合这些条件的项目才能为整个测验提供满意的信效度，结果见下表。

表 7-8　　**深圳市关爱服务质量满意度初始问卷各维度之间与问卷总分之间的相关系数表**

	服务质量	有形性	反应性	移情性	可靠性	保证性	激励性
服务质量	—						
有形性	0.951**	—					
反应性	0.962**	0.913**	—				
移情性	0.907**	0.843**	0.863**	—			
可靠性	0.903**	0.838**	0.829**	0.786**	—		
保证性	0.897**	0.807**	0.826**	0.791**	0.794**	—	
激励性	0.882**	0.784**	0.796**	0.741**	0.786**	0.789**	—

对照以上标准，本问卷各个因素之间的相关在 0.741~0.962 之间，各个因素与总分之间的相关在 0.882~0.962 之间。即因素间、因素与总分之间具有较高程度相关，符合因素理论给出的标准。如此，本问卷各个因素之间既有一定的独立性，又能较好地反映所要测量的内容，即问卷构想效度较佳。可见，初始问卷具有较好的效度，可以用来测量深圳市民对深圳市关爱行动服务的满意度情况。

总之，经过本部分 4 个环节（项目分析、探索性因素分析、信度分析、效度分析）的检验，本问卷结构清晰，信效度可靠，可以作为正式问卷在实证调查与研究中运用。

三、深圳市市民主观关爱指标的原始数据采集结果

根据被试在《深圳市关爱服务质量满意度问卷》中填写的答案和得分进行统计分析后，得出2014年深圳市市民在关爱服务质量满意度的各指标的得分情况(见表7-9)。

表7-9　**2014年深圳市市民对关爱服务质量满意度的各指标得分(原始数据)**

指标维度	测量指标	原始值
反应性	B1 服务人员仪容仪表得体大方	4.10
	B13 服务的形式是新颖的	4.03
	B15 关爱服务的场地设施与所提供的服务是相匹配的	4.19
	B16 服务行动的开展程序是合理的、规范的	4.06
	B23 关爱行动的宣传渠道是多样的	4.16
	B26 服务提供了令人满意的追踪服务	4.16
	B28 关爱行动的资金投入是充足的	4.18
	B30 关爱行动的宣传力度是到位的	4.19
	B33 关爱行动的资金利用是合理的	4.25
有形性	B2 服务提供者能够主动的提供有价值的信息	4.09
	B4 服务提供者能够及时提供所承诺的服务	4.26
	B21 服务内容是合理、人性化的	4.21
	B24 服务提供者能够及时有效地处理市民反映的情况	4.06
	B27 服务提供者能够提供个性化的服务	4.04
	B29 服务提供者随时准备响应市民的要求	4.03
	B31 服务提供者能够及时有效地提供反馈	3.97

续表

指标维度	测量指标	原始值
移情性	B12 市民能够方便的申请并获得所需的关爱服务	3.99
	B14 服务提供者能够有效的处理服务过程中出现的意外情况	4.03
	B18 服务提供者能够做到把市民的利益放在首位	4.04
	B25 服务提供者能够准确地了解市民的真实需求	4.15
可靠性	B3 服务提供者对市民有最起码的尊重、关心	4.06
	B5 服务提供者责任心强，值得信赖	4.10
	B17 服务提供者始终如一的为市民提供关爱服务	4.12
	B20 服务提供者能记录相关的服务	4.11
保证性	B8 服务行动的开展是规范的、专业的	3.99
	B10 服务提供者具备相关的专业知识技能	3.95
	B11 服务人员态度友好、礼貌待人	3.99
	B22 服务提供者具有良好的职业道德素养	3.94
激励性	B6 关爱服务能够提升市民建设深圳的信念	4.04
	B7 我愿意继续接受关爱服务	4.06
	B9 我愿意成为关爱服务的下一个接力者	4.00
	B19 关爱行动有效地促进了社会整体和谐氛围的营造	4.23
	B32 我认可关爱行动的精神	3.96

与前面关爱政策和项目层次指标的原始数据处理方法一致，均采用无量纲化法中直线型无量纲化法对原始数据进行标准化转化。具体地说，对原始数据进行“均值化”处理，均值化法的处理公式为：

$$Y_i = X_i/X_o$$

在公式中，X_o 表示某一具体指标原始数值在 i 年内的均值，x_i 表示某一具体指标在第 i 年的原始数值，X_o 为 X_i 平均值(这里取问卷的理论中值 3)，Y_i 为某一具体评价指标经无量纲处理后的数值。个人层面关爱指数的评价指标共有 3 个维度，12 个具体测量指标，通过无量纲化法，计算出个人层次关爱指数各指标得分(见表 7-10)。

表 7-10 深圳市关爱服务质量满意度各维度指标的原始值及无量纲化值

指标维度	测量指标	原始值	无量纲化值
反应性	B1 服务人员仪容仪表得体大方	4. 10	1. 37
	B13 服务的形式是新颖的	4. 03	1. 34
	B15 关爱服务的场地设施与所提供的服务是相匹配的	4. 19	1. 40
	B16 服务行动的开展程序是合理的、规范的	4. 06	1. 35
	B23 关爱行动的宣传渠道是多样的	4. 16	1. 39
	B26 服务提供了令人满意的追踪服务	4. 16	1. 39
	B28 关爱行动的资金投入是充足的	4. 18	1. 39
	B30 关爱行动的宣传力度是到位的	4. 19	1. 40
	B33 关爱行动的资金利用是合理的	4. 25	1. 42
有形性	B2 服务提供者能够主动的提供有价值的信息	4. 09	1. 36
	B4 服务提供者能够及时提供所承诺的服务	4. 26	1. 42
	B21 服务内容是合理、人性化的	4. 21	1. 40
	B24 服务提供者能够及时有效地处理市民反映的情况	4. 06	1. 35
	B27 服务提供者能够提供个性化的服务	4. 04	1. 35
	B29 服务提供者随时准备响应市民的要求	4. 03	1. 34
	B31 服务提供者能够及时有效地提供反馈	3. 97	1. 32
移情性	B12 市民能够方便的申请并获得所需的关爱服务	3. 99	1. 33
	B14 服务提供者能够有效的处理服务过程中出现的意外情况	4. 03	1. 34
	B18 服务提供者能够做到把市民的利益放在首位	4. 04	1. 35
	B25 服务提供者能够准确地了解市民的真实需求	4. 15	1. 38
可靠性	B3 服务提供者对市民有最起码的尊重、关心	4. 06	1. 35
	B5 服务提供者责任心强，值得信赖	4. 10	1. 37
	B17 服务提供者始终如一地为市民提供关爱服务	4. 12	1. 37
	B20 服务提供者能记录相关的服务	4. 11	1. 37

续表

指标维度	测量指标	原始值	无量纲化值
保证性	B8 服务行动的开展是规范的、专业的	3.99	1.33
	B10 服务提供者具备相关的专业知识技能	3.95	1.32
	B11 服务人员态度友好、礼貌待人	3.99	1.33
	B22 服务提供者具有良好的职业道德素养	3.94	1.31
激励性	B6 关爱服务能够提升市民建设深圳的信念	4.04	1.35
	B7 我愿意继续接受关爱服务	4.06	1.35
	B9 我愿意成为关爱服务的下一个接力者	4.00	1.33
	B19 关爱行动有效地促进了社会整体和谐氛围的营造	4.23	1.41
	B32 我认可关爱行动的精神	3.96	1.32

四、个人层次关爱指数计算

深圳市个人层次关爱指数的评价指标共有 6 个维度，33 个具体测量指标，总权数 100，经无量纲化法计算的各项得分见上表。年度个人层面关爱指数是由各单项评价指标加权综合而成，其计算公式为：$F_i = W_i * Z_i$。其中 Z_i 为 X_i 的无量纲化值，X_i 为实际值，W_i 为指标 X_i 的权数。将各子目标下的各项无量纲化值与相应权数相乘，然后加总得出各子维度的综合评价指数，再将各子维度综合评价指数与其相应权数相乘，最后加总得出深圳市个人层面关爱指数(见表 7-11、表 7-12)。

表 7-11　　**深圳市 2014 年个人关爱指数得分情况**

	综合评价指数
个人层面关爱指数	53.904
服务的反应性	9.084

续表

	综合评价指数
服务的有形性	8. 908
服务的移情性	8. 584
服务的可靠性	9. 124
服务的保证性	8. 988
服务的激励性	9. 22

表 7-12 **深圳市 2014 年个人关爱指数各维度、指标分详细情况**

指标维度	测量指标	无量纲化值	权重数	综合评价指数
反应性	B1 服务人员仪容仪表得体大方	1. 37	0. 72	0. 99
	B13 服务的形式是新颖的	1. 34	0. 71	0. 95
	B15 关爱服务的场地设施与所提供的服务是相匹配的	1. 40	0. 74	1. 03
	B16 服务行动的开展程序是合理的、规范的	1. 35	0. 72	0. 97
	B23 关爱行动的宣传渠道是多样的	1. 39	0. 73	1. 02
	B26 服务提供了令人满意的追踪服务	1. 39	0. 73	1. 02
	B28 关爱行动的资金投入是充足的	1. 39	0. 74	1. 02
	B30 关爱行动的宣传力度是到位的	1. 40	0. 74	1. 03
	B33 关爱行动的资金利用是合理的	1. 42	0. 75	1. 06
有形性	B2 服务提供者能够主动的提供有价值的信息	1. 36	0. 93	1. 27
	B4 服务提供者能够及时提供所承诺的服务	1. 42	0. 97	1. 38
	B21 服务内容是合理、人性化的	1. 40	0. 96	1. 34
	B24 服务提供者能够及时有效地处理市民反映的情况	1. 35	0. 92	1. 25
	B27 服务提供者能够提供个性化的服务	1. 35	0. 92	1. 24
	B29 服务提供者随时准备响应市民的要求	1. 34	0. 92	1. 23
	B31 服务提供者能够及时有效地提供反馈	1. 32	1. 06	1. 19

续表

指标维度	测量指标	无量纲化值	权重数	综合评价指数
移情性	B12 市民能够方便的申请并获得所需的关爱服务	1.33	1.56	2.08
	B14 服务提供者能够有效的处理服务过程中出现的意外情况	1.34	1.58	2.12
	B18 服务提供者能够做到把市民的利益放在首位	1.35	1.58	2.14
	B25 服务提供者能够准确地了解市民的真实需求	1.38	1.63	2.25
可靠性	B3 服务提供者对市民有最起码的尊重、关心	1.35	1.66	2.24
	B5 服务提供者责任心强，值得信赖	1.37	1.67	2.29
	B17 服务提供者始终如一地为市民提供关爱服务	1.37	1.68	2.30
	B20 服务提供者能记录相关的服务	1.37	1.68	2.30
保证性	B8 服务行动的开展是规范的、专业的	1.33	1.71	2.27
	B10 服务提供者具备相关的专业知识技能	1.32	1.69	2.23
	B11 服务人员态度友好、礼貌待人	1.33	1.71	2.27
	B22 服务提供者具有良好的职业道德素养	1.31	1.69	2.21
激励性	B6 关爱服务能够提升市民建设深圳的信念	1.35	1.36	1.83
	B7 我愿意继续接受关爱服务	1.35	1.36	1.84
	B9 我愿意成为关爱服务的下一个接力者	1.33	1.34	1.79
	B19 关爱行动有效地促进了社会整体和谐氛围的营造	1.41	1.42	2.00
	B32 我认可关爱行动的精神	1.32	1.33	1.76

五、2014 年深圳市关爱行动的服务质量满意度调查现状分析

（一）2014 年关爱行动的服务质量调查结果

深圳市关爱行动自 2003 年开办至 2014 年已经成功举办了十多届。在这十多年间，一直以“关爱 · 感恩 · 回报”为主题，弘扬“阳光 · 辛勤 · 感

恩”及“助人者最乐，行善者最美”理念，开展了丰富多彩的公益活动。在这期间，关爱行动一直以市民为主体，从市民实际需要出发，以“为市民服务”为宗旨。在现有的十多年积淀的巨大的成果下，依然需要从市民实际需要出发，进行新的探索和改进。因此，笔者编制了深圳市关爱行动的服务满意度量表对市民进行调查，拟通过市民对服务质量的真实反映来进行新的拓展，并为深圳市关爱行动的进一步发展提出指导性意见。

在编制好满意度调查问卷之后，采用随机抽样的方式对各区的市民进行问卷发放。经过专业人士指导进行和回收，以保证问卷的有效性。之后，专业人士对数据进行录入，录入和分析工具为 SPSS22. 0。

发放问卷总数 1100 份，回收有效问卷 1092 份，被试基本情况见表 7-13。

表 7-13　深圳市关爱行动的服务质量满意度调查对象构成情况一览表

人口统计学变量	水平	人数(人)	百分比%
性别	男	488	44. 7
	女	592	54. 7
年龄	0~19 岁	50	4. 6
	20~30 岁	430	39. 4
	31~40 岁	383	35. 1
	41~50 岁	154	14. 1
	51~60 岁	48	4. 4
	61 岁及以上	25	2. 3
婚姻状况	在婚	717	65. 7
	离异	39	3. 6
	丧偶	11	1. 0
	分居	13	1. 2
	未婚	308	28. 2
	其他	1	0. 1

续表

人口统计学变量	水平	人数(人)	百分比%
生育状况	无子女	396	36.3
	1个	440	40.3
	2个	215	19.7
	3个及以上	38	3.5
健康状况	非常好	206	18.9
	很好	374	34.2
	好	365	33.4
	一般	124	11.4
	差	13	1.2
文化程度	小学及其以下	35	3.2
	初中	130	11.9
	普通高中	177	16.2
	职高	39	3.6
	中专或技校	144	13.2
	大专	281	25.7
	本科及其以上	284	26.0
职业	党政机关工作人员	43	3.9
	事业单位工作人员	149	13.6
	国有企业工作人员	57	5.2
	私营企业工作人员	377	34.5
	个体经营者	107	9.8
	自由职业者	123	11.3
	农民	24	2.2
	学生	25	2.3
	离退休人员	25	2.3
	无业者	54	4.9
	其他	107	9.8

续表

人口统计学变量	水平	人数(人)	百分比%
收入	无收入	124	11.4
	0~4000 元	420	38.5
	4001~8000 元	328	30.0
	8001~12000 元	130	11.9
	12001~16000 元	61	5.6
	16001 元以上	28	2.6
居住时间	0~4 年	369	33.8
	5~10 年	326	29.9
	11~20 年	236	21.6
	21 年及以上	154	14.1
户口类型	深圳户口	489	44.8
	非深圳户口	587	53.8
区域	南山区	95	8.7
	福田区	183	16.8
	罗湖区	100	9.2
	盐田区	107	9.8
	宝安区	100	9.2
	龙岗区	107	9.8
	龙华区	100	9.2
	坪山区	103	9.4
	光明新区	95	8.7
	大鹏新区	102	9.3
政治面貌	群众	630	57.7
	共青团员	246	22.5
	中共党员	141	12.9
	民主党派	27	2.5
	无党派人士	29	2.7

续表

人口统计学变量	水平	人数(人)	百分比%
住房来源	自购	410	37.5
	单位分配	69	6.3
	租房	555	50.8
	其他	43	3.9
			共计：1092

(二)2014 年关爱行动的服务质量满意度分析

1. 2014 年深圳市关爱行动的服务满意度总体情况分析

根据被试反映的数据情况，得到深圳市民对 2014 年深圳市关爱行动的服务质量满意度的整体情况和各个维度的情况。

如表 7-14 所示，深圳市民对深圳关爱行动的服务整体满意度是 4.1143，大大超过了笔者的理论中值 3，可见深圳市民对关爱行动服务是比较满意的。同时，对各个维度的得分进行高低排序，得出激励性最高为 4.1805，依次是保证性(4.1708)、可靠性(4.1324)、移情性(4.0711)、有形性(4.0486)、反应性(4.0334)。这些维度得分大大超过理论中值 3。综合来看，市民对深圳市关爱行动服务是比较满意的(见图 7-2)。

表 7-14　　深圳市关爱行动服务质量满意度得分的描述统计

	均值	标准差	理论中值
服务质量	4.1143	0.84593	3
反应性	4.0334	0.88046	3
有形性	4.0486	0.85829	3
移情性	4.0711	0.89049	3

续表

	均值	标准差	理论中值
可靠性	4.1324	0.85394	3
保证性	4.1708	0.86559	3
激励性	4.1805	0.91130	3

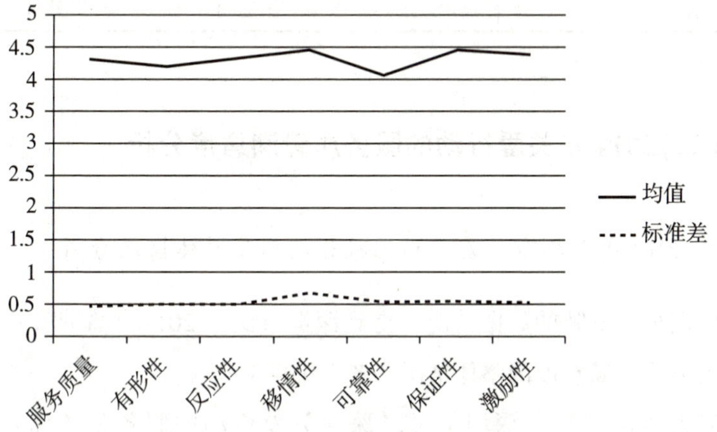

图 7-2　深圳市关爱行动服务质量满意度各维度得分

2. 深圳市关爱服务质量满意度的差异分析

(1)生育状况对服务质量满意度评价的影响。深圳市民对关爱行动的服务满意度做生育状况差异分析，考察对服务质量的评价在生育状况下存在的差异。

如表 7-15 所示，在总体满意度上并没有达到显著的差异水平($p>0.05$)，即生育状况并不会显著影响市民对关爱行动服务的满意度评价。但是从服务质量满意度模型的各个维度看，还是存在一定的差异。在服务质量的有形性、移情性两个维度上差异显著($p<0.05$)。

表 7-15　深圳市关爱行动服务质量满意度及各维度的生育状况的方差分析

		平方和	df	均方	F	显著性
服务质量	组间	1.699	3	0.566	2.437	0.064
	组内	155.770	670	0.232		
	总数	157.469	673			
有形性	组间	2.090	3	0.697	2.692	0.045
	组内	174.941	676	0.259		
	总数	177.031	679			
反应性	组间	1.812	3	0.604	2.340	0.072
	组内	174.671	677	0.258		
	总数	176.483	680			
移情性	组间	7.474	3	2.491	5.631	0.001
	组内	299.497	677	0.442		
	总数	306.971	680			
可靠性	组间	1.321	3	0.440	1.601	0.188
	组内	186.021	676	0.275		
	总数	187.342	679			
保证性	组间	1.893	3	0.631	2.115	0.097
	组内	202.027	677	0.298		
	总数	203.920	680			
激励性	组间	0.582	3	0.194	0.723	0.538
	组内	181.329	676	0.268		
	总数	181.911	679			

通过上面得到的结果，笔者进一步对生育状况各个维度和服务质量满意度各个维度之间做事后相关检验(表 7-16)。可以知道无子女和生育子女之间的被试在对有形性、移情性的评价上存在显著差异，其他之间的差异并不显著。这就说明生育子女的被试感受到更多幸福感，对服务人员的服务要求相对较低，能更多地从服务人员角度感受其用心，对

服务评价的感受也更高。这也从对深圳市民走访调查资料中得到了相应的体现，即有子女的被试感受到的温暖和幸福更多(见图 7-3)。

表 7-16　不同生育状况在关爱服务质量满意度评价上的多重比较

生育状况		有形性	移情性
无子女	1 个	0. 10959*	0. 12862*
	2 个	0. 12229*	0. 16593*
	3 个及以上	0. 04905	-0. 38635*
1 个	2 个	0. 01270	0. 03731
	3 个及以上	-0. 06053	-0. 51496*
2 个	3 个及以上	-0. 07323	-0. 55227*

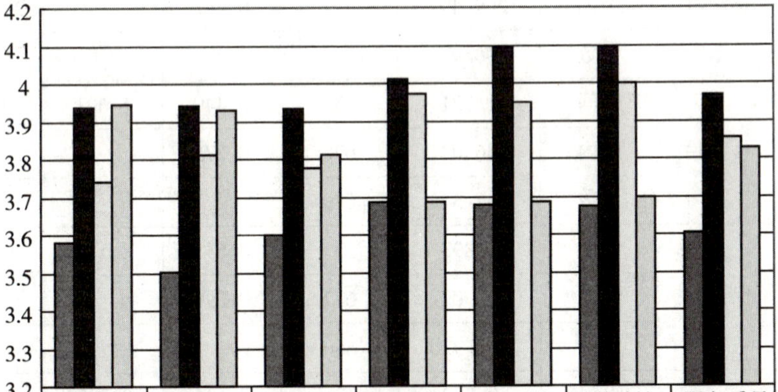

	反应性	有形性	移情性	可靠性	保证性	激励性	服务质量
无子女	3.581	3.502	3.6	3.6857	3.6786	3.6743	3.6052
1个	3.9365	3.9422	3.9345	4.0122	4.0952	4.0952	3.9682
2个	3.7427	3.812	3.7763	3.9737	3.9474	4	3.8533
3个及以上	3.9444	3.9286	3.8125	3.6875	3.6875	3.7	3.8258

图 7-3　不同生育情况被试对关爱服务质量满意度的差异分析

(2)职业状况对服务质量满意度评价的影响。考察市民职业状况对市民在服务质量满意度评价上的影响，其结果见表 7-17。数据显示，职业情况显著影响市民对关爱行动的服务质量满意度评价。从各个维度上看，职业状况对服务的有形性、反应性、可靠性、保证性都有显著的影响。

表 7-17 深圳市关爱行动服务质量满意度及各维度的职业状况的单因素方差分析

		平方和	df	均方	F	显著性
服务质量	组间	5. 678	10	0. 568	2. 484	0. 006
	组内	151. 791	664	0. 229		
	总数	157. 469	674			
有形性	组间	7. 264	10	0. 726	2. 865	0. 002
	组内	169. 870	670	0. 254		
	总数	177. 134	680			
反应性	组间	7. 862	10	0. 786	3. 129	0. 001
	组内	168. 620	671	0. 251		
	总数	176. 483	681			
移情性	组间	7. 463	10	0. 746	1. 672	0. 083
	组内	299. 582	671	0. 446		
	总数	307. 045	681			
可靠性	组间	7. 086	10	0. 709	2. 634	0. 004
	组内	180. 259	670	0. 269		
	总数	187. 345	680			
保证性	组间	5. 486	10	0. 549	1. 855	0. 048
	组内	198. 435	671	0. 296		
	总数	203. 922	681			
激励性	组间	3. 972	10	0. 397	1. 495	0. 137
	组内	178. 022	670	0. 266		
	总数	181. 994	680			

根据以上数据，笔者对职业各个类型做事后检验。如表 7-18 所示，党政机关工作人员、国企工作人员和无业者之间在总体服务质量的满意度、有形性、反应性、可靠性、保证性上面存在显著差异；事业单位工作人员

和国企工作人员在总体服务质量满意度、有形性、反应性上存在显著差异；国企工作人员、私企工作人员、个体工作者、自由职业者、其他职业的工作人员之间，在总体服务质量的满意度评价、有形性、可靠性、反应性、保证性上存在显著差异；自由职业者、无业者和其他职业的工作人员在总体服务满意度、有形性、可靠性、保证性、反应性上存在显著差异；学生、离退休人员和其他职业者在可靠性上存在显著差异。

根据这些结论并对照相关访谈资料，可以得到进一步的合理解释：这些党政机关工作人员对政府高瞻远瞩的政策性行为具有更高的敏锐度，同时政府工作人员很多是关爱行动的参与者和受益者，其满意度相对来说会更高些；而国企工作人员工作压力没有那么大，无论是工作压力、生活压力都会比其他职业的工作人员要小些，其生活满意度会更高，相应地，在面对关爱行动服务时，其评价的标准相对较高；至于他职业，如私企工作人员、个体经营者、自由职业者是社会的高压人群，他们面对生活工作的压力大。如此，他们对关爱服务的需求较大，在接受关爱服务时其心理满意度会更高一些。

表 7-18 不同职业类型组在关爱服务质量满意度评价上的多重比较

职业		服务质量	有形性	反应性	可靠性	保证性
党政机关工作人员	事业单位工作人员	0. 12923	0. 12102	0. 09635	0. 08889	0. 16828
	国有企业工作人员	0. 37383*	0. 43957*	0. 43854*	0. 23773	0. 32235*
	私营企业工作人员	0. 10956	0. 13862	0. 10615	0. 06746	0. 11692
	个体经营者	0. 10834	0. 15119	0. 10099	−0. 00335	0. 20738
	自由职业者	0. 01063	0. 04639	−0. 02597	−0. 06566	0. 03535
	农民	0. 25797	0. 29487	0. 28571	0. 35764	0. 31944
	学生	0. 02440	0. 11709	0. 08571	−0. 23611	−0. 03056
	离退休人员	0. 25402	0. 27148	0. 24812	0. 19152	0. 29971
	无业者	0. 25657	0. 34318*	0. 24845	0. 36715*	0. 35749*
	其他	0. 24904*	0. 29319*	0. 24615*	0. 16540	0. 22854

续表

职业		服务质量	有形性	反应性	可靠性	保证性
事业单位工作人员	国有企业工作人员	0. 24461*	0. 31856*	0. 34219*	0. 14884	0. 15407
	私营企业工作人员	-0. 01967	0. 01761	0. 00981	-0. 02143	-0. 05136
	个体经营者	-0. 02089	0. 03018	0. 00464	-0. 09224	0. 03909
	自由职业者	-0. 11860	-0. 07463	-0. 12232	-0. 15455	-0. 13293
	农民	0. 12874	0. 17386	0. 18937	0. 26875	0. 15116
	学生	-0. 10483	-0. 00392	-0. 01063	-0. 32500	-0. 19884
	离退休人员	0. 12479	0. 15046	0. 15177	0. 10263	0. 13143
	无业者	0. 12734	0. 22217	0. 15210	0. 27826*	0. 18921
	其他	0. 11981	0. 17217*	0. 14981	0. 07652	0. 06025
国有企业工作人员	私营企业工作人员	-0. 26427*	-0. 30095*	-0. 33239*	-0. 17027*	-0. 20543*
	个体经营者	-0. 26549*	-0. 28838*	-0. 33755*	-0. 24108*	-0. 11498
	自由职业者	-0. 36320*	-0. 39319*	-0. 46451*	-0. 30338*	-0. 28700*
	农民	-0. 11586	-0. 14470	-0. 15282	0. 11991	-0. 00291
	学生	-0. 34944*	-0. 32248	-0. 35282*	-0. 47384*	-0. 35291
	离退休人员	-0. 11981	-0. 16809	-0. 19042	-0. 04621	-0. 02264
	无业者	-0. 11726	-0. 09639	-0. 19009	0. 12942	0. 03514
	其他	-0. 12479	-0. 14639	-0. 19238	-0. 07232	-0. 09382
私营企业工作人员	个体经营者	-0. 00122	0. 01257	-0. 00517	-0. 07081	0. 09046
	自由职业者	-0. 09893	-0. 09223	-0. 13212	-0. 13312	-0. 08156
	农民	0. 14841	0. 15625	0. 17956	0. 29018	0. 20253
	学生	-0. 08516	-0. 02153	-0. 02044	-0. 30357	-0. 14747
	离退休人员	0. 14446	0. 13286	0. 14197	0. 12406	0. 18279
	无业者	0. 14701	0. 20456	0. 14230	0. 29969*	0. 24057*
	其他	0. 13948*	0. 15457*	0. 14000*	0. 09794	0. 11162

续表

职业		服务质量	有形性	反应性	可靠性	保证性
个体经营者	自由职业者	-0. 09771	-0. 10481	-0. 12696	-0. 06230	-0. 17202
	农民	0. 14963	0. 14368	0. 18473	0. 36099	0. 11207
	学生	-0. 08394	-0. 03410	-0. 01527	-0. 23276	-0. 23793
	离退休人员	0. 14568	0. 12029	0. 14714	0. 19487	0. 09233
	无业者	0. 14823	0. 19199	0. 14746	0. 37050*	0. 15011
	其他	0. 14070	0. 14199	0. 14517	0. 16876	0. 02116
自由职业者	农民	0. 24734	0. 24848	0. 31169	0. 42330*	0. 28409
	学生	0. 01377	0. 07071	0. 11169	-0. 17045	-0. 06591
	离退休人员	0. 24339	0. 22509	0. 27409*	0. 25718	0. 26435
	无业者	0. 24594*	0. 29679*	0. 27442*	0. 43281*	0. 32213*
	其他	0. 23841*	0. 24680*	0. 27213*	0. 23106*	0. 19318
农民	学生	-0. 23357	-0. 17778	-0. 20000	-0. 59375*	-0. 35000
	离退休人员	-0. 00395	-0. 02339	-0. 03759	-0. 16612	-0. 01974
	无业者	-0. 00140	0. 04831	-0. 03727	0. 00951	0. 03804
	其他	-0. 00893	-0. 00168	-0. 03956	-0. 19223	-0. 09091
学生	离退休人员	0. 22962	0. 15439	0. 16241	0. 42763*	0. 33026
	无业者	0. 23217	0. 22609	0. 16273	0. 60326*	0. 38804
	其他	0. 22464	0. 17609	0. 16044	0. 40152*	0. 25909
离退休人员	无业者	0. 00255	0. 07170	0. 00033	0. 17563	0. 05778
	其他	-0. 00498	0. 02171	-0. 00197	-0. 02612	-0. 07117
无业者	其他	-0. 00753	-0. 04999	-0. 00229	-0. 20175	-0. 12895

注：*. 均值差的显著性水平为 0. 05。

3. 收入差异对服务质量满意度评价的影响

从收入来看，市民对深圳市关爱服务质量满意度的评价差异，得到的结果见表7-19。从收入水平来看，市民在总体服务质量满意度评价上

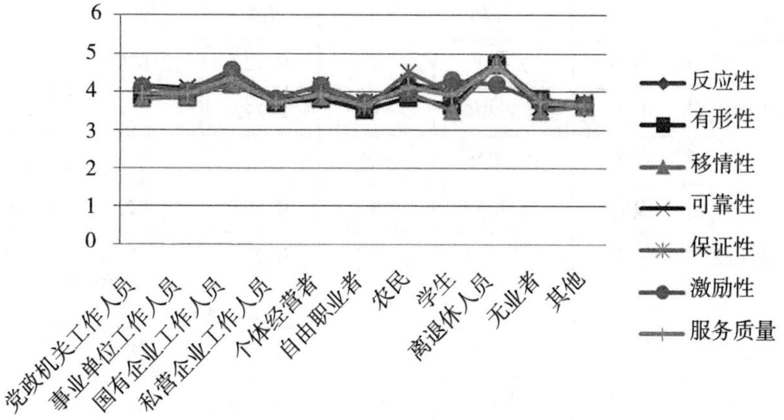

图 7-4　不同职业被试对关爱服务满意度差异

的差异并不显著，但在服务的反应性、可靠性上存在显著差异。

表 7-19　**深圳市关爱行动服务质量满意度及各维度的收入状况的方差分析**

		平方和	df	均方	F	显著性
服务质量	组间	2. 138	5	0. 428	1. 843	0. 102
	组内	154. 995	668	0. 232		
	总数	157. 133	673			
有形性	组间	2. 199	5	0. 440	1. 701	0. 132
	组内	174. 309	674	0. 259		
	总数	176. 508	679			
反应性	组间	2. 953	5	0. 591	2. 300	0. 044
	组内	173. 338	675	0. 257		
	总数	176. 292	680			
移情性	组间	0. 754	5	0. 151	0. 333	0. 893
	组内	306. 018	675	0. 453		
	总数	306. 772	680			

续表

		平方和	df	均方	F	显著性
可靠性	组间	3. 632	5	0. 726	2. 670	0. 021
	组内	183. 404	674	0. 272		
	总数	187. 036	679			
保证性	组间	2. 724	5	0. 545	1. 828	0. 105
	组内	201. 115	675	0. 298		
	总数	203. 839	680			
激励性	组间	1. 849	5	0. 370	1. 387	0. 227
	组内	179. 671	674	0. 267		
	总数	181. 519	679			

根据以上结果，笔者对不同的收入组在关爱行动的服务满意度评价的各维度上做多重比较，分析得到：无收入的市民与收入在 8000 元以下的市民之间存在显著差异，其他收入组之间的差异不显著，无收入的市民在服务反应性、可靠性上都明显低于收入在 8000 元以下的市民。根据质性访谈资料获悉，无收入群体生活在社会最底层，其生活窘迫，不管是物质还是精神上都迫切需要得到关爱，他们也更容易获得满足。而收入在 8000 元以下的市民，通过劳动能够满足自己的生活，但他们面对的精神、心理压力很大。相比较来说，这个群体对关爱服务的需求会更具个性化，其服务要求标准也会相对高些。这样在对深圳市关爱服务质量满意度的评价上就出现了显著差异(见表 7-22)。

表 7-20 不同收入类型组在关爱服务质量满意度评价上的多重比较

月收入		反应性	可靠性
无收入	0~4000 元	-0. 22811*	-0. 22441*
	4001~8000 元	-0. 22785*	-0. 27362*
	80010~12000 元	-0. 11921	-0. 13583

续表

月收入		反应性	可靠性
	12001~16000 元	-0. 19498	-0. 23514*
	16001 元及以上	-0. 13311	-0. 16288
0~4000 元	4001~8000 元	0. 00025	-0. 04921
	8001~12000 元	0. 10889	0. 08858
	12001~16000 元	0. 03313	-0. 01072
	16001 元及以上	0. 09500	0. 06154
4001~8000 元	8001~12000 元	0. 10864	0. 13779*
	12001~16000 元	0. 03288	0. 03849
	16001 元及以上	0. 09474	0. 11075
8001~12000 元	12000~16000 元	-0. 07576	-0. 09930
	16000 元及以上	-0. 01390	-0. 02704
12001~16000 元	16000 元及以上	0. 06187	0. 07226

4. 不同区域对关爱服务质量满意度评价的差异分析

笔者在深圳市十个区进行了问卷调查，每个区域的样本分布基本上保持平衡。其中福田区 183 份，罗湖区 100 份，盐田区与龙岗区各 107 份、宝安区与龙华区各 100 份，大鹏新区 102 份，坪山区 103 份，光明新区 95 份。通过各区域对关爱服务质量满意度评价的方差分析，可以考察各区域在关爱服务质量满意度评价上是否存在差异。

如表 7-21 及表 7-22 所示，可以看到各区在总体服务质量满意度评价上和各个维度之间都存在显著差异（$p<0.05$）。

表 7-21　深圳市各区域对深圳市关爱服务质量满意度的总体情况分析

区域	均值	N	标准差
宝安区	4. 1257	183	0. 80818

续表

区域	均值	N	标准差
坪山区	3.9485	100	0.75602
大鹏新区	3.6845	107	0.72022
光明新区	3.7291	107	0.62504
福田区	4.4329	100	0.47661
龙华区	3.4596	100	0.55418
盐田区	4.1090	102	0.45304
南山区	4.3210	103	0.35866
龙岗区	4.2472	95	0.37309
罗湖区	4.2045	95	0.31581
总计	4.0443	1092	0.66459

表 7-22 **不同区域在关爱服务质量满意度各维度上的方差分析**

		平方和	df	均方	F	显著性
服务质量	组间	13.526	9	1.503	6.943	0.000
	组内	143.944	665	0.216		
	总数	157.469	674			
有形性	组间	14.962	9	1.662	6.878	0.000
	组内	162.172	671	0.242		
	总数	177.134	680			
反应性	组间	13.020	9	1.447	5.947	0.000
	组内	163.463	672	0.243		
	总数	176.483	681			
移情性	组间	26.994	9	2.999	7.197	0.000
	组内	280.051	672	0.417		
	总数	307.045	681			

续表

		平方和	df	均方	F	显著性
可靠性	组间	12.648	9	1.405	5.398	0.000
	组内	174.697	671	0.260		
	总数	187.345	680			
保证性	组间	13.166	9	1.463	5.154	0.000
	组内	190.755	672	0.284		
	总数	203.922	681			
激励性	组间	13.244	9	1.472	5.851	0.000
	组内	168.749	671	0.251		
	总数	181.994	680			

根据以上结果对不同区域在服务质量满意度的各个维度上做多重比较分析。从表 7-23 可以看到各区之间在各维度上的差异性关系。

其一，福田区、盐田区和龙华区在总体满意度和服务质量满意度评级的六个维度上都存在显著差异，与龙岗区在总体满意度和服务的有形性、反应性、移情性、可靠性、保证性上存在显著差异，与大鹏新区在可靠性、激励性上存在显著差异，与光明新区在可靠性、保证性、激励性上存在显著差异。

其二，南山区与龙华区在总体满意度和其余六个维度之间都存在显著差异，与盐田区之间在总体满意度和服务的有形性、反应性、移情性、可靠性、保证性上存在显著差异，与光明新区在可靠性、保证性、激励性上存在显著差异。

其三，龙岗区与盐田区之间在总体满意度和服务质量满意度其他六个维度之间都存在显著差异，与罗湖区之间在总体满意度和服务的有形性、反应性、移情性上存在显著差异，与宝安区之间也是在总体的满意度和服务的有形性、反应性、移情性、保证性、激励性上存在显著差异，与坪山区之间在激励性上差异显著。

其四，罗湖区与盐田区在总体满意度和服务质量满意度的其他六个

表 7-23 **深圳市各区域关爱服务质量满意度总体情况及各维度的多重分析**

所在区		服务质量	有形性	反应性	移情性	可靠性	保证性	激励性
福田区	南山区	-0. 10552	-0. 13666	-0. 12610	-0. 11694	0. 00529	-0. 09481	-0. 08577
	龙岗区	0. 17302*	0. 21052*	0. 17323*	0. 23701*	0. 16553*	0. 14680*	0. 12872
	罗湖区	0. 02568	0. 01697	-0. 02341	0. 00000	0. 04485	0. 05928	0. 03480
	盐田区	-0. 30277*	-0. 30409*	-0. 31144*	-0. 47333*	-0. 24546*	-0. 25842*	-0. 25670*
	宝安区	-0. 04164	-0. 06557	-0. 04339	-0. 07468	0. 06164	-0. 02906	0. 03002
	龙华区	0. 17358*	0. 18889*	0. 13763*	0. 21471*	0. 19846*	0. 18237*	0. 15020*
	大鹏新区	-0. 18525	-0. 04706	0. 03903	-0. 25000	-0. 42213*	-0. 12842	-0. 45137*
	坪山区	-0. 02810	0. 03072	0. 30570	0. 05000	-0. 12213	-0. 11175	-0. 43803
	光明新区	-0. 38810	-0. 10261	-0. 26573	-0. 35000	-0. 52213*	-0. 71175*	-0. 67803*
南山区	龙岗区	0. 27855*	0. 34718*	0. 29933*	0. 35395*	0. 16024	0. 24162*	0. 21450*
	罗湖区	0. 13120	0. 15363	0. 10269	0. 11694	0. 03956	0. 15409	0. 12057
	盐田区	-0. 19725*	-0. 16743*	-0. 18535*	-0. 35640*	-0. 25075*	-0. 16360	-0. 17092*
	宝安区	0. 06389	0. 07109	0. 08271	0. 04226	0. 05635	0. 06576	0. 11579
	龙华区	0. 27910*	0. 32555*	0. 26373*	0. 33164*	0. 19317*	0. 27718*	0. 23598*
	大鹏新区	-0. 07972	0. 08961	0. 16513	-0. 13306	-0. 42742	-0. 03360	-0. 36559
	坪山区	0. 07742	0. 16738	0. 43180	0. 16694	-0. 12742	-0. 01694	-0. 35226
	光明新区	-0. 28258	0. 03405	-0. 13963	-0. 23306	-0. 52742*	-0. 6169*	-0. 59226*

续表

所在区		服务质量	有形性	反应性	移情性	可靠性	保证性	激励性
龙岗区	罗湖区	−0.14735*	−0.19355*	−0.19664*	−0.23701*	−0.12068	−0.08752	−0.09392
	盐田区	−0.47579*	−0.51461*	−0.48468*	−0.71035*	−0.41100*	−0.40522*	−0.38542*
	宝安区	−0.21466*	−0.27609*	−0.21662*	−0.31169*	−0.10390	−0.17586*	−0.09870
	龙华区	0.00055	−0.02163	−0.03560	−0.02231	0.03293	0.03557	0.02148
	鹏山新区	−0.35827	−0.25758	−0.13420	−0.48701	−0.58766*	−0.27522	−0.58009*
	坪山区	−0.20113	−0.17980	0.13247	−0.18701	−0.28766	−0.25855	−0.56675*
	光明新区	−0.56113*	−0.31313	−0.43896	−0.58701*	−0.68766*	−0.85855*	−0.80675*
罗湖区	盐田区	−0.32845*	−0.32106*	−0.28803*	−0.47333*	−0.29031*	−0.31769*	−0.29150*
	宝安区	−0.06732	−0.08254	−0.01997	−0.07468	0.01679	−0.08834	−0.00478
	龙华区	0.14790*	0.17193*	0.16104*	0.21471*	0.15361*	0.12309	0.11541
	鹏山新区	−0.21092	−0.06402	0.06244	−0.25000	−0.46698*	−0.18769	−0.48616*
	坪山区	−0.05378	0.01376	0.32911	0.05000	−0.16698	−0.17103	−0.47283*
	光明新区	−0.41378	−0.11958	−0.24232	−0.35000	−0.56698*	−0.77103*	−0.7128*

续表

所在区		服务质量	有形性	反应性	移情性	可靠性	保证性	激励性
盐田区	宝安区	0. 26113*	0. 23852*	0. 26806*	0. 39866*	0. 30710*	0. 22936*	0. 28672*
	龙华区	0. 47635*	0. 49298*	0. 44908*	0. 68804*	0. 44392*	0. 44078*	0. 40690*
	大鹏新区	0. 11752	0. 25704	0. 35048	0. 22333	−0. 17667	0. 13000	−0. 19467
	坪山区	0. 27467	0. 33481	0. 61714*	0. 52333	0. 12333	0. 14667	−0. 18133
	光明新区	−0. 08533	0. 20148	0. 04571	0. 12333	−0. 27667	−0. 45333	−0. 42133
宝安区	龙华区	0. 21521*	0. 25447*	0. 18102*	0. 28938*	0. 13682	0. 21143*	0. 12018
	鹏山新区	−0. 14361	0. 01852	0. 08242	−0. 17532	−0. 48377*	−0. 09936	−0. 48139*
	坪山区	0. 01353	0. 09630	0. 34908	0. 12468	−0. 18377	−0. 08269	−0. 46805*
	光明新区	−0. 34647	−0. 03704	−0. 22234	−0. 27532	−0. 58377*	−0. 68269*	−0. 70805*
龙华区	鹏山新区	−0. 35882	−0. 23595	−0. 09860	−0. 46471	−0. 62059*	−0. 31078	−0. 60157*
	坪山区	−0. 20168	−0. 15817	0. 16807	−0. 16471	−0. 32059	−0. 29412	−0. 58824*
	光明新区	−0. 56168*	−0. 29150	−0. 40336	−0. 56471	−0. 72059*	−0. 89412*	−0. 82824*
大鹏新区	坪山区	0. 15714	0. 07778	0. 26667	0. 30000	0. 30000	0. 01667	0. 01333
	光明新区	−0. 20286	−0. 05556	−0. 30476	−0. 10000	−0. 10000	−0. 58333	−0. 22667
坪山区	光明新区	−0. 36000	−0. 13333	−0. 57143	−0. 40000	−0. 40000	−0. 60000	−0. 24000

维度上差异显著，与龙华区之间在总体满意度和服务的有形性、移情性、反应性、可靠性、保证性之间存在显著差异，与大鹏新区在激励性上面存在显著差异，与光明新区之间在服务的可靠性、保证性、激励性上差异显著。

其五，盐田区、宝安区和龙华区之间在总体满意度和服务质量满意度的其他六个维度之间都存在显著差异，与坪山区在反应性上存在显著差异；龙华区与大鹏新区在服务的可靠性、激励性上存在显著差异，与坪山区之间在激励性上存在显著差异，与光明新区之间在服务的有形性、可靠性、保证性、激励性上存在显著的差异。

其六，宝安区与龙华区在总体满意度和服务的有形性、反应性、移情性、可靠性、保证性上存在显著差异，与大鹏新区在服务的可靠性、激励性上存在显著差异，与坪山区之间在服务的激励性上存在显著差异，与光明新区在服务的可靠性、保证性、激励性上有显著的差异。

其七，根据各个区在总体服务质量满意度评价上的标准差比较，市民对服务满意度的排名是福田区>南山区>龙岗区>罗湖区>宝安区>盐田区>坪山区>光明新区>大鹏新区>龙华区。

5. 市民对关爱服务质量满意度评价的性别差异分析

从性别角度来看，市民对关爱服务质量满意度评价的差异，根据方差分析结果获知，性别在服务质量满意度上没有显著差异；从平均数和标准差的情况看，女性对服务满意度的评价要高于男性(见表 7-24 及图 7-5)。

表 7-24　　深圳市关爱服务质量满意度与性别之间的方差分析

	男		女		T
	M	SD	M	SD	
反应性	4.0966	0.80659	3.9796	0.93730	1.297
有形性	4.1219	0.76218	3.9834	0.93250	1.595
移情性	4.1372	0.81053	4.0131	0.95322	1.382

续表

	男		女		T
	M	SD	M	SD	
可靠性	4. 1927	0. 76612	4. 0810	0. 92091	1. 288
保证性	4. 2334	0. 79652	4. 1152	0. 92093	1. 339
激励性	4. 2132	0. 77605	4. 1519	1. 01601	0. 662
服务质量	4. 1877	0. 74711	4. 0508	0. 92026	1. 505

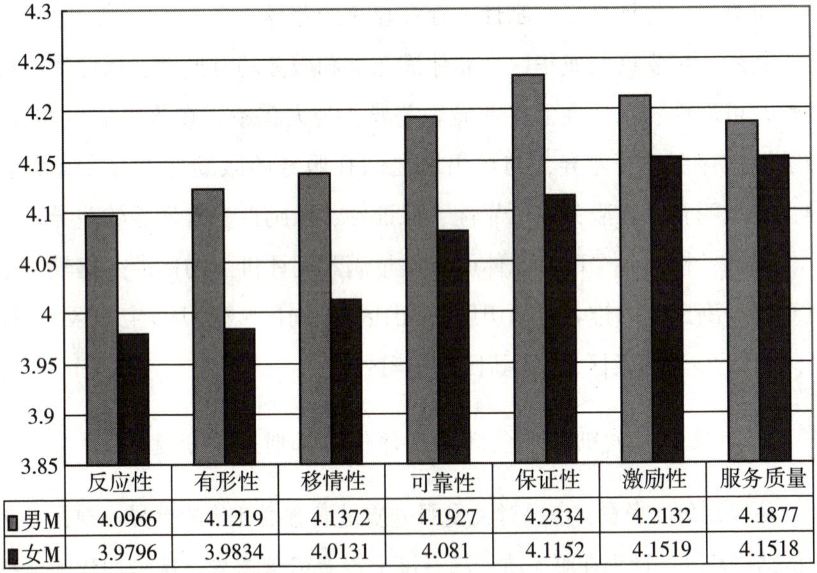

图 7-5 不同性别被试对关爱服务质量满意度的差异

六、市民对关爱行动的知晓度、关注度和美誉度评估结果分析

（一）深圳市民对关爱行动的知晓度评估

深圳市关爱行动自 2003 年推行以来至 2014 年已经持续了 11 年，

在这 11 年间深圳市各界都在不断努力地推进项目发展，真正造福于深圳市民。在宣传上不断加大力度，政府部门通过政策性文件进行宣传，主要媒体(如报纸、电视、网络)也实时对关爱行动进行报道，不断涌现的公益组织(如红十字会、壹基金及各种民办社会服务机构等)都在以不同的方式对关爱行动进行宣传。笔者主要通过“您了解深圳市开展的关爱行动吗、您是通过什么渠道知道关爱行动服务的、您所知道的提供关爱行动服务的机构有哪些”三个问题的测试，来了解市民对关爱行动的知晓度情况。

经过调查发现，市民对关爱行动的了解度较高，宣传普及率达到了 86.9%，与 2011 年 68.5%的普及率相比已得到了较大的提升，说明关爱行动在宣传力度上大大的加强，宣传的效果较好。同时，根据质性调查资料发现，从社会政策角度看，一项社会政策或者是社会行动能够取得如此巨大的社会影响力，这与深圳市多年来关爱服务政策的制定、强有力的执行及强大的公共关系宣传分不开，也反映了关爱行动的确是从市民的实际需求出发的(见表 7-25 及图 7-6)。

表 7-25　　市民对关爱行动的了解情况

	频率	百分比(%)	有效百分比(%)	累积百分比(%)
从来没有听说过	143	13.1	13.1	13.5
有听说过，但不怎么了解	117	10.7	10.7	24.2
有一些了解	607	55.6	55.6	79.8
比较了解	207	19.0	19.0	98.8
非常了解	14	1.3	1.3	100.0
合计	1092	100.0	100.0	

在宣传渠道上可以看到，主流宣传媒介是媒体和公益组织，分别占宣传效果的 45.8%和 40.7%；通过亲戚朋友同事的口耳相传占 32.2%，政府政策性文件的宣传效果占 14.7%。这个比重的分布与 2012 年的调查结论基本一致，但公益组织的宣传作用得到了大幅度提高，从 2012

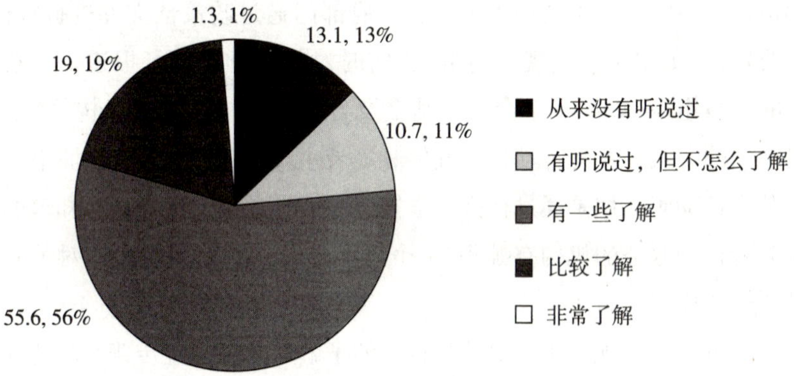

图 7-6　深圳市民对关爱行动的了解情况

年的 18. 9%上升为 40. 7%(见表 7-26 及图 7-7)。

表 7-26　　深圳市市民了解关爱行动的渠道

		计数	有效列 N%
得知渠道	政府政策文件	157	14. 7%
	媒体	488	45. 8%
	公益组织	434	40. 7%
	亲戚朋友同事	343	32. 2%
	其他	39	3. 7%

这说明深圳市公益组织在这两年的宣传力度不断加大，宣传效果也有了明显的提高。结合访谈资料，究其主要原因在于：其一，深圳市关爱办挂靠在深圳市报业集团，除了媒体的宣传功能外，也承担了很多关爱项目的实施，如此媒体在宣传作用上发挥了最大的作用。其二，各种公益组织(尤其是民办公益类社会服务组织)致力于关爱事业，主要通过关爱行动，在服务中树立自己的公益形象，促使其公益形象和公益理念不断深入人心。其三，政府是关爱行动的参与者，在关爱行动的制定和实施中担当重要角色。但政府政策性文件一般是在媒体和公益组织宣

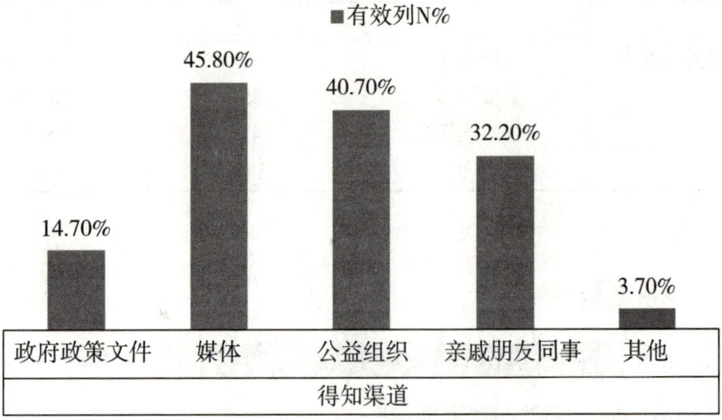

图 7-7　深圳市民了解关爱行动的渠道

传中得到体现的，直接以文件形式发放的宣传在人力、物力上耗损太大，宣传的作用也比较小。因此，直接以政府政策性文件来了解关爱行动的比例较小。不过，政府在宣传形式和组织上一直发挥着主导作用，这也是关爱行动不断取得进步的重要推力。

进一步，笔者调查了市民对关爱服务提供者的了解情况。通过表7-27可知，对政府类提供机构(包括宣传部、文明办、民政局、社保局等)的了解占58.1%，对准政府组织(包括工会、共青团、妇联、残联、老龄委等)的了解占50.7%，对事业单位(包括学校、医院等)的了解占26.7%，其他机构仅占3.6%。这说明政府类和准政府类机构在关爱行动中起到了重要作用，并得到了市民的认可，也在广大市民中产生了正向的影响力。但是，事业单位的影响力相对来说较低，这在质性访谈中找到了答案。比如，关爱办是一个政社合作的组织，是政府和社会力量的结合，在活动中十分注重民间力量的挖掘；而事业单位一般指向特定的关爱群体(如学生、残疾或者医疗等方面)。如此，其受益的群体相对有限。不过，在日后的关爱行动中，应更加注重政府和各单位及组织的合作，以推动关爱行动的纵深发展(见图7-8)。

表 7-27 **深圳市提供关爱服务的机构情况**

		计数	有效列 N%
提供服务的机构	政府类	621	58. 1%
	事业单位	285	26. 7%
	准政府组织	541	50. 7%
	其他	38	3. 6%

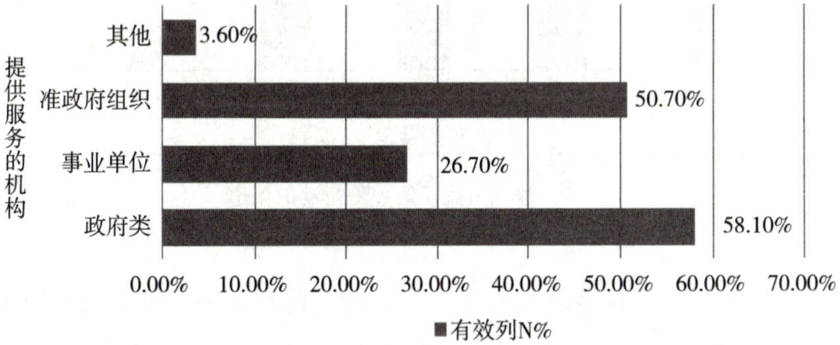

图 7-8 深圳市民对提供关爱服务的机构的了解

(二)深圳市民对关爱行动的关注度评估

社会关注度简称关注度，指某个事物受到社会群体关注的程度。而关爱服务关注度指市民对该项目的关注情况和需求情况。在本书中，笔者主要通过“您享受过下列哪些福利服务项目、您所在社区还需要什么样的关爱服务项目”两个问题，来了解市民对关爱行动的关注度情况。

调查发现，2003—2014 年间，关爱行动项目开展的次数和项目覆盖的领域都在不断发展。比如，通过对各个关爱项目开展情况的调查发现，接受医疗服务的占 51. 6%，文教服务的占 38. 9%，公共福利服务占 26. 6%，劳动就业服务占 21. 4%，青少年服务占 19. 1%，妇女服务占 14. 7%，孤老孤幼服务的占 14. 1%，心理卫生服务占 8. 9%，残疾康复服务占 6%，犯罪矫治及感化服务占 3. 3%。这说明接受福利服务项目的人数分布存在显著差异，在医疗、文教、公共福利项目上投入力度较大，受益人群也较多。但是，在心理卫生、残疾康复、犯罪矫治及感化服务方面还需要加大力度，以更好地提高关爱服务的覆盖率，真正促使这项服务成为更广义上的关爱行动(见表 7-28 及图 7-9)。

表 7-28　　市民享受的关爱项目情况

		计数	有效列 N%
享受过的福利项目	医疗	532	51. 6%
	文教	401	38. 9%
	就业	221	21. 4%
	住宅	150	14. 5%
	孤老	145	14. 1%
	残疾	62	6. 0%
	妇女	152	14. 7%
	青少年	197	19. 1%
	犯罪	34	3. 3%
	心理	92	8. 9%
	公共	274	26. 6%
	其他	101	9. 8%

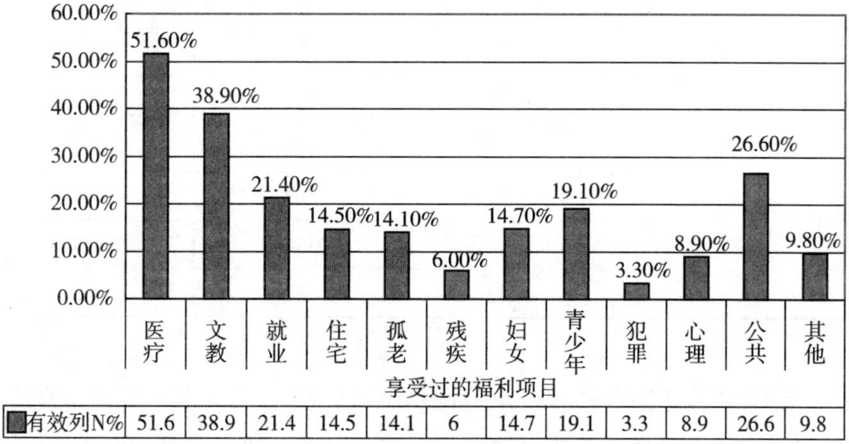

图 7-9　市民享受关爱项目的情况

进一步来看，在各个区域的市民对服务需求调查中，45.9%的市民需要加强老年人关爱项目，44.6%的要求加强社会参与服务，43.7%的要求加强医疗卫生服务，39.2%的要求加强法律援助服务，38.4%的要求加强青少年关爱服务，4.9%的要求加强治安巡逻服务（见表 7-29 及图 7-10）。

表 7-29　**市民对关爱项目的需求分析**

		计数	有效列 N%
所在社区需要的服务	社会参与服务	479	44.6%
	家政服务	372	34.7%
	老年人服务	492	45.9%
	青少年服务	412	38.4%
	妇女服务	308	28.7%
	残疾人服务	346	32.2%
	法律援助服务	421	39.2%
	治安巡逻服务	375	34.9%
	医疗卫生服务	469	43.7%
	义教服务	354	33.0%
	扶孤助弱服务	293	27.3%
	文教服务	338	31.5%
	环境绿化服务	322	30.0%
	再就业服务	178	16.6%
	灾害救助服务	90	8.4%
	衣食住行服务	117	10.9%
	其他	37	3.4%

结合质性访谈资料和调查样本的实际情况看，深圳是一个快节奏的城市，多数人群是充满活力的奋斗一族。因调查样本多是 20～50 岁年龄段的年龄人群，他们在奋斗过程中，很少有时间照顾自己的父母和小

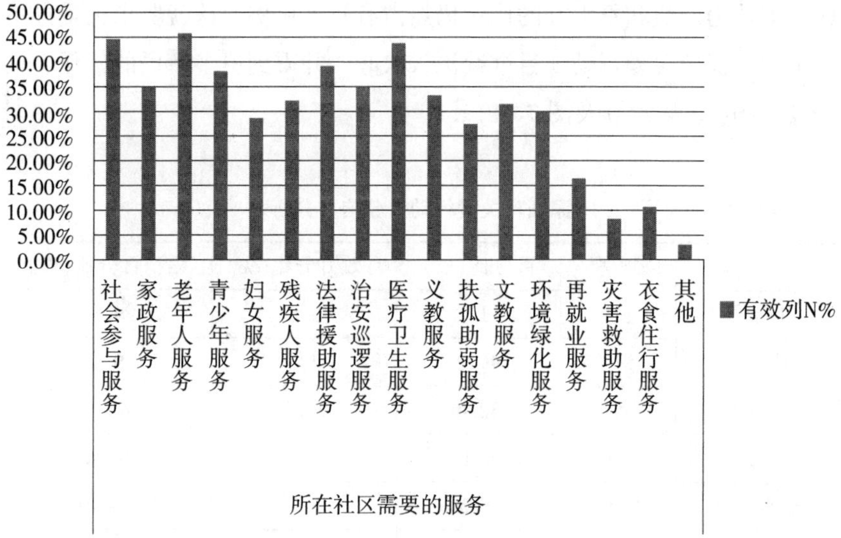

图 7-10　市民希望获得关爱服务情况

孩，如此，在深圳出现的空巢老人与青少年成长问题相对较多。此外，在快节奏的都市生活中，健康和医疗问题一直都是备受关注的。尽管多年以来深圳关爱行动已致力于这些方面的关爱，但市民在此领域的呼声还是较高，因此，应进一步加大这类重点民生社会问题的关爱力度。

（三）深圳市民对关爱行动的美誉度评估

美誉度指公众对于项目或组织的信任和赞美程度。笔者通过以下四个问题来考察关爱行动的美誉度："您如何评价关爱服务的公信力、您如何评价关爱行动的效果、您能否感受到深圳关爱行动给您及家人的生活带来的影响、您觉得深圳市开展的关爱行动给您和家庭带来了怎样的影响。"

第一，通过"您如何评价关爱服务的公信力"的调查发现，市民对于关爱服务的公信力评价较高。比如，认为该项目公信力非常好和比较好的人数占 60. 3%，一般的人数占 32. 4%，不好和非常不好的人数仅占 7. 3%。总体来说，关爱行动项目已经获得了市民较高的认同与信赖，但认为一般和不太好的比例仍然占有较大比例，这就要求关爱办不断努力，促使关爱行动项目继续深入人心，并得到更多市民的信任、接受及赞扬(见表 7-30 及图 7-11)。

表 7-30　　深圳市关爱行动的公信力分析

	频率	百分比(%)	有效百分比(%)	累积百分比(%)
非常好	121	11.1	3.8	4.8
比较好	537	49.2	4.3	9.1
一般	354	32.4	34.8	43.9
不好	45	4.1	52.5	96.3
非常不好	35	3.2	3.7	100.0
合计	1092	100.0	100.0	

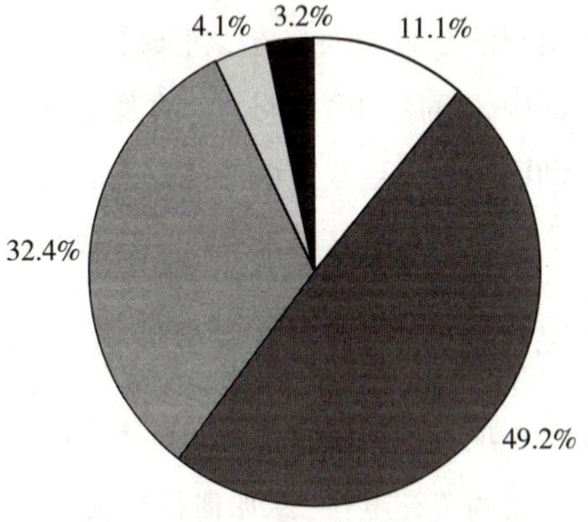

图 7-11　深圳市关爱行动的公信力分析

第二，通过“您如何评价关爱行动的效果”的调查发现，市民对“关爱行动”开展效果的评价相对较高。比如，认为开展比较好和非常好的人占 56.2%，大大超过了选择“一般”人数的比例(占 34.8%)，而认为不好、非常不好的仅占 8.1%。这些数据启示，关爱行动作为一项民生工程，是要为人民群众服务的，只有真正得到了人民群众的认可，才是“效果好”的服务工程。如此，要促使“关爱行动”成为一项群众自发自愿、高度参与的工程，关爱办还需要做出更多努力，还需要更多时间来推进项目的发展（如表 7-31 及图 7-12 所示）。

表 7-31　**深圳市关爱行动的效果分析**

	频率	百分比(%)	有效百分比(%)	累积百分比(%)
非常不好	41	3.8	3.8	4.8
不好	47	4.3	4.3	9.1
一般	380	34.8	34.8	43.9
比较好	573	52.5	52.5	96.3
非常好	40	3.7	3.7	100.0
合计	1092	100.0	100.0	

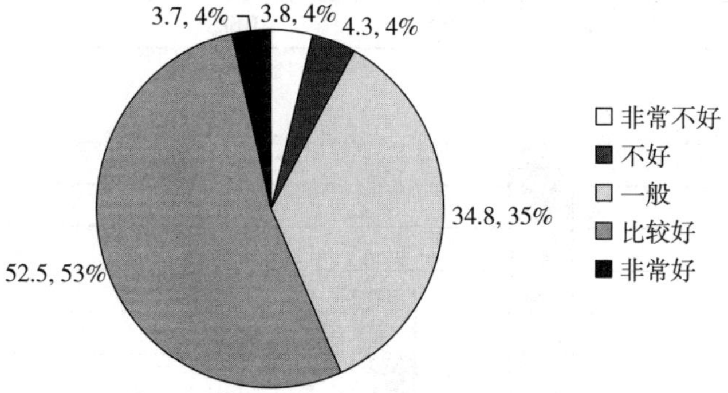

图 7-12　市民对关爱行动开展的效果评价

第三，通过“您能否感受到深圳关爱行动给您及家人的生活带来的影响”的调查发现，感受较深和非常深的占 54.9%，感受一般的占 27.6%，没什么感受和完全没感受的占 15.9%。这就是说，84.1%的市民认可深圳市“关爱行动”对其生活产生了正面影响，但也有某些市民认为没有受到“关爱行动”的影响（如表 7-32 及图 7-13 所示）。

进一步来看，通过质性访谈资料发现，“关爱行动”目前的主要对象是低收入群体，并且关爱项目的主体有多个，关爱资金较为分散。如此，要从关爱行动中获得物质上的很大改善是不太可能的。从这个角度来看，需要通过关爱行动让市民获得心灵的温暖、变得更具爱心，并对社会产生更加积极的认识。笔者认为在日后的宣传中，需要更加强调关爱行动对社会和个人的益处，以此吸纳更多的爱心人士参与到关爱行动中，从而营造一个全民行动的关爱社会。

表 7-32　　深圳市关爱行动对市民产生的影响情况分析

	频率	百分比(%)	有效百分比(%)	累积百分比(%)
感受非常深	139	12.7	12.7	12.7
感受较深	460	42.2	42.2	54.9
一般	302	27.6	27.6	82.5
没什么感受	139	12.7	12.7	96.8
完全没感受	35	3.2	3.2	100.0
合计	1091	99.9	100.0	

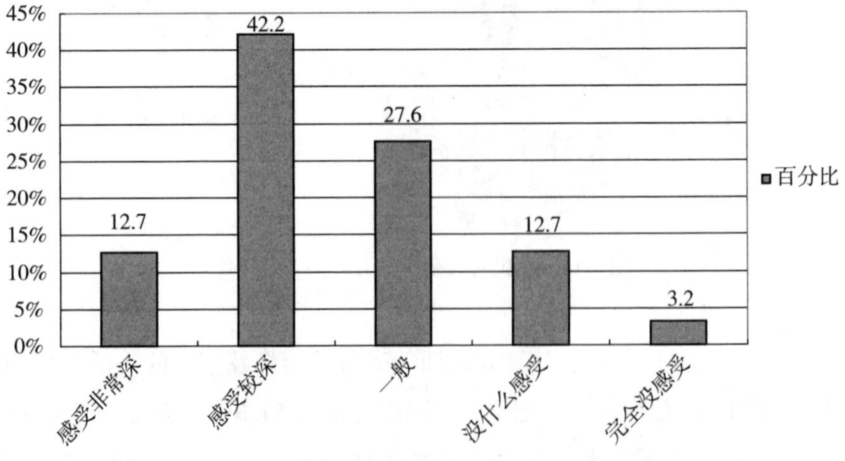

图 7-13　深圳市民对关爱行动产生的影响的评价

第四，通过“您觉得深圳市开展的关爱行动给您和家庭带来了怎样的影响”的调查发现，46.1%的市民认为关爱行动丰富了自己的娱乐生活，45.3%的人认为得到了经济的帮助，20.1%的人认为关爱行动减轻了自己和家庭的压力，26.4%的人认为没有产生多大的影响(如表7-33及图7-14所示)。上述结果表明，从总体上看，关爱行动对深圳市民产生了较为深远的影响，主要表现为："关爱行动"不仅可在低层次上满足民众的基本物质需求，也能在精神层面上"丰富群众的生活、提高群众的幸福感"，以及在心理层面上能够"一定程度上疏解群众的压力"。可见，关爱行动在精神层面上产生的影响更为深远，这也是"关爱行动"需要实现的目标与远景。不过，数据也显示，仍有一部分市民认为关爱行动没有对其生活产生影响，相应地，关爱行动的发展和完善还有一段路要走。

表7-33　　深圳市关爱行动对深圳市市民生活产生的具体影响

带来的影响	计数	有效列 N%
获经济帮助	285	26.7%
丰富娱乐生活	493	46.1%
提高幸福感	484	45.3%
减轻压力	215	20.1%
没影响	282	26.4%
其他	14	1.3%

七、深圳市关爱行动客观指标结果分析

(一)关爱行动的覆盖率

社会服务项目总要在一定的范围内开展，这里的范围主要指项目涉及的人群。那么多少人正在或已经接受了深圳市的关爱服务呢？在本书中，运用服务接受者的人次除以关爱服务项目的目标人群数量，可以得到项目的覆盖率。

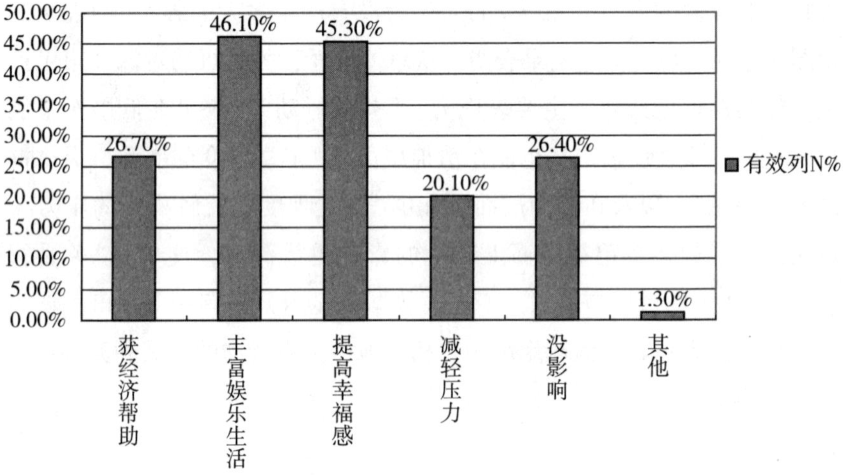

图 7-14 深圳市民对关爱行动产生的影响分析

深圳市 2014 年统计年鉴显示，2014 年深圳市常住人口达 1077.89 万(包括户籍人口和非户籍人口)，而关爱办的统计数据表明，2014 年接受关爱服务的受益人次多达 529.24 万。如此，按照社会服务项目覆盖率计算公式得知，关爱行动的覆盖率为 49.1%。这个数据表明，关爱服务的覆盖面已经有相当大的规模，对于深圳社会问题的解决与社会善治有很大的推动作用。然而，仍有一些弱势人群和弱势领域的人群较少接受关爱服务的影响，这就需要坚持社会公平正义的理念，逐步把公平正义的关爱行动贯彻到社会结构和社会制度的各个方面。同时，需要加大资金投入，整合各方面社会资源，以扶弱帮困、权益保障、解决群众密切关注的民生问题为核心。由此，以提高外来工、农村城市化居民和青少年素质为重点，努力扩大关爱服务的覆盖面，并促进深圳社会的和谐建设。

(二)关爱行动的参与率

从文献调查发现，关爱行动体现了一种互动互助、全社会广泛参与的关爱理念，弘扬了中华民族核心价值观，是构建和谐社会的一个重要途径。同时，关爱服务激发了人性中求善求真的一面，激发了市民参与文明创建和社会建设的热情。如此，在这个过程中，随着关爱行动的不断发展壮大，关爱活动的不断拓展，越来越多的市民参与其中，关爱队伍越来越长，并开创了党委领导、政府主导下“媒体、企业、社会组织、市民个人”等各方广泛参与的新型社会救助与公共服务模式。

不过，市民参与关爱行动的参与率一直没有数据统计予以说明。那么，关爱行动的参与率到底是多少呢？参照深圳市 2014 年统计年鉴及关爱办 2014 年提供的接受关爱服务的人次统计得知，关爱行动的参与率为 40.2%，这表明四成的市民已成为关爱行动的服务受益者。此外，质性研究发现，这些服务受益者在关爱行动的影响下，开始去帮助他人，并由“服务对象”变为“服务提供者”，从而形成了人与人之间、邻里之间、企业与员工之间、社会各界与困难群众之间的关爱，促使关爱行动变成了“全社会广泛参与、互动互助的”爱心行动，这也是深圳建立社会救助长效机制与民生社会建设的积极探索。

第八章　研究总结与建议

一、关爱指数体系研究的总结

(一)政策与项目层面关爱指数的研究总结

1. 2014 年深圳市政策层次关爱指数的结果分析

深圳市政策层面关爱指数稳步增长，政策层面关爱行动发展势态良好。2010 年至 2013 年政策层面四年的关爱指数分别为 96.7、104.67、110.57、118.6，年际增长率分别为 8.2% 、5.6% 、7.3%。其中，2011 年比 2010 年增长了 8.2%，2012 年比 2011 年增长了 5.6%，2013 年比 2012 年增长了 7.3%，年均增长率为 7.03%。

经过 2003 年至 2014 年关爱行动的不断成长，当前发展趋势日渐平稳成熟。具体而言，经济福利水平关爱指数的年均增长率为 4.87%，居民健康水平的关爱指数年均增长率为 2.1%，居民受教育水平的关爱指数年均增长率为 5.5%，社区公共安全和环境关爱指数年均增长率为 3.57%，公益服务关爱指数年均增长率为 33%。值得注意的是，四年间经济福利水平关爱指数与居民健康状况关爱指数存在小幅度的下降浮动。比如，2010 年至 2011 年间，经济福利水平关爱指数下降 3%，居民健康状况关爱指数下降 6.7%。同时，据质性研究资料获悉，2005 年至 2009 年关爱指数发布后，各部门根据发布成果对政策关爱行动进行了调整，故出现小范围的浮动，2011 年后趋向平稳。其中，浮动最大的年份为 2010 年至 2011 年，其间，各类保障性住房指数下降 46%，疾病防控中心数量指数下降 52. 9%，禁毒办戒毒成功率指数下降 22. 2%，慈善会募捐到的善款总数指数下降 73. 6%。因此，深圳市政府在推行关爱型社会建设中，应特别加强住房保障、疾病治理、社会管理、社会安全方面的工作，并促进慈善会的推广和宣传，并确保慈善类活动的持续进行。

此外，笔者发现，公益服务关爱指数发展迅速，以 2010 年至 2011 年之间发展最为迅速。经计算，可以看到，2010 年至 2011 年公益服务关爱指数增长了 90%。同时，自《关于加快深圳市慈善事业发展的意见》颁布后，深圳慈善公益组织、民办非企业单位以及各类慈善公益类社团如雨后春笋般涌现，取得了突飞猛进的发展。

2. 2014 年深圳市项目层次关爱指数的结果分析

深圳市项目层次关爱项目指数在 2010 年至 2013 年之间趋于稳步发展，年均增长率为 7. 97%。而从每年指数变化可以看出，项目层次关爱指数发展比较迅猛的时期是 2012 年至 2013 年，四年之间的增长率分别为 9. 7%、2. 7%、11. 5%，说明关爱项目发展趋于成熟，发展速度趋于平稳。

值得注意的是，2005 年至 2011 年的平均增长率达 221%，2010 年之后项目层次的关爱行动逐步发展成熟，其主要表现为：一方面保持着平稳发展的趋势，另一方面发展速度逐渐放缓，并在传统框架内进行调整和改动，促使发展性关爱指数的发展速度高于缺失性关爱指数。比如，2010 年至 2013 年之间，缺失性物质关爱指数和精神关爱指数的年均增长率分别为 0. 47% 和 9. 73%，发展性物质关爱指数和发展性精神关爱指数的年均增长率分别为 24. 7% 和 32. 2%。结合笔者的质性调查资料与上述数据的变化说明，近年来深圳市项目层次关爱行动更偏重于发展性的关爱活动。

(二)个人层面关爱指数的研究总结

1. 个人层面关爱指数的整体研究结论

据笔者采集的数据分析发现，在近5年内，深圳市参与关爱行动的志愿者人数在不断增加，2014年志愿者数量突破了100万人次；志愿者人均服务时数达至每人260小时；志愿服务覆盖的总人数是84万，志愿服务总次数达至475万次；参与志愿服务的社会组织超过1400家，占到社会组织总数的20%。同时，从接受关爱服务的总人次看，关爱服务的覆盖率已达49.1%，覆盖面已有较大的规模；市民参与关爱行动的参与率为40.2%。其中选择接受过1次以上关爱服务的市民达到87.4%，84.1%的市民愿意继续接受关爱服务，由此，深圳市将关爱行为变成了一个“全社会广泛参与、互动互助”的爱心行动。

值得一提的是，市民对关爱行动的总体评价较为满意。其中，服务质量满意度的平均值为4.1143，市民接受各种关爱服务项目的满意度评价均达4.21分以上，远高于理论均值3，并且79.6%的市民选择了“关爱行动开展得较好和非常好”。不仅如此，市民认为关爱行动的知晓率、影响力与公信力正在不断增强。比如，选择“了解关爱行动”和“非常了解关爱行动”的市民达到86.9%，比2011年提高了7.7%；在市民对提供关爱服务组织的了解中，对关爱办、政府类(宣传部、文明办、民政局、社保局)、准政府类(工会、共青团、妇联、残联、老龄委等)组织的了解程度最高，分别占到76.5%、63.1%、50.7%。又如，在关爱行动的影响力上，84.1%的市民选择了“有影响”，60.3%的市民认为关爱项目公信力非常好和比较好，56.2%的认为项目开展效果比较好和非常好。此外，在“对关爱行动初衷的认识之中”，69.4%的市民认为“政府推行的民生工程是为了人民的利益服务的”，57.1%的市民认为“政府为了缓和社会矛盾及构建和谐社会的需要”，80.2%的市民认为“关爱行动对市民和社会产生了正向的激励作用”。

2. 个人层面关爱指数纵向分析结论

深圳市关爱行动从 2003 年开展以来，一直坚持总结和反思。笔者在 2011 年前期研究中对 2005 年至 2011 年深圳市关爱行动进展的情况进行了总结，得到了深圳市个人关爱指数和关爱行为状况的一些重要结论。2014 年深圳市关爱指数在前期研究基础之上又有了一定的发展和创新，如采用全新的社会服务项目评估框架、服务质量评价指标体系，以及“局内人”视角，来测评个人层面的关爱指数，得到了如下重要的结论：

其一，2014 年市民对深圳市关爱行动的知晓率比 2011 年提高了 7.7%；在市民了解关爱行动的渠道上，从 2011 年至 2014 年媒体所占比重提高了 15.1%，亲戚朋友所占比重提高了 4.3%，公益组织所占比重提高了 21.8%。

其二，市民对关爱行动认同感在不断提高。从 2011 年至 2014 年，市民认为关爱行动对自己生活产生正面影响的比例从 79.2%上升到 84.1%。

其三，市民对深圳市关爱行动开展初衷认识的发展。2011 年的调查结果显示，92%的市民认为关爱行动是一项民生工程并且能够缓和社会矛盾，而在 2014 年这个测评维度则更加细化。如 59.4%的市民认为关爱行动是一项民生工程，47.1%的市民认为是一项缓解社会矛盾的工程，80.2%的市民认为“关爱行动对市民和社会产生了正向的激励作用”。

其四，市民对深圳市关爱行动评价的变化。根据 2011 年市民对关爱行动开展情况的评价，认可关爱行动开展得比较好、非常好的市民达到 41.2%，而 2014 年这个数据提高到 52.6%。

二、关爱指数体系研究的不足

（一）客观指数研究的局限

本次对深圳宏观关爱指数体系的研究局限如下：

第一，尽管笔者已拓展了关爱定义，加入了新的理论解释框架，但深圳市关爱指标体系研究更多的是依据“关爱定义”、已有研究框架的创新和专家咨询法，可能存在某些主观性的偏差，需要在今后的研究中不断完善关爱指标体系理论框架。

第二，纵观本次深圳市关爱指数的计算过程，笔者主要采用的是均值法，虽然有较好的解释力，但仍可能存在某些问题。比如，基于统计学一般的无量纲化计算样本均值时，要求数据来自同一个总体。即数据要服从同一的分布，互相之间独立，但本次调查是不同年份间一个地区的数据，而这些数据是一组相互联系的时间序列数据。

第三，根据不同年份间的数据求平均值，随着年份的增加，平均值每年都在变化。那么，所有已计算过年份的指标值，就需要每年不断地重新计算和修正，以此减低指标的稳定性和可信度。

第四，在原始数据收集过程中，部分指标原始数据的缺失或不完善，给整个指标体系的解释造成了一定影响。加之，2014 年多个关键性指标数据的缺失，致使笔者无法计算深圳市 2014 年的关爱指数。

第五，某些部门无法完整地提供深圳市各关爱项目的资金、物质及人力的投入，使得本次研究无法系统地分析深圳市在“关爱行动”项目投入的特点和趋势，已给研究工作及以后的实际工作造成了较大的影响。因此，笔者建议关爱办内部设置一个专门的研究机构，以加强关爱行动相关数据的收集与研究。

(二)主观指数研究的缺陷

第一，本书虽然从社会服务项目评估框架、服务质量评价理论体系及态度量表等，展开了个人层面关爱指数测评的体系设计，但关爱情感的内容仅仅涉及情绪体验，需要进一步从情感与行为意向层次探讨主观指数的设计。

第二，本书取样在量上处于中等水平，今后需要扩大样本范围，在更大的人群范围内进行信效度检验，对量表作出进一步的完善和修订。

第三，关爱行为涉及面较广，限于条件，并不是每种因素都予以考虑。如本书涉及的是个人变量较多，但组织变量涉及较少。

第四，与关爱态度相关的一些变量在日后可以引入研究中，以此丰富和细化关爱研究，并为关爱活动的组织和管理提供更多的有益建议。

三、关爱指数体系研究的展望

因我国关于关爱指数的文献、研究非常稀少，有关城市关爱指数体系研究几乎是一个空白。因此，本书指数体系的建立与书中可以借鉴的研究成果很少。加之，因研究经费、研究资源有限，书中难免会存在某些不足及需要改进的地方，这些方面都需要进一步的研究来弥补。具体地说，需要改进之处主要有以下几点。

第一，在本书中，结合国内外与关爱指数相近的研究，尤其是考虑到深圳市市情，笔者已从新的理论框架与技术路径，完善了深圳市关爱指标体系中的二三级指标。但因时间与经费限制，关爱指标体系仍有进一步改善的空间，以便更好地反映关爱水平的内涵及达致测评的目标。

第二，指标权重的赋值还需要进一步进行确认，尤其应该采用因子分析法等数理统计方法，进行再次验证，并对德尔菲法确定的权重进行修正。

第三，在指数计算方法上，如果有更多的研究资源与研究经费，可以分别采用极差法、标准化法等测算关爱指数，从而进行比较和修正，力求得出更为客观的关爱指数。

第四，在原始数据资料收集方面，后续研究应该更注重原始数据的全面性，并对各原始数据进行推敲和验证，力求数据的真实性和完备性。

第五，在后续的研究中，可以运用定性的“质性研究方法”来弥补定量研究的不足。比如，在部分研究场域曾尝试运用深入访谈法来深化某些量化研究结论，已在探索性研究中取得了某些结果。如此，笔者建议，在深圳市关爱指数的量化研究之后，可以继续开展质性研究，以此在深度上拓展本研究质量，对深圳关爱行动的开展提出更具针对性的政策及实务建议。具体来说有以下四点：持之以恒，深入推进关爱行动与关爱指数的发展；关爱区域从深圳市中心区向郊区辐射，关爱项目向非深圳户籍居民倾斜；认清关爱行动的实践性，继续扩大群众的参与度；定义“关爱办”性质，鼓励民间组织发挥更大的作用等。

此外，透过宏观关爱指数研究，对于今后具体的关爱行动项目的开展，笔者也提出了五大建议：

其一，继续加强关爱行动现状、关爱指数的绩效评估，以此实现“以评促建”。多年来，关爱行动如火如荼地进行着，但是在进行关爱指数研究过程中缺乏科学性的评估资料积累，这不利于关爱行动长远有序的发展，也不便于关爱指数的测评。建议在今后关爱行动开展中，加强对文档资料的记载以及活动结束后的总结、反思，或者由第三方机构展开项目评估，以此促进关爱行动的进步及更深远的发展。

其二，完善关爱行动的社会救助机制，促进服务对象自我发展与增能，实现助人自助。在实施关爱行动的社会救助中，应防止服务对象的“福利依蚊”，促使服务对象由服务接受者逐步发展为服务提供者。目前关爱行动已开展十余年，受益对象千千万，多数已经实现独立自主，因此应倡导回馈机制，将爱心循环流淌，以积极探索建立社会救助的长效机制。

其三，坚持以人为本的科学发展观，促进关爱行动转变为深圳市民的一种生活方式，以此打造深圳的关爱之城。通过研究发现，当前关爱行动的覆盖率已达 40%以上，参与关爱服务的人数达 529.24 万人次，关爱行动已经逐步融入深圳市民的生活之中。因此关爱行动在下一阶段的发展目标是，通过关爱指数的跟踪研究、测评与总结，促进更多的市民从“服务受益者”变为“服务提供者”，以此参与关爱行动，打造“关爱社会氛围”，形成地域社会共同机体，真正将关爱行动内化为深圳市民的生活方式。

其四，加强重点项目投入之时，应重视特殊人群的关爱，促使关爱行动更具发展性和全面性。随着关爱行动的深入开展，关爱服务的覆盖面已经有相当大的规模，其品牌影响力和社会辐射力日益增强，在政界、学界、新闻界等领域都产生了强烈的反响，对深圳市市民也产生了长远的影响，对于社会问题的解决有很大的帮助。但是仍然有一部分弱势人群较少接受关爱服务的影响，这就要求在加强重点项目投入时，加大资金投入，整合各方面社会资源，增强特殊人群的关爱。展望未来，关爱行动尤其应以扶弱帮困、权益保障及解决群众密切关注的民生问题为重点，以提高外来工、农村城市化居民和青少年素质为创新工程，由此尽力扩大关爱服务的覆盖面，致力于推进深圳和谐社会及关爱社会的建设。

其五，长远来看，政府应加强对关爱指数研究的投入，以促进关爱行动的可持续发展。笔者已创造性地提出了可操作化的关爱定义、关爱指数的指标体系及科学的测评方法，这为更科学地研究关爱指标奠定了坚实的基础。同时，通过科学的关爱指数研究，也为关爱行动指明了科学发展的方向。当前，深圳大学已成立了深圳大学关爱指数研究中心，希望政府能有更多的投入，由此吸引国内外知名学者参与其中，并为关爱行动与关爱指数研究的发展提出很多的建议。

下篇　深圳市关爱服务指标体系研究

第九章　关爱服务的现状与服务需求的指标建构

关爱行动从 2003 年 12 月首届举办以来，至今已顺利举办 14 届。为了推动关爱服务有效化、科学化、专业化的发展，笔者在 2014 年关爱指数体系研究之后，于 2017 年再次对深圳市居民服务需求进行系统调查。此次调查的主要目的是了解居民的需求与实际关爱服务提供之间的匹配度，为关爱服务指标体系的建立提供科学依据。调查在深圳市南山区、罗湖区、福田区、宝安区、龙岗区、坪山区、盐田区、龙华区、光明新区、大鹏新区 10 个区进行随机抽样；调查对象主要包括儿童、青少年、妇女、老人、残疾人、来深建造者、特殊社区公众 7 大类人群。实际发放问卷 1020 份，有效回收 1000 份，有效回收率为 98.04%。问卷填写采用自填方式，当场回收，并将数据录入 SPSS22.0 进行社会统计分析。

一、关爱服务对象的特点与需求

(一) 关爱服务对象的基本特征

根据对于 7 大类调查对象的基本信息分析，再结合访谈资料，笔者总结了关爱服务对象在人口学上的基本特征。

1. 调查区域较为全面

从问卷调查被试的来源地区看，如表 9-1 所示，调查区域较为全面，南山区、福田区、罗湖区、宝安区、龙岗区发放问卷的比例较高，分别占 12%以上，其他区占的比例较低，低于 10%（见图 9-1）。

表 9-1 调查对象的区域分布

	频率	百分比(%)	有效百分比(%)	累积百分比(%)
南山区	126	12. 6	12. 6	12. 6
福田区	126	12. 6	12. 6	25. 2
罗湖区	126	12. 6	12. 6	37. 8
宝安区	126	12. 6	12. 6	50. 4
龙岗区	126	12. 6	12. 6	63. 0
坪山区	80	8. 0	8. 0	71. 0
盐田区	80	8. 0	8. 0	79. 0
龙华区	79	7. 9	7. 9	86. 9
光明新区	66	6. 6	6. 6	93. 5
大鹏新区	65	6. 5	6. 5	100. 0
合计	1000	100. 0	100. 0	

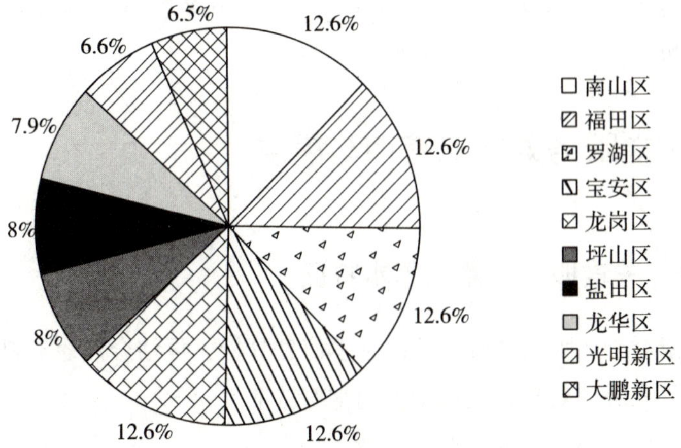

图 9-1 调查对象的区域分布

2. 调查对象的女性比例超过男性

调查男性共有346人，占27.3%，女性为654人，占72.7%，两者相差约45%，性别比例差异较大。这就是说，抽取的女性样本偏多，究其主要原因在于女性接受关爱服务的比例高于男性(见表9-2)。

表9-2　**调查对象的性别比例**

	频率	百分比(%)	有效百分比(%)	累积百分比(%)
女	654	72.7	72.7	72.7
男	346	27.3	27.3	100.0
合计	1000	100.0	100.0	

3. 调查对象的年龄呈现低龄化

调查数据显示，46.3%的人群年龄处于15~34岁，0~14岁的占18.9%，均属于低龄人群。本次调查的高龄老年群体仅有7人，仅占总人数的0.7%。如此，在调查的7大类人群中，低龄人群的覆盖范围广，抽取的被试较多(见表9-3及图9-2)。

表9-3　**调查对象的年龄比例**

	频率	百分比(%)	有效百分比(%)	累积百分比(%)
0~14岁	189	18.9	18.9	18.9
15~18岁	160	16.0	16.0	34.9
19~34岁	303	30.3	30.3	65.2
35~59岁	175	17.5	17.5	82.7
60~70岁	137	13.7	13.7	96.4
71~80岁	29	2.9	2.9	99.3
80岁以上	7	0.7	0.7	100.0
合计	1000	100.0	100.0	

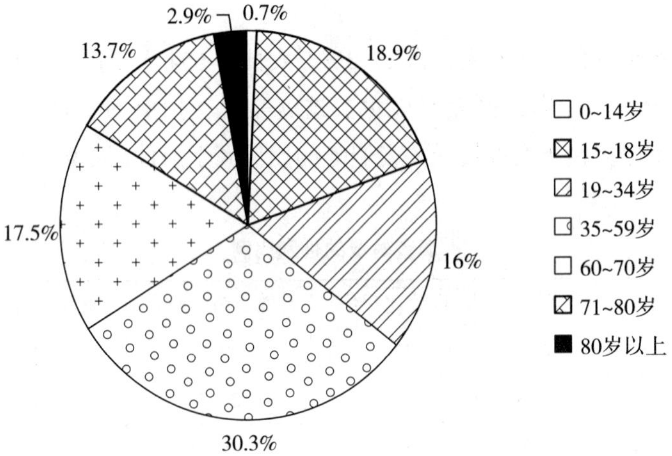

图 9-2　调查对象的年龄分布

4. 调查对象七成以上处于未婚状态

调查对象中未婚的占 50.9%，已婚的占 43.2%，其他情况占 5.9%。总体来说，未婚人群所占比例比较高，七成以上处于未婚状态（见表 9-4 及图 9-3）。

表 9-4　**调查对象的婚姻状况**

	频率	百分比(%)	有效百分比(%)	累积百分比(%)
未婚	509	50.9	50.9	50.9
已婚	432	43.2	43.2	94.1
丧偶	37	3.7	3.7	97.8
离异	22	2.2	2.2	100.0
合计	1000	100.0	100.0	

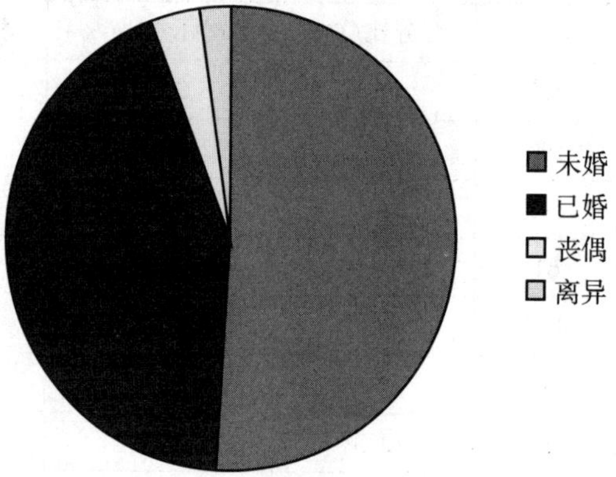

图 9-3　调查对象的婚姻状况

5. 调查对象的文化程度偏低

在文化程度方面，小学及以下人群所占比例最高(占 27.8%)，其次是初中毕业人群(占 19.9%)，其他文化程度人群所占比例偏低。究其原因，调查对象主要集中于“相对弱势”的儿童、青少年、妇女等特定人群，并且其年龄大多在 5~25 岁，仍处于求学阶段。同时结合访谈资料发现，大部分“来深建设者”因学历较低，只能从事“蓝领”工作；而残疾人因生理、心理残障，其接受九年义务制教育也存在一定的障碍(如表 9-5 及图 9-4 所示)。

Q：“你平时也不方便出门，那你平时在家时怎么继续你的学习？”

A：“因为我自己腿脚不方便，爸妈白天又要去上班，只有周末爸妈休息的时候，会推着我去社区的工作站，哪儿有给我们开设学习课。平时自己在家，就自己看看小说，电视……”

（访谈对象 A，残障者，2017-9-9）

Q：“你来深圳都找过什么类型的工作？”

A：“哎！没有文凭，都是干的体力劳动的工作，当过保洁员，也做过服务员。”

（访谈对象 W，来深建设者，2017-9-12）

表 9-5 **调查对象的文化程度**

	频率	百分比(%)	有效百分比(%)	累积百分比(%)
小学及以下	278	27.8	27.8	27.8
初中毕业	199	19.9	19.9	47.7
高中毕业	149	14.9	14.9	62.6
中专毕业	81	8.1	8.1	70.7
大专毕业	159	15.9	15.9	86.6
本科毕业	111	11.1	11.1	97.7
研究生及以上	23	2.3	2.3	100.0
合计	1000	100.0	100.0	

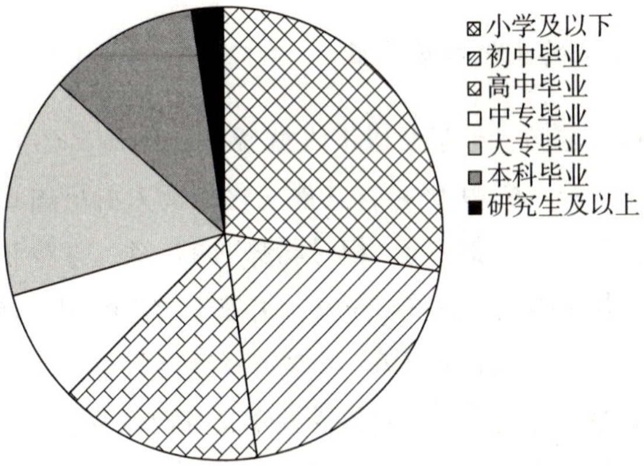

图 9-4 调查对象的文化程度

6. 调查对象的职业呈现多元化

在问卷调查的职业分布中，14.2%的调查对象是私营企业工作人员，事业单位工作人员占 7.5%，社会服务类民间组织工作人员占 5.6%，社会公益类事业单位工作人员占 2.3%，党政机关工作人员占 2.2%，媒体工作人员占 0.8%。此外，调查人群中大多数是学生群体，即有 0~14 岁的 189 名儿童，他们处于“无业”状态(如表 9-6 及图

9-5 所示）。

表 9-6　　调查对象的职业状况

		频率	百分比（%）	有效百分比（%）	累积百分比（%）
有效	党政机关工作人员	22	0.022	0.022	0.022
	事业单位工作人员	75	0.075	0.075	0.097
	国有企业工作人员	34	0.034	0.034	0.131
	私营企业工作人员	142	0.142	0.142	0.273
	社会公益类事业单位工作人员	23	0.023	0.023	0.296
	社会服务类民间组织工作人员	56	0.056	0.056	0.352
	学生	311	0.311	0.311	0.663
	暂未就业	109	0.109	0.109	0.772
	媒体工作人员	8	0.008	0.008	0.78
	退休人员	134	0.134	0.134	0.914
	其他	86	0.086	0.086	1.00
	总计	130	1.00	1.00	

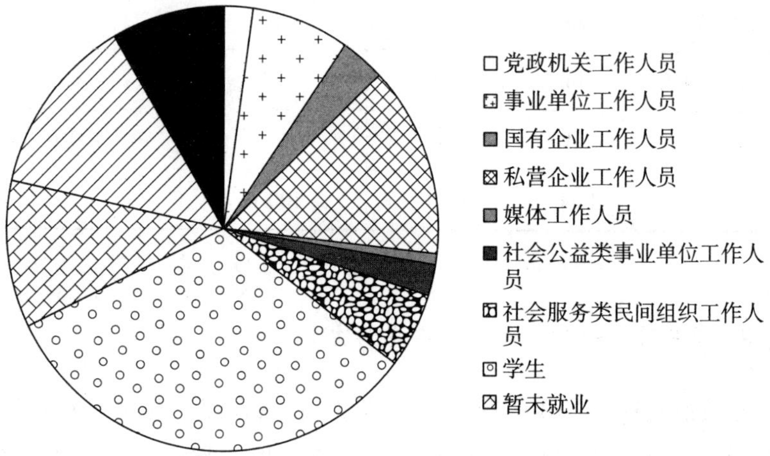

图 9-5　调查对象的职业分布

7. 调查对象的家庭收入偏低

在家庭年收入方面，6 万元以下收入的人群较多，占 65.2%；其次是 7 万元至 13 万元人群，占 21.5%；35 万元及以上收入的人群最少，占 1.4%。进一步来看，访谈资料显示，调查对象经济困难的主要原因，一是多数“来深建设者”文化程度不高，职业培训不足，薪酬较低；二是儿童和大部分青少年处于“无经济来源”的学习阶段，仍需要依靠家庭的经济支持维生（如表 9-7 及图 9-6 所示）。

Q：“你目前的学费是自己打工挣的吗?”

A：“我没有兼职，我的学费都是家里给的。”

（访谈对象 Y，初二学生，2017-9-9）

表 9-7 **调查对象的家庭年收入**

	频率	百分比(%)	有效百分比(%)	累积百分比(%)
6 万元及以下	652	65.2	65.2	65.2
7 万元~13 万元	215	21.5	21.5	86.7
14 万元~20 万元	81	8.1	8.1	94.8
21 万元~27 万元	23	2.3	2.3	97.1
28 万元~34 万元	15	1.5	1.5	98.6
35 万元及以上	14	1.4	1.4	100.0
合计	1000	100.0	100.0	

8. 调查对象的政治面貌以群众为主

在政治面貌上，群众最多，占 74.3%；共青团员和中共党员比例较接近，分别占 14.6%、10.1%；民主党派所占比例最低，占 1.0%（如表 9-8 及图 9-7 所示）。

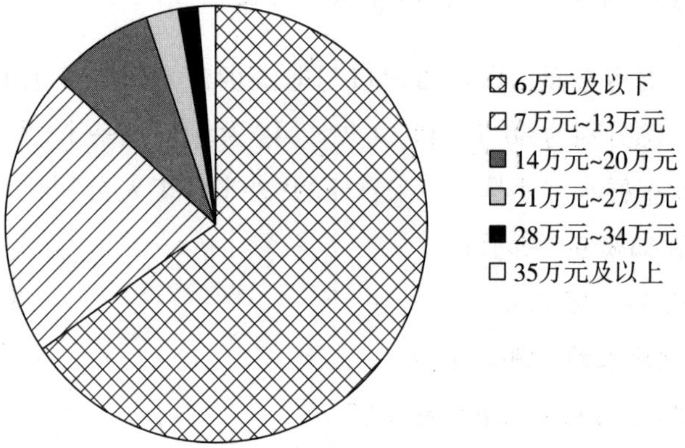

图 9-6　调查对象的家庭年收入

表 9-8　**调查对象的政治面貌**

	频率	百分比(%)	有效百分比(%)	累积百分比(%)
群众	743	74.3	74.3	74.3
共青团员	146	14.6	14.6	88.9
中共党员	101	10.1	10.1	99.0
民主党派	10	1.0	1.0	100.0
合计	1000	100.0	100.0	

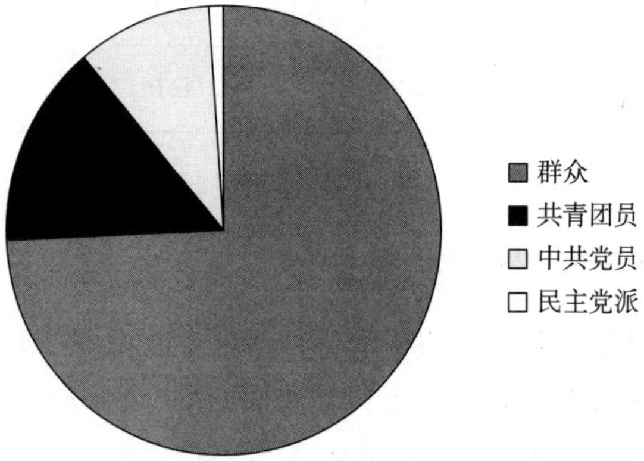

图 9-7　调查对象的政治面貌

9. 调查对象的户口类型以非深户为主

在户口类型方面，深圳市户口与非深圳市户口人群的取样差距较大，抽样比例分别为60.1%和39.9%。因为深圳是一个“移民城”，非深户籍的调查样本主要是由广东省外的“外来务工人员”与少量的“外籍人口”组成(如表9-9所示)。

Q：“你们是哪里人?”

A：“湖北来的，湖北恩施。”

Q：“那你们来深圳多少年了?”

A：“快10年了吧！我高中没毕业就过来了，也没啥文化，就一直在工地干苦力。”

Q：“那你的户口转来深圳没?”

A：“肯定没有呀！想转也不够资格呀……”

(访谈对象B，某工厂一线工人，2017-9-14)

表9-9 **调查对象的户口类型**

	频率	百分比(%)	有效百分比(%)	累积百分比(%)
非深户	601	60.1	60.1	60.1
深户	399	39.9	39.9	100.0
合计	1000	100.0	100.0	

10. 调查对象的居住时间较长

在深圳居住年限方面，6~10年的人群所占比例最高，占29.4%；其次是11~15年的人群，占22.4%，0~5年和16年以上人群分别占36.1%、12.1%(如表9-10及图9-8)。

表 9-10　　调查对象的居住年限

	频率	百分比(%)	有效百分比(%)	累积百分比(%)
0~2 年	149	14.9	14.9	14.9
3~5 年	212	21.2	21.2	36.1
6~10 年	294	29.4	29.4	65.5
11~15 年	224	22.4	22.4	87.9
16 年及以上	121	12.1	12.1	100.0
合计	1000	100.0	100.0	

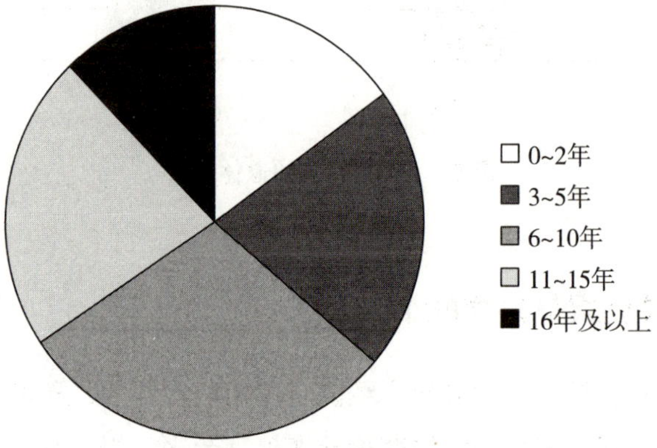

图 9-8　调查对象的居住年限

11. 未退休的调查对象占八成以上

因深圳是一个年轻的"移民城"，在未退休和退休人群中抽取的比例差异很大。因此，在调查对象是否是"退休人员"方面，未退休人员占 85.4%，其他为"退休人员"(如表 9-11 及图 9-9)。

表 9-11　　调查对象的退休情况

	频率	百分比(%)	有效百分比(%)	累积百分比(%)
已退休	146	14.6	14.6	14.6
未退休	854	85.4	85.4	100.0
合计	1000	100.0	100.0	

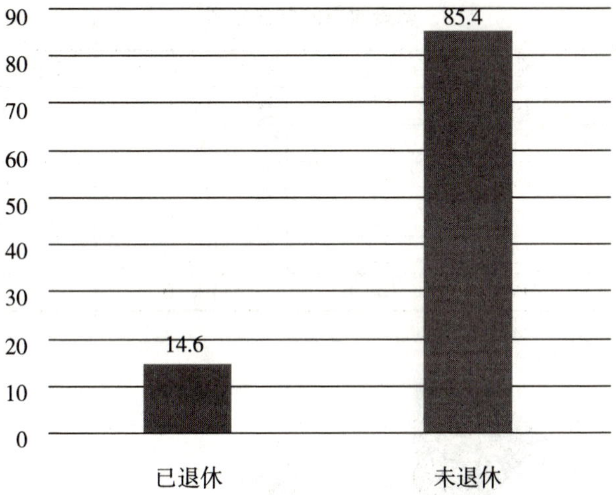

图 9-9 调查对象的退休情况

(二)关爱服务对象的个人需求

在我国社会整体加速转型、经济全球化的背景下，深圳正经历着快速的现代化变迁，其社会分层变得越来越复杂化。相应地，深圳市关爱服务对象则呈现出多元化趋势，主要包括儿童、青少年、妇女、老年人、残疾人、来深建设者、特殊社区公众 7 大人群。从这个角度看，不同的服务人群与人群特点，也决定了其个人需求的多元化。

进一步来看，目前学术界对于需求层次的划分理论也呈现多元化趋势，按照不同的维度可以形成不同的需求理论模型(详见第三章)。比如，马斯洛(Abraham Harold Maslow)将人的需要由低到高依次分为生理、安全、爱与归属、自尊、自我实现五个层次需要；在马斯洛需要层次理论之上，阿尔德弗尔(Clayton Alderfer)提出了 ERG 理论，把人的核心需要划分为生存、人际关系、成长三个层次需要；佩尔曼(Perlman)的整体需要说认为，作为生理和生物的人，人会根据过去体验、现在状况和将来预期，借助人际关系和社会环境中的生活模式寻求需要满足；布拉德肖(Paul Bradshaw)则从更为宏观的社区视角，把人的需求划分为规范性、感受性、表达性、比较性四类需求。

笔者在综合各种需要理论模型、借鉴学术界服务人群需求界定之上，结合深圳市七大人群的基本特征，采用“量主质辅”的混合调查方法，将关爱服务对象的需求进行了划分与梳理，试图从社会工作视角深入诠释各类人群面临的个人需求。由此，为关爱服务的开展提供多元的“需求理论”分析视角，促进关爱行动更为精准化。以下将根据本次调研数据，简要分析七类关爱服务对象的个人需求。

1. 儿童的需求

笔者对全市 180 名儿童进行了问卷调查，对 9 名儿童开展了半结构式访谈。通过系统性分析，现将深圳市儿童的需求概括为四类：生存需要、发展需要、受保护需要、社会化需要(见表 9-12)。

表 9-12　　儿童的需求划分

儿童群体	生存需要	生命存在需要	
		社会存在需要	
	发展需要	良好的亲子关系需要	
		受教育需要	
		休闲和娱乐需要	
	受保护需要	保护儿童免受虐待	免受身体虐待
			免受情感虐待
			免受性虐待
		保护儿童免受忽视	
		保护儿童免受剥削	
	社会化需要	培养儿童的基本生活技能	
		促使儿童的自我观念发展	
		使儿童养成良好的生活习惯	
		培养良好的道德品质	

2. 青少年的需求

笔者对全市150名青少年实施了问卷调查，对5名儿童进行了半结构访谈。通过资料分析，现将深圳市青少年的需求总结为三类：生理需求、心理需求、社会适应需求(见表9-13)。

表9-13 **青少年的需求划分**

		生理需求	心理需求	社会适应需求
青少年群体	一般青少年	维护身体健康；增加健身器材	情绪疏导；心理辅导	增强与他人沟通交流的能力；参与社会活动(尤其是公益活动)
	特殊青少年	维护身体健康；增加医疗物资扶持	减少与家人之间的矛盾；排解内心压抑情绪；渴望同辈群体与亲朋好友建立正面关系；重新认识自我	参与科教文卫体活动的需要；获得朋友、同学、老师的接纳

Q：“你为什么要选择辍学？”

A：“我不喜欢学校的氛围，感觉同学们不太喜欢我。”

Q：“如果实际情况并不是你想象得那样，你们班同学都在等你回学校上课呢？”

A：“如果真是这样，我会考虑回学校读书的……”

（访谈对象Q，某初三辍学学生，2017-9-17）

3. 妇女的需求

笔者对全市150名妇女实施了问卷调查，对5名妇女进行了半结构访谈，将妇女的需求划分为生理、心理、社会适应三类。同时，将妇女群体分为一般妇女与特殊妇女。特殊妇女包括单亲妈妈、下岗女性、经济困难女性、失独母亲、受暴力虐待的女性、遭受性侵女性等(见表9-14)。

表 9-14　　妇女的需求划分

		生理	心理	社会适应
妇女群体	一般妇女	衣食住行等生活物质被满足的需要	精神生活的需要	获得社会关怀与尊重的需要；提高社会参与的需要；学会爱的需要；增加家庭能力建设的需要；获得社会理解；得到亲朋好友关爱支持的需要
	特殊妇女	衣食住行等生活物质被满足的需要；改善身体健康需要	减压；妇女心理、情绪、精神辅导的需要；自信心重建需要	增强就业技能需要；调整自我认知和行为的需要；参与科教文卫体活动的需要；预防性侵犯；反家暴等

4. 老年人的需求

笔者将老年人群体划分为一般老人与特殊老人，并将老年人的需求分为一般老人需求与特殊老人需求。我们对全市 150 名老年人实施了问卷调查，对 8 名老年人进行了半结构访谈。调查资料显示，一般老人需求可细分为健康保健、生活照料、休闲娱乐、再学习、社会参与等；特殊老人需求包括后事安排、居家安全等(见表 9-15)。

表 9-15　　老年人需求的划分

老年人群体	一般老年人	健康保健
		生活照料
		休闲娱乐
		再学习
		社会参与
	特殊老年人	后事安排
		居家安全

“我也没读过书……对健康方面的东西也不晓得，平时生病了，就随便吃点药，也没在意太多……”

（访谈对象Z，小区老人，2017-9-9）

“虽然现在退休了，但还是想做一点事情……我们做义工服务他人也是一件好事，自己也开心……”

（访谈对象Q，长者义工队队员，2017-9-9）

“现在年龄大了，以后的事还说不一定呢！我也想不了那么多……自己也没啥财产可以给他们留的……”

（访谈对象T，小区老人，2017-9-12）

“我现在腿脚也不是很利索，平时只能在家里稍微走一下……上了年纪，也不敢爬楼，就怕自己跌倒，到时候没人照顾……”

（访谈对象E，小区老人，2017-9-9）

5. 残疾人(及其家属)的需求

笔者对90名残疾人进行问卷调查，对6名残疾人与4名残疾人家属进行半结构式访谈，在综合已得数据的基础上，借鉴《中华人民共和国残疾人保障法》和《关于加快推进残疾人社会保障体系和社会服务体系建设的指导意见》规定，将残疾人(及其家属)的需求划分为六类，包括康复需求、教育需求、劳动需求、文化生活需求、社会福利需求、环境友好需求(见表9-16)。

表9-16　　**残疾人及其家属的需求划分**

需求/人群	残疾人	残疾人家属
康复需求	医疗康复的需求	残疾人医疗康复知识与技术的学习需求 康复所需经济条件充足的需求

续表

需求/人群	残疾人	残疾人家属
教育需求	接受文化与技术再学习的需求 压力应对的需求	职业技术深造与职业能力发展的需求 压力应对的需求
劳动需求	劳动就业的需求	劳动就业的需求
文化生活需求	娱乐休闲的需求 职业发展的需求	娱乐休闲的需求 职业发展的需求
社会福利需求	政策扶持的需求	政策扶持的需求
环境友好需求	家人及亲属的支持的需求 邻里及社会的接纳的需求 正常的社交朋友的需求 婚恋家庭的需求	邻里及社会接纳及帮扶的需求 正常的社会朋友的需求 婚恋家庭的需求

6. 来深建设者的需求

笔者在全市随机抽取了 150 名来深建设者进行问卷调查，对 4 名来深建设者实施了半结构方式访谈。将数据综合分析，结合佩尔曼的整体需要理论，我们将来深建设者的需要划分为生理需要、心理需要、社会需要三大类(见表 9-17)。

表 9-17　　**来深建设者的需求划分**

生理需要	心理需要	社会需要
身体健康、医疗保障、衣食住行等基本生活物质的满足	心理健康辅导需要，改善亲子关系与夫妻关系，减少心理负担，培养积极向上的心态，正确面对生活和生活中的困难、挫折和挑战	社区融入的需要，扩大社会支持网络的需要，获得社会公平保障的需要，得到社会认可和尊重的需要

“其实我们的健康状况总体来说还是挺好的，主要是随我们一起来的父母，因为年龄的原因，或多或少都会有一些身体的不适，我更希望这方面能够对他们有一定的倾斜……”

（访谈对象B，某工厂一线工人，2017-9-14）

“现在我们的收入比之前在家里种地收入多了不少，经济收入上获得了一定的提高，相比之前来说很满意现在的收入，要是能保障每月都是这样的收入就会很开心，当然能不断提高最好了，这样也可以为以后的生活提供一些保障……”

（访谈对象D，某工厂一线工人，2017-9-14）

7. 特殊社区公众的需求

笔者对130名特殊社区公众进行自填式问卷调查，对10名特殊社区公众实施半结构式访谈。同时，综合学界的需要理论，将特殊社区公众群体的需求划分为生理、心理、社会三大类需要（见表9-18）。值得注意的是，笔者将特殊社区公众区分为“在职贫穷的弱势群体”和“优势人群中的弱势群体”，以期为关爱服务的开展提供更多元的分析视角。

表9-18　**特殊社区公众的需求划分**

生理需要	心理需要	社会需要
身体健康、医疗保障、衣食住行等基本生活物质的满足	心理健康辅导的需要，改善亲子关系与夫妻关系，减少心理负担，培养积极向上的心态，正确面对生活和生活中的困难、挫折和挑战	社区融入的需要，扩大社会支持网络的需要，获得社会公平保障的需要，得到社会认可和尊重的需要

（三）关爱服务对象的服务需求指标建构

笔者通过比较分析2017年深圳市关爱办实施的1600多个服务项

目，并按照实施区域、实施单位、服务对象、服务场域、服务内容、服务类型进行归类，发现了如下特点：

其一，项目实施范围涵盖了深圳市全市、深圳市各区、深圳市之外。其中，各区的服务项目充分考虑了自身的经济社会发展状况，其实施的关爱服务也具有各自的区域特色。

其二，在关爱服务的运作中，党和政府作为领导主体参与其中，并以社区党群服务中心为服务站点，在全市 668 个社区实施关爱行动。

其三，关爱服务惠及人群兼具多样性，除了传统的特殊人群与困难人群外，一般人群的关爱服务在逐步增加。相应地，关爱服务也从托底型福利服务转向适度普惠型公共服务。

其四，在服务数量上增益性服务仍占居多数。同时，新型"服务人群关爱"，如关爱职场人士服务正在兴起。从这个角度看，建构深圳市关爱服务需求指标体系时，应尽可能涵盖多元化的人群与不同的场域，以此平衡补偿性与增益性关爱服务的比重。

根据以上关爱服务的特点，结合当前深圳社会福利体系分类与特定人群的需要类型，笔者将关爱服务对象划分为"一般人群"与"特殊人群"。其中，一般人群以增益性服务为主，特殊人群以补偿性服务为主。总结上述综合分类。我们对不同人群的关爱服务需求指标进行了归类和梳理，并计算出部分的需求均值，以此建构关爱服务对象的服务需求指标体系。

1. 儿童的服务需求指标

通过调查深圳市儿童的现状、个人需求及儿童关爱服务，笔者将儿童服务划分为"一般儿童服务""特殊儿童(指残障儿童、空巢儿童、跨境儿童)服务"。同时，从身心关爱、家庭支持性训练、救助保护与身心关爱三个层面，提出了儿童服务需求指标(见表 9-19)，以此促进儿童关爱服务的精细化发展。

表 9-19 **儿童的服务需求指标**

人群	服务类别	服务指标	需求均值
一般儿童	儿童身心关爱	儿童健康成长教育与心理辅导	4.13
		身体健康的预防和保护	4.37
		学业资助与课余托管	4.15
		休闲娱乐活动(含场所)	4.61
		儿童科教文卫体活动	3.97
	家庭支持性训练	家庭心理健康教育辅导	4.21
		家庭关系咨询、辅导与调解(含亲子教育)	4.14
		家庭能力建设与家庭健康发展	3.89
		家庭科教文卫体活动	3.45
特殊儿童(残障儿童、空巢儿童、跨境儿童)	救助保护和身心关爱	儿童性侵预防与保护	4.25
		儿童教育资助	3.81
		儿童医疗救助	4.12
		特殊儿童(自闭、脑瘫儿等)能力建设与社交训练	3.89
		针对特殊儿童(自闭、脑瘫儿等)的志愿服务	3.96
总体均值			4.063

2. 青少年的服务需求指标

依据青少年的主体性需求分析与关爱服务需求的实证调查，笔者建立了青少年服务需求指标(见表 9-20)。

表 9-20　　**青少年的服务需求指标**

人群	服务类别	服务指标	需求均值
一般青少年	身心健康关爱	青春期生理辅导与身体健康检查	4.25
		心理情绪辅导与心理健康教育	4.34
		健康生活方式与行为习惯养成辅导	4.61
		成长安全辅导教育	4.15
		学业资助(奖助贷)	4.61
	两性关系与社会化	婚恋辅导	4.67
		性侵预防宣传教育	4.43
		人际交往辅导	4.25
		职业规划/辅导/实践与技能培训	4.20
特殊青少年	越轨服务和权益保护	禁毒预防、康复与社会回归	4.24
		越轨青少年思想引导与心理辅导	3.87
		犯罪青少年行为矫正与社会融合	4.12
		青少年权益的政策法律咨询与宣传	3.89
		弱势青少年权益保护与法律援助	3.96
总体均值			4.256

3. 妇女的服务需求指标

关爱行动在针对妇女提供服务时，主要将妇女分为“一般妇女”和“特殊妇女”两类人群。结合妇女的生理、心理、社会适应的多层面需求，笔者提出了妇女的服务需求指标(见表 9-21)。

表 9-21 **妇女的服务需求指标**

人群	服务类别	服务指标	需求均值
一般妇女	生理与心理上的关爱	妇女身心健康关爱服务	4.43
		情绪疏导	4.05
		优生优育宣传咨询	4.17
		妇女恋爱与婚姻辅导服务	4.10
		调解家庭关系	4.01
		妇女家庭心理健康辅导	4.15
	社会适应	职业技能培训	4.29
		妇女家庭能力建设服务	4.15
		休闲娱乐	4.27
特殊妇女	特殊问题处理	性侵犯的预防和保护	4.06
		反家暴	3.95
		结对帮扶	4.05
总体均值			4.14

4. 老年人的服务需求指标

关爱行动在针对老年人提供服务时，主要将老年人分为“一般老人”和“特殊老人”两类人群。其服务类别包括身体精神健康关爱、老年社会参与、特殊问题处理、社区居家照顾，现将老人的服务需求指标列表如下(见表 9-22)。

表 9-22　　　　**老年人的服务需求指标**

人群	服务类别	服务指标	需求均值
一般老人	身体精神健康关爱	身体健康保健咨询与宣传	4.35
		身体疾病筛查与治疗康复	4.21
		精神健康预防、治疗与康复	4.19
		医疗养老健康场所及设施建设	4.23
	老年社会参与	日常生活照料服务	3.81
		关爱老人与科教文卫体活动	4.21
		老年科教文卫体场所设施建设	4.19
特殊老人(独居、空巢、失独、高龄等)	特殊问题处理	特殊老年人心理辅导与支持	3.89
		临终关怀	3.79
	社区居家照顾	入户探访慰问	4.01
		家居照顾与生活照料服务	3.81
		护理与康复服务	4.07
		老年人照料场所建设与改善	4.18
		老年人出行交通接载护送服务	4.11
总体均值			4.041

5. 残疾人的服务需求指标

在深入了解深圳市残疾人的现状、个人需求及关爱服务之上，笔者将残疾人的服务人群划分为“残疾人”和“残疾人家属”两类。同时，从身心康复、教育康复、职业康复、社区康复与社区融合四个层面，提出了残疾人的服务需求指标(见表 9-23)。

表 9-23　　残疾人的服务需求指标

人群	服务类别	服务指标	需求均值
残疾人	身心康复	身体康复训练与健康护理	4.14
		精神问题预防与治疗	3.98
		心理咨询与辅导	4.45
		残疾人家庭支持与关爱帮扶	4.24
	教育康复	残疾人特殊教育服务(含早期教育)	4.12
		照顾者康复知识辅导与培训	4.57
	职业康复	残疾人就业辅导与技能培训	4.19
		残疾人职业招聘/就业平台提供	4.10
	社区康复与社会融合	入户探访慰问帮扶	4.12
		残疾人照顾者能力建设与支持网络的建立	4.26
		精神障碍者及家庭关爱	4.21
		适宜的科教文卫体活动	4.15
		残疾人照料场所建设与改善	4.18
		身体康复训练与健康护理	4.15
总体均值			4.178

6. 来深建设者的服务需求指标

针对来深建设者的个人需求与关爱服务的实证调查发现，来深建设者在不同的社会服务方面存在着多样化需求。为此，笔者提出了来深建设者的服务需求指标(见表 9-24)。

表 9-24　　来深建设者的服务需求指标

服务类别	服务指标	需求均值
身心健康	健康检查与疾病救助	4.12
	心理辅导关爱与支持	4.10

续表

服务类别	服务指标	需求均值
家庭关爱	经济援助	4.15
	上门探访与慰问	3.96
	家庭辅导与支持	4.09
	家庭团聚与外出活动	3.92
	家人文体教育与能力提升	4.10
职业教育关爱	文化知识学习与技能培训	4.09
	职业规划、辅导与就业指导	4.12
	就业平台提供	4.18
社会融合	科教文卫体(社区)活动	4.11
	科教文卫体场所设施建设	4.18
	人际交往辅导	4.15
	个人权益保护	4.42
总体均值		4.12

7. 特殊社区公众的服务需求指标

通过调查特殊社区公众的个人需求及其对关爱服务的需求程度，同时对调查对象的服务需求进行均值统计分析(满分5分)，笔者建立了特殊社区公众的服务需求指标(见表9-25)。

表9-25　**特殊社区公众的服务需求指标**

	N	均值
特殊社区公众群体失业人员就业帮扶与能力提升	130	4.50
特殊社区公众群体职业技能与素质提高	130	4.48
特殊社区公众群体身体健康检查	130	4.39

续表

	N	均值
特殊社区公众群体心理辅导与危机介入	130	4.16
特殊社区公众群体的探访及慰问	130	4.03

从表 9-25 中可以看出，特殊社区公众主要的服务需求仍然集中于就业与经济收入相关的层面，这与人群自身对经济保障的需求是密切相关的。进一步看，笔者梳理了特殊社区公众的服务需求程度（见表 9-26）。

表 9-26　**特殊社区公众服务需求的权重**

人群划分	人群界定	服务需求（括号内为权重）
特殊社区公众人群（泛指公共事件引发困难的一般市民，属于适度普惠型服务）	特殊职工与特定人群关爱（主要指警察、教师、环卫工人、医护人员、企业员工、司乘人员等；党员、老兵、特殊疾病患者、外国人等）	探访与（节日）慰问（4.03）
		身体健康检查（4.39）
		职工心理辅导、减压与危机介入（4.16）
		职业技能与素质提升（4.48）
		失业人员就业帮扶与能力提升（4.50）

二、关爱服务的实施状况

（一）关爱服务对象的扩展

随着关爱服务规模的不断扩大、服务内容的不断丰富、服务领域的不断深化，关爱服务对象也开始发生转变。即由原来的弱势群体与困难群体，逐渐转向适度普惠型的大众，如一般居民与特殊居民。

1. 以弱势群体为主

关爱服务的理念旨在为有需要的人群提供帮助，将深圳打造成为“关爱之城”“慈善之城”。在开展关爱服务初期，因关爱服务的内容、领域与规模有限，缺少充足的人财物资源，关爱办只能将服务对象界定为弱势群体。即针对社会特殊关爱人群，主要指向“陷入危机或遇到困难”的儿童、青少年、妇女、老人、残疾人群体提供关爱活动。

2. 辐射到全体居民

随着关爱服务的发展、人财物投入的不断增加，动员的多方力量参与，关爱服务的影响力不断扩大，服务的科学性、有效性逐步突显。相应地，关爱服务对象不再局限于弱势群体，逐渐辐射到“一般居民”。换言之，除了向弱势群体提供特殊性服务之外，也向一般性居民提供适度普惠型公共服务。如增加社区健身器材、扩大居民休闲场所，以及对居民定期身体普查等。

(二)关爱服务主体的变化

回顾关爱服务 15 年的发展历程，服务主体主要有党委、政府、媒体、企业、社会组织、公民个人等。但是在不同阶段与不同时期，关爱服务主体所占比例有所不同。经过反复讨论及提炼，结合深圳市关爱服务的发展状况，笔者把关爱行动的发展历史，划分为萌芽、生长、质变、精准化四个时期。以下结合这四个时期，具体分析关爱服务主体的变化情况。

1. 以党政为主导力量

2003 年，为了响应胡锦涛总书记提出“权为民所用，情为民所系，利为民所谋”的施政理念，在深圳市委市政府的大力倡导下，深圳市精神文明建设委员会下设深圳关爱行动临时办公机构(即深圳市关爱办的前身)。2006 年 8 月 8 日深圳“关爱服务”组委会的常设办公室即深圳市关爱办正式成立，从一个临时机构变成了常设机构①。这一变化意味着深圳“关爱服务”的组织和协调已成为一项日常性工作，标志着从2003年正式启动的“关爱服务”终于“修成正果”。

在此阶段内，主要依靠政府自上而下的力量进行行政干预，推动关爱服务的发展。同时，深圳市政府提出了发动“党委政府、企业、社团、市民”四个层面的力量，由这些群体来推动关爱服务的组织、策划与行动。然而，在实际活动中，党委政府的权利与力量起着主导作用，企业、社团、市民只是在政府力量下提供补充性的服务。

2. 多方力量参与

2007年，由深圳市慈善会发起的“关爱劳务工基金”正式在深圳市启动；同年，深圳市首届“邻居节”在福田区梅林一村广场启动②。借此，深圳市政府开始动员社会多元力量，全力参与关爱服务，以此打造关爱的和谐的城市人文精神。

从总体上看，政府和社会组织在这个时期都未发挥好自身的作用。其中，由政府发起的关爱行动，大多数是关于政治传播的事业和行政类别的事业；同时，社会组织从事的主要是为某一特定的群体抗争和争取权利类的服务。然而，从另一个方面看，关爱办作为一种官民结合的混合型公益组织，已初步形成“党委政府主导，市文明办主办，媒体承办与推动，社会协同，全民参与”的创新公益模式。不仅如此，政府力量虽然在此阶段占据主导地位，但社会组织(如基金会、NGO组织)逐渐开始发挥自身的作用，并为社会弱势群体提供服务，这也在一定程度上推动了关爱行动“官民结合”的发展。

---

① 李晓凤，黄小凤．一种“官民结合”的慈善公益组织探究——以深圳市关爱行动组委会办公室为例[J]．社会工作(理论版)，2011(6)．

② 深圳首届“邻居节”昨正式启动[EB/OL]．深圳新闻网．http://www.sznews.com/news/content/2007-02/11/content_866890.htm.2007-02-11/2017-09-17.

3. 多元化互动整合

在之后的短短几年内，关爱行动有了突飞猛进的进展，关爱服务的广度与深度均有了质的飞跃。比如，2012 年 11 月 30 日，由深圳市民政局批准，在共青团深圳市委员会指导下，深圳市志愿服务基金会成立。至此，国家、政府、社会组织、企业、家庭、个人开始联合开展关爱行动，关爱服务主体开始进入多元化的互动整合期，并且非政府的力量开始凸显。

4."五位一体"的体系建立

从 2013 年开始，深圳市关爱服务的发展阶段进入了新时期，即经历跨越式转变。换言之，关爱服务经历了孕育期、启动期、探索时期，已建立了关爱服务的常规模式。同时，关爱服务的主体日渐多样，步入了多方动员与合作型发展的新阶段。此时，关爱服务的主体大致包括党委、政府、媒体公益、爱心企业、基金会、NGO 组织、工青妇、家庭、公民个人等。其中，企业、媒体、社会(民间)组织、个人(及家庭)已经形成"五位一体"的体系(见图 9-10)。

如图 9-10 所示，2017 年全市各级政府部门(市级政府部门、区级政府部门、街道办)提供了 211 项关爱服务，占服务总数的 14.1%。同时，社区工作站、工青妇残联等部门提供的服务量分别占 10.4% 和 14.8%。此外，民办社工机构也成为关爱服务的主要提供者(占 25.6%)，草根社会组织则提供了 256 项关爱服务，媒体、企业和基金会等主体分别提供了 24 项、110 项、31 项关爱服务。

(三)关爱服务内容的转变

通过十多年关爱行动的开展，关爱服务的内容正不断变化，关爱服务的质量也得到了一定的改善。

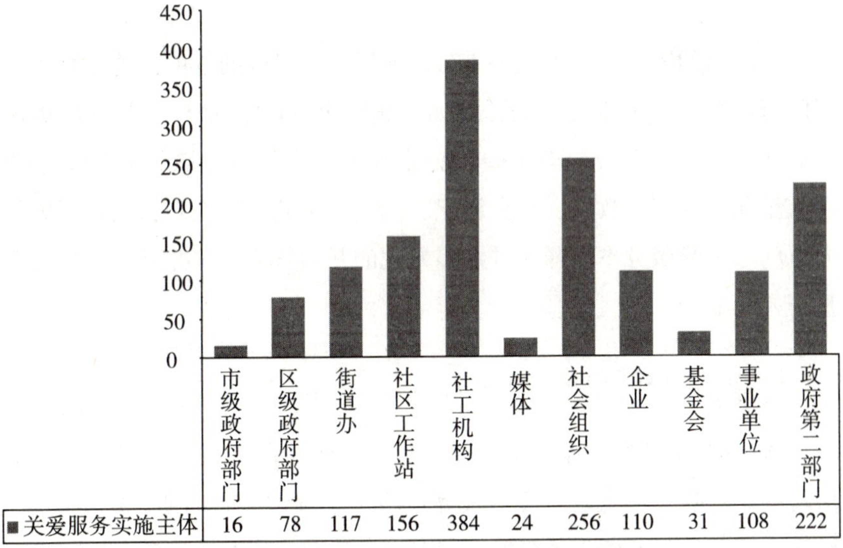

图 9-10 关爱服务实施主体的多元化

1. 托底性服务

截至 2017 年，在动员社会各界参与下关爱服务已达 2045 项，仅新春关爱服务就有 500 余项①。然而，在关爱服务的孕育与启动期，主要依靠政府力量开展活动，其他社会力量依附于政府，缺乏自主空间。同时，服务对象主要是弱势群体，即儿童、青少年、妇女、老年人、残疾人等，服务内容较多以托底性、物资援助为主，缺少心理干预、社会参与服务。此外，政府提供的实际服务与弱势群体的需求存在一定的差距。正如访谈对象 W 所言："政府其实也是为我们考虑了的，每个人每月都会得到政府的一些补助金，但是，其他服务就没有了，感觉服务方式比较单一，起到的作用也不太大，穷的还是穷，富的还是富。"

① 第五届深圳关爱行动大事记［EB/OL］. 深圳关爱网 .http：//www. szguanai. com/content/2012-09/13/content_7197879. htm. 2012-09-13/2018-01-26.

2. 适度普惠性服务

进入关爱行动的探索期，因关爱服务主体呈现出多元化的互动整合，非政府组织的力量开始凸显。同时，伴着关爱服务的不断发展，服务内容开始发生改变，即从托底性服务逐渐转变为适度普惠性服务。与孕育启动期比较，据初步统计，关爱服务次数的年增长率高达 253%。如 2008 年关爱服务开展 1031 次，2009 年开展 965 次，2010 年开展 1166 次，2011 年开展 1595 次，2012 年开展 1319 次。不仅如此，关爱服务的形式也逐渐发生了变化。除了物资援助以外，增加了社区参与、文化教育、身体健康普查、情绪疏导等多种形式，服务人群既有弱势群体又有一般居民。

3. 发展性服务

从关爱行动的发展历程看，孕育启动阶段的关爱服务主要以托底性服务为主，探索阶段以适度普惠性服务为主。进入跨越期后，随着关爱服务的不断深化、服务领域的不断扩大以及多方力量的加入，服务人群从弱势群体主要扩展为七大类（即儿童、青少年、妇女、老人、残疾人、来深建造者、特殊社区公众）。同时，除了传统的托底性服务外，更加注重居民的发展性服务（如心理干预、社会参与服务等），服务提供质量则更加精准化。比如，通过前期对居民的需求评估，找准不同人群的服务需求，开始为居民提供个性化的、有效的服务。正如访谈对象 E 说："现在我们生活很幸福呀！政府对我们照顾很好，除了每月领取补助之外，就连我孙女上学难的问题都给解决了；每年还会为居民免费提供一次身体检查的机会，社区里的社工每个月也会上门服务……"

第十章　关爱服务枢纽型组织的探究

“枢纽型社会组织”一词首次出现在 2008 年北京市政府颁布的《关于加快推进社会组织改革与发展的意见》等系列文件中。之后，《广东省社工委关于构建枢纽型组织体系的意见》中提出，枢纽型社会组织指通过政府部门认定的，在现有社会组织体系中处于枢纽地位，通过健全的组织系统和有效的服务支持，加强统筹协调与纽带联系，实现同类型、同性质、同领域社会组织的孵化培育、协调指导、合作发展、自治自律、集约服务、党团管理的联合性社会组织。从北京、上海与广东的实践来看，枢纽型社会组织有的由现有社会组织转型而来，如工青妇等群团组织通过“去行政化”转型为枢纽型社会组织；有的通过整合同类社会组织形成联合性枢纽型组织，如广东省各级工会组织成立职工服务类社会组织联合会；有的由社会自然形成，如中山市自游人组织，完全是民间自发形成的。

不过，枢纽型社会组织作为地方政府创新社会治理而产生的一种新的组织类型，学术界对其的研究尚在起步阶段，对其概念未达成共识，内涵和外延的界定尚不清晰。同时，目前对于枢纽型社会组织与社会治理的实证研究主要停留在宏观层面阐述，鲜少从具体枢纽社会组织的角度进行微观分析。基于上述研究背景，笔者以深圳市关爱服务为研究切入点，结合实证调查资料，通过枢纽型社会组织参与关爱服务的研究，力图探究不同的服务主体在关爱行动的运行状况与功能，以此为深圳市居民提供全面、深入的服务。

一、关爱服务枢纽型组织的现状

在深圳市十多年关爱行动中，关爱办牵头动员社会多主体参与，面向特定人群与特定场域提供适度普惠性福利服务，并在社会参与中构建分层次、宽领域、精细化的关爱服务与支持网络。而关爱服务枢纽型组织的建构，可以将关爱服务制度化、规范化、常态化，对于深圳市精神文明建设与居民生活幸福指数的提高，具有不可替代的作用。以下主要从服务提供者的角度(指政府、企业、媒体、民间组织多主体而言)，运用调查资料来诠释关爱服务枢纽型组织的现状。

(一)党政组织的服务引领

“党政组织”作为关爱服务的主体与主要的发起者，是调研首要关注的对象。党政组织的一些主要活动，与关爱服务的项目性质相似，有助于推动关爱行动更好的发展。

(1)从活动领域看。发挥党政组织职能多元化的优势，可以促使其在关爱服务中各司其职。笔者在文献回顾中发现，党政组织在参与关爱服务中，主要从事科技研究、教育活动、卫生服务、文化活动、体育活动、生态环境活动及法律活动等领域。

(2)从党政组织的建设和活动开展状况看。党政组织是各部门的精神和领导核心，是深圳市关爱服务的政策制定者与执行者。在推进关爱服务中，党员作为中坚力量起到了先锋模范的带头作用。比如，自改革开放以来，党建工作一直是深圳市政府工作的重中之重，加强党的组织建设是加强党的思想和作风建设的载体。据笔者进行的质性研究资料显示，在深圳十多年的关爱行动中，党组织不仅是领导核心，能够集中一切力量办大事，更是各方面决策的有效执行者。正如访谈对象 X 说，“关爱服务从启动到步入正轨，党组织对每一个相关文件进行解读，最后落实到细节，其中党组织起到了十分重要的先锋模范带头作用”。

(二)企业积极参与社会公益

在深圳，随着企业社会责任的推广，越来越多的企业不再单纯追求经济利益的最大化，而是通过积极参与社会公益活动来实现市场空间和社会空间的无限扩展。自 1992 年设立经济特区以来，深圳市以快速的经济发展速度前行，其政治、经济、文化等都取得了极为显著的成效。同时，在社会建设方面，深圳市力图建设全国示范公益城市，积极调动社会各界力量参与当地的公益建设。经过多年的发展和建设，尤其在创新企业社会责任的驱动下，深圳公益理念已经深入人心。随之而来的是深圳各大中型企业适应公益形势的需要，也投身于城市公益建设之中。

(1)从企业参与关爱服务的专职人员状况看。在企业参与关爱服务的专职人员调查中，选择“志愿者”服务的人员占总数的 84%。这就是说，企业参与关爱服务的人员主要以志愿者身份加入，以专职人员开展关爱服务的企业所占比例很少。

(2)从企业人员的稳定性情况看。企业人员的构成与稳定性状况，对企业发展与长期盈利的能力建设起着十分重要的作用。相应地，参与一项公益福利服务项目，假若没有稳定的企业人员作为支撑，就无法推进企业的可持续发展。据本次问卷调查数据显示，在有关企业参与关爱服务的“工作人员稳定性”调查中，选择“好”与“良好”的占总数的 69%。再结合以往的文献资料可发现，深圳市企业参与关爱服务的工作人员整体上稳定性“良好”，这为关爱服务的持续开展提供了源源不断的动力。

(三)媒体对关爱服务的宣传

媒体作为网络时代的推动主体和信息载体，成为接受、传播信息及促进网络时代发展的动力来源。国内主流网络媒体的进一步壮大及新兴网络媒体的兴起，都为网络公益活动提供了广阔平台。尤其是伴随网络媒体的运作方式日益成熟，“互联网+公益活动”的策划手段日趋多元化，公益覆盖面越来越广。概括地说，深圳各大媒体参与关爱服务的基本情况如下。

(1)从单位性质看。在参与关爱服务的媒体中，报纸杂志占据比例最高(占总数的64%)。同时，70%的被访者认为，因报纸杂志的受众面比较广，关爱服务以报纸杂志宣传为主，可以起到很好的宣传作用。

(2)从是否有设立“专门的关爱服务”部门看。媒体是公益事业宣传的主要途径，不同类型的媒体根据各自的优势对公益事业进行宣传，既有助于推进社会公益事业发展，也可为自己单位树立品牌效应与赢得较佳的公共关系。据笔者调查发现，78%的被调查者认为，深圳市媒体对关爱服务的宣传、运作十分重视，并设立了专门的部门进行宣传及实施关爱行动。

(3)从是否有“专职人员”跟进看。访谈资料显示，在深圳市各类媒体中，关爱服务作为一项重点工作，已纳入深圳市各类媒体的工作范围，并设有专职人员跟进此项工作。

(4)从人员规模看。调查数据表明，84%的被调查者认为，深圳市媒体对于关爱服务报道与投入的力度较大，人力资源较充足。

(5)从人员稳定性看。90%的被访者认为，在关爱服务十余年活动中，媒体一直重视关爱服务，目前深圳市媒体从事关爱服务的工作人员基本稳定，并有稳定的人员进行专门报道和推行。

(四)非政府组织发挥主要力量

深圳市作为全国改革的典范，“关爱型”的民间社会组织和专业人员一直处于增长之中，并且这些非政府组织在深圳关爱社会的创新性项目中发挥着十分重要的作用。

(1)从非政府组织的类型看。非政府组织划分契约型民间公益组织、草根型民间公益组织、境外民间公益组织、政府第二部门四类。因受制于“政府推动、民间运作”的政府购买服务模式影响，在参与深圳市关爱服务中，72%的被调查者认为，契约型民间公益组织比例较大；同时，近50%的被访者认为，从事关爱服务的非政府组织结构比较正式，并具有一定的行政化倾向。

(2)从非政府组织成立目的看。不同的非政府组织根据自身的目的，参与不同的社会建设事业，以此帮助各种弱势群体。据笔者对“参与关爱服务”的非政府组织调查资料显示，根据组织成立目的不同，可以将其划分为扶弱帮困、权益保障、解决群众密切关心的生产问题、营利、其他五种类型。其中，在“参与关爱服务的非政府组织最初成立的目的”的问卷调查中，77%的被调查者选择“以帮助社会底层群体的基本生活为主”。

(3)从非政府组织的人员规模看。据本次质性调查资料表明，78%的被调查者认为，深圳市非政府组织的类型比较多样化，人员力量比较充足。

(4)从非政府组织的人员稳定性看。因中国民间社会的发展不充分与资金有限等，致使诸多非政府组织工作人员的工资较低，人员稳定性较差。然而，近八成的被访者认为，由于深圳非政府组织发展比较完善，其工作人员的稳定性较好。同时，本次问卷数据显示，在深圳市非政府组织的人员稳定性上，多数被调查者选择了“比较稳定”和“一般”，分别占28%和54%。

总之，通过深圳关爱服务的参与主体调查，笔者发现，服务的参与主体类型多元化，工作人员规模比较稳定，服务覆盖面较广。由此，可以有效地把关爱服务推进到社会的各个层面，形成“以政府为主导，企业与媒体为支撑，非政府组织为实践”的四位一体系统，以此在关爱服务的实施体制内跨界合作与密切配合，推动关爱服务有序发展。

二、关爱服务枢纽型组织的指标体系建构框架

深圳市关爱服务至今已走过15年，由“最初政府主导、辅以社会组织力量”，发展为“多主体参与、政府民间合作”提供服务；同时，由关爱办牵头，形成了包括政府、企业、社会组织、媒体共同联合的服务模式，以合力打造“关爱社会”。其中，政府主要通过社会组织为居民提供传统社会福利与公共服务；企业、媒体为居民联动各方资源，并辅

助提供关爱服务；家庭与个人积极参与关爱服务，以增强自身的社会责任感。如此，参与关爱服务的社会组织有政府相关机构、媒体公益、爱心企业、基金会、民间组织、工青妇、爱心家庭、爱心个人等，形成了“多主体参与社会治理的枢纽型组织”的发展趋势。

据2017年的最新资料显示，在关爱办的指挥下，“多元协同”的关爱服务主体精心组织，广大市民踊跃参与，共计实施各类关爱活动2045项，并涌现了一大批先进集体、先进个人及优秀项目。以下是笔者对爱心团体与爱心个人的访谈资料。

“十佳爱心企业”：“深圳是一所慈善之城，给予他人关心关爱，是我们每个人都应该承担的责任，这不仅仅是政府的责任，我们作为大公司、大企业也应该尽自己的一份责任。”

2017年“十佳爱心人物”获得者：“能够得奖，说真的我也很意外，因为我所做的事情都是很小的事，生活在一所有爱的城市，政府为我们提供了很多福利服务，我只是想尽我微薄的力量去回馈曾帮助过我的人，将这份爱传递下去……”

总之，在民间社会组织如雨后春笋般的发展中，“关爱办”一直发挥着核心或枢纽作用，联合政府、媒体、企业、非政府组织一起开展关爱服务。据本次质性调查发现，在关爱办编织的多层次、多角度、复杂的关爱服务项目的网络体系中，通过关爱办的综合服务平台与有效的沟通协调机制等，正在以创新方式融合国家、地方政府、公私机构力量来推行关爱行动。由此，可以将关爱资源拥有者与关爱资源需求者对接起来，以实现资源价值的最大化及推进“关爱社会共同体”建设。比如，因“关爱办”的精力与能力有限，通过招标等方式，关爱办将一些服务转让给其他民间组织，以保证自身所提供的核心服务质量；同时动员社会各界力量的参与，形成了多元互动的“联合服务共同体”。其中，民办社工机构、草根社会组织、企业、政府提供服务较多。进一步看，根据本书的理论框架与实证调查资料，我们建立了关爱服务枢纽型组织的指标体系框架（见表10-1）。

表 10-1　**关爱服务枢纽型组织的指标体系建构框架**

服务实施主体	服务内容
关爱办	(1)为儿童、青少年、妇女、老人、残疾人、来深建设者、社区特殊公众人群提供一般性及特殊性服务 (2)文化传播、推广关爱素质教育、推动精神社区建设、打造核心品牌项目及文化精品 (3)广泛社会动员，带动政府、企业、媒体、公益组织、公民个人等提供关爱服务 (4)搭建各方公益信息交流平台、广泛链接公益资源
政府	(1)提供相关政策支持 (2)给予财政资金帮助 (3)利用强制力量推动关爱服务的开展
社工机构	(1)提供个案服务、团体辅导、社区活动 (2)开展家庭调查，确认关爱服务对象及其服务需求 (3)为全体居民提供四点半课堂、定期身体检查、安全意识讲座等活动 (4)为特殊居民提供社区照顾、资源链接、心理辅导等服务
媒体	(1)宣传报道关爱服务项目，扩大关爱服务影响力 (2)帮助全体居民树立正确的责任意识，促使居民个人与家庭加入关爱服务之中 (3)为特殊群体链接社会资源
企业	(1)为员工提供丰厚的福利待遇 (2)给予困难群体物资帮扶，为其提供就业机会 (3)营造“爱心企业”良好形象 (4)协助“关爱办”、政府、媒体等开展活动
非政府组织	(1)关注弱势群体，为其提供生理、心理、社会适应方面的服务 (2)打造非营利组织的文化品牌，扩大公益组织影响力 (3)促使更多居民了解“关爱服务”，志愿加入关爱服务

第十一章　关爱服务成效评估与服务指标体系建立

本章主要采用问卷调查法，从个人层面对深圳市 2017 年关爱服务成效进行评估，评估的主要内容是不同人群对关爱服务的满意度评价。在这里，“公众满意”(Public Satisfaction，简称 PS)指在享受关爱服务的过程中，公众需求得到满足，关爱服务与服务需求相吻合，促使公众产生肯定、愉悦、满足的积极心态。而“公众满意度”(Public Satisfaction Degree，简称 PSD)指公众通过将自身对社会发展的事前期望与事后实际感受相比较，得出的一种对社会发展能否满足自身需求的主观评价①。结合关爱服务开展的实际状况，本课题组将公众满意度定义为公众接受关爱服务后对关爱服务质量的整体评价。

一、关爱服务的成效分析

(一)关爱服务的成效分析方法

本书采用 SPSS 22.0 统计分析软件作为资料分析工具，分析方法主要包括信度、效度、方差三种分析方法。其中，信度指测量前后的一致性程度，效度指测量工具确实能够测出需要测量事物特质的程度。任何

---

① 林燕．社区非营利组织服务质量公众满意度研究——以杭州市青年中心为例[D]．浙江大学，2006：12.

一个心理测量量表都可能存在信度效度问题，其主要原因是量表本身会有测量误差。假若通过信度或效度检验后发现分数过低，则需要考虑修订量表后再施测，并需要考虑理论与假设的适当性是否需要修正。另外，单因素方差分析指用来检验人口统计学变量对公众满意度的影响。

笔者依据本研究架构对测量问卷所得资料，进行了信度、效度、方差三种分析，并对结果加以讨论分析。

第一，信度分析。根据研究的关心重点不同，信度分为内在信度和外在信度。如果内在一致性信度在 0.8 以上，则认为调查表有较高的内在一致性。最常用的内在信度系数为 Cronbach's α 系数，本书以 Cronbach's α 系数为考察标准。Cronbach's α 系数介于 0 到 1 之间，α 值越大，表示信度越高，亦即受访者对于衡量变量的问题反应一致性程度越高，该因素越能代表该变量。根据 Guieford(1995)的建议，信度系数若大于 0.7 表示信度相当高，当系数介于 0.7 与 0.35 间表示信度尚可，若小于 0.35 则信度低。从表 11-1 可以看出，深圳市关爱服务质量问卷的信度较高，Cronbach's α 系数为 0.957，大于 0.7。换言之，本书采用的 72 个项目符合标准，各项目之间具有较高的内部一致性。如此，采用此量表衡量深圳市关爱服务服务质量是可信的(见表 11-1)。

表 11-1　　深圳市关爱服务质量问卷的可靠性统计量

服务人群	Cronbach's Alpha	项数
总体	0.957	72
儿童	0.914	10
青少年	0.885	14
妇女	0.873	9
老年人	0.817	9
残疾人	0.864	11
来深建设者	0.852	14
特殊社区公众	0.831	5

第二，效度分析。如果量表的信度过低，就没有效度；相对的，若效度过低，则会造成信度没有意义。不过，信度效度两者并非完全独立，有信度不一定有效度，无信度一定无效度，有效度一定有信度。一般来说，效度可分为内容效度、结构效度。内容效度是指问卷的各个题项能代表所测验主题的程度，即问卷题目是否有效测量研究所想要测量的内容。而问卷内容是依据深圳市关爱服务项目和各中心工作人员所提供的意见，进行分类并归纳整理修改。如此问卷内容才能切合研究主题与目的，并且此方法是一般研究者所使用的方法，故相信该问卷应具有内容效度。而构想效度指测验能够测量理论上的构想和特质的程度。另外，对量表的因子分析显示，因子对变异解释达到70.71%以上，故该问卷同样具有较好的结构效度。

第三，基于人口统计变量的方差分析。单因素方差分析用于两组或多组样本平均数的比较，即成组设计的方差分析。如果做了相应选择，还可进行随后的两两比较，可以在各组间精确设立哪几组和哪几组进行比较。本部分采用单因素方差分析方法，分别研究各人口统计学变量与服务满意度，差异是否具有统计学意义；同时本部分也探讨人口统计学信息不同的公众，对于服务质量各维度感知的差异情况。这样，课题组需要首先进行单因素方差检验，若 f 值达到显著水平，再进行事后比较，以了解组间差异，并根据统计分析加以讨论。

(二)公众对关爱服务满意度的显著性分析

1. 服务满意度的性别差异

从性别分析不同人群在关爱服务满意度上的差异性，具体结论如下。

(1)儿童。从方差分析结果看，10 项服务满意度的显著性水平均大于0.05，表明不同性别的儿童对关爱服务的满意度没有显著性差异(见表11-2)。

表 11-2　　儿童性别差异单因素方差分析

		平方和	df	均方	F	显著性
儿童健康成长教育和心理辅导	组间	0.007	1	0.007	0.011	0.917
	组内	112.438	178	0.632		
	总数	112.444	179			
儿童良好习惯养成	组间	0.170	1	0.170	0.290	0.591
	组内	104.474	178	0.587		
	总数	104.644	179			
儿童学业资助与课余托管	组间	0.002	1	0.002	0.003	0.953
	组内	119.659	178	0.672		
	总数	119.661	179			
儿童生活教育与技能培训	组间	0.431	1	0.431	0.745	0.389
	0 组内	103.096	178	0.579		
	总数	103.528	179			
儿童科教文卫体活动	组间	0.013	1	0.013	0.019	0.890
	组内	118.632	178	0.666		
	总数	118.644	179			
儿童科教文卫体活动场所设施建设	组间	0.097	1	0.097	0.187	0.666
	组内	91.964	178	0.517		
	总数	92.061	179			
儿童教育资助	组间	0.516	1	0.516	0.878	0.350
	组内	104.684	178	0.588		
	总数	105.200	179			
儿童性侵犯预防与保护	组间	0.485	1	0.485	0.652	0.420
	组内	132.509	178	0.744		
	总数	132.994	179			
特殊儿童能力建设与社交训练	组间	0.006	1	0.006	0.010	0.921
	组内	110.055	178	0.618		
	总数	110.061	179			

续表

		平方和	df	均方	F	显著性
特殊儿童的志愿服务	组间	0. 159	1	0. 159	0. 222	0. 638
	组内	127. 841	178	0. 718		
	总数	128. 000	179			

(2)青少年。从方差分析结果看，14 项服务满意度的显著性水平均大于 0. 05，表明不同性别的青少年对关爱服务的满意度没有显著性差异(见表 11-3)。

表 11-3　　　青少年性别差异单因素方差分析

		平方和	df	均方	F	显著性
青少年健康成长教育和心理辅导	组间	1. 587	1	1. 587	2. 495	0. 116
	组内	94. 153	148	0. 636		
	总数	95. 740	149			
青少年良好习惯养成	组间	0. 406	1	0. 406	0. 664	0. 416
	组内	90. 427	148	0. 611		
	总数	90. 833	149			
青少年学业资助与课余托管	组间	0. 631	1	0. 631	0. 832	0. 363
	组内	112. 309	148	0. 759		
	总数	112. 940	149			
青少年生活教育与技能培训	组间	0. 101	1	0. 101	0. 161	0. 689
	组内	92. 972	148	0. 628		
	总数	93. 073	149			
青少年科教文卫体活动	组间	0. 103	1	0. 103	0. 157	0. 692
	组内	97. 230	148	0. 657		
	总数	97. 333	149			

续表

		平方和	df	均方	F	显著性
青少年科教文卫体活动场所设施建设	组间	0. 194	1	0. 194	0. 307	0. 580
	组内	93. 280	148	0. 630		
	总数	93. 473	149			
青少年教育资助	组间	0. 157	1	0. 157	0. 223	0. 638
	组内	104. 616	148	0. 707		
	总数	104. 773	149			
青少年性侵犯预防和保护	组间	0. 374	1	0. 374	0. 428	0. 514
	组内	129. 466	148	0. 875		
	总数	129. 840	149			
特殊青少年能力建设和社交训练	组间	1. 111	1	1. 111	1. 531	0. 218
	组内	107. 349	148	0. 725		
	总数	108. 460	149			
特殊青少年的志愿服务	组间	0. 013	1	0. 013	0. 018	0. 895
	组内	107. 827	148	0. 729		
	总数	107. 840	149			
青少年青春期生理辅导与身体健康检查	组间	0. 176	1	0. 176	0. 221	0. 639
	组内	118. 017	148	0. 797		
	总数	118. 193	149			
青少年婚恋辅导	组间	0. 005	1	0. 005	0. 007	0. 931
	组内	105. 755	148	0. 715		
	总数	105. 760	149			
青少年职业规划辅导实践与技能培训	组间	2. 878	1	2. 878	3. 855	0. 051
	组内	110. 515	148	0. 747		
	总数	113. 393	149			
犯罪青少年行为矫正与社会融合	组间	0. 003	1	0. 003	0. 005	0. 945
	组内	87. 837	148	0. 593		
	总数	87. 840	149			

(3)老年人。从方差分析结果看，9 项服务满意度的显著性水平均大于 0.05，表明不同性别的老年人对关爱服务的满意度没有显著性差异(见表 11-4)。

表 11-4　　老年人性别差异单因素方差分析

		平方和	df	均方	F	显著性
老年人身体健康保健咨询与宣传	组间	0.497	1	0.497	1.085	0.299
	组内	67.777	148	0.458		
	总数	68.273	149			
老年人疾病筛查和治疗康复	组间	0.408	1	0.408	0.687	0.408
	组内	87.865	148	0.594		
	总数	88.273	149			
老年人精神健康预防治疗与康复	组间	1.567	1	1.567	2.246	0.136
	组内	103.266	148	0.698		
	总数	104.833	149			
老年人养老健康场所及设施建设	组间	0.164	1	0.164	0.249	0.619
	组内	97.809	148	0.661		
	总数	97.973	149			
老年人居家照顾和日常生活照顾	组间	1.404	1	1.404	1.823	0.179
	组内	113.930	148	0.770		
	总数	115.333	149			
老年人科教文体卫活动	组间	0.052	1	0.052	0.083	0.774
	组内	92.508	148	0.625		
	总数	92.560	149			
老年人科教文体卫活动场所及设施建设	组间	1.372	1	1.372	2.317	0.130
	组内	87.621	148	0.592		
	总数	88.993	149			

续表

		平方和	df	均方	F	显著性
老年人临终关怀	组间	0.666	1	0.666	0.739	0.391
	组内	133.308	148	0.901		
	总数	133.973	149			
老年人出行交通接载护送服务	组间	1.966	1	1.966	2.224	0.138
	组内	130.807	148	0.884		
	总数	132.773	149			

(4)残疾人。从方差分析结果看，残疾人在特殊教育服务满意度上的显著性水平小于0.05，表示在这一服务满意度上，性别差异显著。其余10项服务满意度的显著性水平均大于0.05，表明不同性别的残疾人对除了特殊教育服务关爱服务外的满意度没有显著性差异（见表11-5）。

表 11-5　　**残疾人性别差异单因素方差分析**

		平方和	df	均方	F	显著性
残疾人身体健康康复训练与健康护理	组间	0.224	1	0.224	0.251	0.617
	组内	78.398	88	0.891		
	总数	78.622	89			
残疾人精神问题预防与治疗	组间	0.051	1	0.051	0.064	0.801
	组内	69.549	88	0.790		
	总数	69.600	89			
残疾人心理咨询与辅导	组间	0.017	1	0.017	0.020	0.889
	组内	77.638	88	0.882		
	总数	77.656	89			

续表

		平方和	df	均方	F	显著性
残疾人家庭支持与关爱帮扶	组间	0.905	1	0.905	1.170	0.282
	组内	68.084	88	0.774		
	总数	68.989	89			
残疾人特殊教育服务	组间	3.874	1	3.874	6.240	0.014
	组内	54.626	88	0.621		
	总数	58.500	89			
残疾人照顾者康复知识辅导与培训	组间	0.000	1	0.000	0.000	0.996
	组内	65.956	88	0.749		
	总数	65.956	89			
残疾人就业辅导与技能培训	组间	0.051	1	0.051	0.077	0.782
	组内	57.549	88	0.654		
	总数	57.600	89			
残疾人职业招聘或就业平台提供	组间	0.696	1	0.696	0.940	0.335
	组内	65.126	88	0.740		
	总数	65.822	89			
残疾人照顾者能力建设与支持网络搭建	组间	1.092	1	1.092	1.636	0.204
	组内	58.730	88	0.667		
	总数	59.822	89			
残疾人适宜的科教文卫体活动	组间	0.704	1	0.704	0.869	0.354
	组内	71.252	88	0.810		
	总数	71.956	89			
残疾人照顾场所建设	组间	1.361	1	1.361	1.675	0.199
	组内	71.539	88	0.813		
	总数	72.900	89			

(5)来深建设者。从方差分析结果看，12项服务满意度的显著性水平均大于0.05，表明不同性别的来深建设者对关爱服务满意度没有显

著性差异(见表 11-6)。

表 11-6 儿童性别差异单因素方差分析

		平方和	df	均方	F	显著性
来深建设者健康检查与疾病救助	组间	0. 356	1	0. 356	0. 486	0. 487
	组内	108. 337	148	0. 732		
	总数	108. 693	149			
来深建设者及其子女心理辅导关爱与支持	组间	0. 210	1	0. 210	0. 250	0. 618
	组内	124. 623	148	0. 842		
	总数	124. 833	149			
来深建设者子女教育与能力提升	组间	1. 350	1	1. 350	1. 541	0. 216
	组内	129. 644	148	0. 876		
	总数	130. 993	149			
来深建设者家庭辅导与支持	组间	0. 083	1	0. 083	0. 108	0. 743
	组内	113. 890	148	0. 770		
	总数	113. 973	149			
来深建设者家庭团聚与活动	组间	0. 860	1	0. 860	1. 115	0. 293
	组内	114. 133	148	0. 771		
	总数	114. 993	149			
来深建设者经济援助	组间	2. 813	1	2. 813	3. 202	0. 076
	组内	130. 021	148	0. 879		
	总数	132. 833	149			
来深建设者文化知识学习与技能培训	组间	1. 229	1	1. 229	1. 985	0. 161
	组内	91. 605	148	0. 619		
	总数	92. 833	149			
来深建设者职业规划辅导与就业指导	组间	0. 014	1	0. 014	0. 019	0. 891
	组内	106. 980	148	0. 723		
	总数	106. 993	149			

续表

		平方和	df	均方	F	显著性
来深建设者人际交往辅导	组间	0.413	1	0.413	0.615	0.434
	组内	99.480	148	0.672		
	总数	99.893	149			
来深建设者权益保护	组间	0.147	1	0.147	0.209	0.648
	组内	103.853	148	0.702		
	总数	104.000	149			
来深建设者社会帮扶	组间	0.050	1	0.050	0.057	0.812
	组内	131.278	147	0.893		
	总数	131.329	148			
来深建设者文娱活动	组间	0.097	1	0.097	0.112	0.738
	组内	128.496	148	0.868		
	总数	128.593	149			

(6)特殊社区公众。从方差分析结果看，特殊社区公众在失业人员就业帮扶与能力提升满意度上显著性水平小于0.05，表示在此服务满意度上，性别差异显著。其余4项服务满意度显著性水平均大于0.05，表明不同性别的特殊社区公众对除了失业人员就业帮扶与能力提升关爱服务外的满意度没有显著性差异(见表11-7)。

表11-7　　**特殊社区公众性别差异单因素方差分析**

		平方和	df	均方	F	显著性
特殊社区公众群体的探访及慰问	组间	0.273	1	0.273	0.402	0.527
	组内	86.835	128	0.678		
	总数	87.108	129			
特殊社区公众群体身体健康检查	组间	0.004	1	0.004	0.010	0.921
	组内	52.119	128	0.407		
	总数	52.123	129			

续表

		平方和	df	均方	F	显著性
特殊社区公众群体心理辅导与危机介入	组间	0. 057	1	0. 057	0. 100	0. 752
	组内	73. 335	128	0. 573		
	总数	73. 392	129			
特殊社区公众群体职业技能与素质提高	组间	1. 983	1	1. 983	3. 141	0. 079
	组内	80. 794	128	0. 631		
	总数	82. 777	129			
特殊社区公众群体失业人员就业帮扶与能力提升	组间	2. 268	1	2. 268	4. 109	0. 045
	组内	70. 662	128	0. 552		
	总数	72. 931	129			

2. 服务满意度的年龄差异

(1)儿童。统计结果显示，在儿童科教文卫体活动场所设施建设、儿童教育资助、特殊儿童能力建设与社交训练、特殊儿童的志愿服务的满意度上显著性小于 0. 05，说明在这 4 项服务的满意度上，年龄差异显著(见表 11-8)。

表 11-8 **儿童年龄差异单因素方差分析**

		平方和	df	均方	F	显著性
儿童健康成长教育和心理辅导	组间	0. 877	2	0. 438	0. 696	0. 500
	组内	111. 567	177	0. 630		
	总数	112. 444	179			
儿童良好习惯养成	组间	3. 386	2	1. 693	2. 959	0. 054
	组内	101. 259	177	0. 572		
	总数	104. 644	179			

续表

		平方和	df	均方	F	显著性
儿童学业资助与课余托管	组间	1.946	2	0.973	1.463	0.234
	组内	117.715	177	0.665		
	总数	119.661	179			
儿童生活教育与技能培训	组间	1.452	2	0.726	1.259	0.286
	组内	102.076	177	0.577		
	总数	103.528	179			
儿童科教文卫体活动	组间	1.373	2	0.687	1.036	0.357
	组内	117.271	177	0.663		
	总数	118.644	179			
儿童科教文卫体活动场所设施建设	组间	3.085	2	1.542	3.068	0.049
	组内	88.977	177	0.503		
	总数	92.061	179			
儿童教育资助	组间	5.128	2	2.564	4.535	0.012
	组内	100.072	177	0.565		
	总数	105.200	179			
儿童性侵犯预防与保护	组间	0.692	2	0.346	0.463	0.630
	组内	132.303	177	0.747		
	总数	132.994	179			
特殊儿童能力建设与社交训练	组间	5.599	2	2.800	4.744	0.010
	组内	104.462	177	0.590		
	总数	110.061	179			
特殊儿童的志愿服务	组间	1.337	2	0.668	0.934	0.395
	组内	126.663	177	0.716		
	总数	128.000	179			

(2)青少年。统计结果显示，显著性都高于0.05，说明不同年龄段的青少年在关爱服务满意度上不存在显著差异(见表11-9)。

表 11-9 **青少年年龄差异单因素方差分析**

		平方和	df	均方	F	显著性
青少年健康成长教育和心理辅导	组间	0. 110	2	0. 055	0. 084	0. 919
	组内	95. 630	147	0. 651		
	总数	95. 740	149			
青少年良好习惯养成	组间	0. 688	2	0. 344	0. 561	0. 572
	组内	90. 145	147	0. 613		
	总数	90. 833	149			
青少年学业资助与课余托管	组间	0. 382	2	0. 191	0. 249	0. 780
	组内	112. 558	147	0. 766		
	总数	112. 940	149			
青少年生活教育与技能培训	组间	1. 884	2	0. 942	1. 518	0. 223
	组内	91. 190	147	0. 620		
	总数	93. 073	149			
青少年科教文卫体活动	组间	1. 095	2	0. 547	0. 836	0. 435
	组内	96. 238	147	0. 655		
	总数	97. 333	149			
青少年科教文卫体活动场所设施建设	组间	1. 310	2	0. 655	1. 045	0. 354
	组内	92. 163	147	0. 627		
	总数	93. 473	149			
青少年教育资助	组间	3. 058	2	1. 529	2. 209	0. 113
	组内	101. 716	147	0. 692		
	总数	104. 773	149			
青少年性侵犯预防和保护	组间	0. 687	2	0. 344	0. 391	0. 677
	组内	129. 153	147	0. 879		
	总数	129. 840	149			
特殊青少年能力建设和社交训练	组间	0. 007	2	0. 003	0. 004	0. 996
	组内	108. 453	147	0. 738		
	总数	108. 460	149			

续表

		平方和	df	均方	F	显著性
特殊青少年的志愿服务	组间	0.281	2	0.140	0.192	0.826
	组内	107.559	147	0.732		
	总数	107.840	149			
青少年青春期生理辅导与身体健康检查	组间	0.752	2	0.376	0.470	0.626
	组内	117.442	147	0.799		
	总数	118.193	149			
青少年婚恋辅导	组间	0.147	2	0.073	0.102	0.903
	组内	105.613	147	0.718		
	总数	105.760	149			
青少年职业规划辅导实践与技能培训	组间	0.459	2	0.229	0.298	0.742
	组内	112.935	147	0.768		
	总数	113.393	149			
犯罪青少年行为矫正与社会融合	组间	0.141	2	0.070	0.118	0.889
	组内	87.699	147	0.597		
	总数	87.840	149			

（3）妇女。统计结果显示，在妇女恋爱与婚姻辅导服务满意度上显著性小于0.05，说明在这一项服务满意度上年龄差异显著（见表11-10）。

表11-10　**妇女年龄差异单因素方差分析**

		平方和	df	均方	F	显著性
妇女身心健康关爱服务	组间	2.350	4	0.588	0.804	0.524
	组内	105.923	145	0.731		
	总数	108.273	149			

续表

		平方和	df	均方	F	显著性
妇女心理精神情绪辅导	组间	3.553	4	0.888	1.012	0.403
	组内	127.280	145	0.878		
	总数	130.833	149			
妇女恋爱与婚姻辅导	组间	7.577	4	1.894	2.545	0.042
	组内	107.916	145	0.744		
	总数	115.493	149			
妇女优生优育宣传咨询	组间	3.976	4	0.994	1.397	0.238
	组内	103.197	145	0.712		
	总数	107.173	149			
妇女职业技能辅导	组间	4.081	4	1.020	1.424	0.229
	组内	103.919	145	0.717		
	总数	108.000	149			
家庭心理健康教育辅导	组间	1.497	4	0.374	0.468	0.759
	组内	115.996	145	0.800		
	总数	117.493	149			
家庭关系咨询调解与辅导(含亲子关系)	组间	2.727	4	0.682	0.888	0.473
	组内	111.273	145	0.767		
	总数	114.000	149			
家庭能力建设与家庭健康发展	组间	3.116	4	0.779	1.098	0.360
	组内	102.884	145	0.710		
	总数	106.000	149			
家庭科教文卫体活动	组间	5.054	4	1.263	1.741	0.144
	组内	105.240	145	0.726		
	总数	110.293	149			

(4)老年人。统计结果显示，显著性都高于0.05，说明不同年龄段的老年人在关爱服务满意度上不存在显著差异(见表11-11)。

表 11-11　　**老年人年龄差异单因素方差分析**

		平方和	df	均方	F	显著性
老年人身体健康保健咨询与宣传	组间	2.044	4	0.511	1.119	0.350
	组内	66.229	145	0.457		
	总数	68.273	149			
老年人疾病筛查和治疗康复	组间	1.021	4	0.255	0.424	0.791
	组内	87.252	145	0.602		
	总数	88.273	149			
老年人精神健康预防治疗与康复	组间	2.022	4	0.505	0.713	0.584
	组内	102.812	145	0.709		
	总数	104.833	149			
老年人养老健康场所及设施建设	组间	4.763	4	1.191	1.853	0.122
	组内	93.210	145	0.643		
	总数	97.973	149			
老年人居家照顾和日常生活照顾	组间	4.069	4	1.017	1.326	0.263
	组内	111.264	145	0.767		
	总数	115.333	149			
老年人科教文体卫活动	组间	2.563	4	0.641	1.032	0.393
	组内	89.997	145	0.621		
	总数	92.560	149			
老年人科教文体卫活动场所及设施建设	组间	0.767	4	0.192	0.315	0.868
	组内	88.227	145	0.608		
	总数	88.993	149			
老年人临终关怀	组间	3.674	4	0.919	1.022	0.398
	组内	130.299	145	0.899		
	总数	133.973	149			
老年人出行交通接载护送服务	组间	5.982	4	1.495	1.710	0.151
	组内	126.791	145	0.874		
	总数	132.773	149			

(5)残疾人。统计结果显示，显著性都高于0.05，说明不同年龄段的残疾人在关爱服务满意度上不存在显著差异(见表11-12)。

表11-12 残疾人年龄差异单因素方差分析

		平方和	df	均方	F	显著性
残疾人身体健康康复训练与健康护理	组间	3.601	4	0.900	1.020	0.402
	组内	75.021	85	0.883		
	总数	78.622	89			
残疾人精神问题预防与治疗	组间	4.303	4	1.076	1.400	0.241
	组内	65.297	85	0.768		
	总数	69.600	89			
残疾人心理咨询与辅导	组间	1.273	4	0.318	0.354	0.840
	组内	76.382	85	0.899		
	总数	77.656	89			
残疾人家庭支持与关爱帮扶	组间	4.412	4	1.103	1.452	0.224
	组内	64.577	85	0.760		
	总数	68.989	89			
残疾人特殊教育服务	组间	2.797	4	0.699	1.067	0.378
	组内	55.703	85	0.655		
	总数	58.500	89			
残疾人照顾者康复知识辅导与培训	组间	1.092	4	0.273	0.358	0.838
	组内	64.863	85	0.763		
	总数	65.956	89			
残疾人就业辅导与技能培训	组间	3.683	4	0.921	1.452	0.224
	组内	53.917	85	0.634		
	总数	57.600	89			
残疾人职业招聘或就业平台提供	组间	5.876	4	1.469	2.083	0.090
	组内	59.947	85	0.705		
	总数	65.822	89			

续表

		平方和	df	均方	F	显著性
残疾人照顾者能力建设与支持网络搭建	组间	2.831	4	0.708	1.055	0.384
	组内	56.991	85	0.670		
	总数	59.822	89			
残疾人适宜的科教文卫体活动	组间	0.791	4	0.198	0.236	0.917
	组内	71.165	85	0.837		
	总数	71.956	89			
残疾人照顾场所建设	组间	1.953	4	0.488	0.585	0.674
	组内	70.947	85	0.835		
	总数	72.900	89			

(6)来深建设者。统计结果显示，显著性都高于0.05，说明不同年龄段的来深建设者在关爱服务满意度上不存在显著差异(见表11-13)。

表11-13　　来深建设者年龄差异单因素方差分析

		平方和	df	均方	F	显著性
来深建设者健康检查与疾病救助	组间	1.818	4	0.455	0.617	0.651
	组内	106.875	145	0.737		
	总数	108.693	149			
来深建设者及其子女心理辅导关爱与支持	组间	3.034	4	0.758	0.903	0.464
	组内	121.800	145	0.840		
	总数	124.833	149			
来深建设者子女教育与能力提升	组间	0.759	4	0.190	0.211	0.932
	组内	130.235	145	0.898		
	总数	130.993	149			
来深建设者家庭辅导与支持	组间	3.034	4	0.758	0.991	0.414
	组内	110.940	145	0.765		
	总数	113.973	149			

续表

		平方和	df	均方	F	显著性
来深建设者家庭团聚与活动	组间	2. 934	4	0. 733	0. 949	0. 438
	组内	112. 060	145	0. 773		
	总数	114. 993	149			
来深建设者经济援助	组间	1. 422	4	0. 355	0. 392	0. 814
	组内	131. 412	145	0. 906		
	总数	132. 833	149			
来深建设者文化知识学习与技能培训	组间	2. 413	4	0. 603	0. 967	0. 427
	组内	90. 421	145	0. 624		
	总数	92. 833	149			
来深建设者职业规划辅导与就业指导	组间	3. 160	4	0. 790	1. 103	0. 357
	组内	103. 834	145	0. 716		
	总数	106. 993	149			
来深建设者人际交往辅导	组间	5. 566	4	1. 391	2. 139	0. 079
	组内	94. 327	145	0. 651		
	总数	99. 893	149			
来深建设者权益保护	组间	5. 714	4	1. 429	2. 108	0. 083
	组内	98. 286	145	0. 678		
	总数	104. 000	149			
来深建设者社会帮扶	组间	7. 966	4	1. 992	2. 325	0. 059
	组内	123. 363	144	0. 857		
	总数	131. 329	148			
来深建设者文娱活动	组间	5. 385	4	1. 346	1. 584	0. 182
	组内	123. 208	145	0. 850		
	总数	128. 593	149			

(7)特殊社区公众。统计结果显示，显著性都高于0. 05，说明不同年龄段的特殊社区公众在关爱服务满意度上不存在显著差异(见表

11-14）。

表 11-14　　特殊社区公众年龄差异单因素方差分析

		平方和	df	均方	F	显著性
特殊社区公众群体的探访及慰问	组间	2. 381	4	0. 595	0. 878	0. 479
	组内	84. 726	125	0. 678		
	总数	87. 108	129			
特殊社区公众群体身体健康检查	组间	0. 876	4	0. 219	0. 534	0. 711
	组内	51. 247	125	0. 410		
	总数	52. 123	129			
特殊社区公众群体心理辅导与危机介入	组间	3. 278	4	0. 819	1. 461	0. 218
	组内	70. 114	125	0. 561		
	总数	73. 392	129			
特殊社区公众群体职业技能与素质提高	组间	1. 065	4	0. 266	0. 407	0. 803
	组内	81. 712	125	0. 654		
	总数	82. 777	129			
特殊社区公众群体失业人员就业帮扶与能力提升	组间	3. 637	4	0. 909	1. 640	0. 168
	组内	69. 294	125	0. 554		
	总数	72. 931	129			

3. 服务质量感知的地区差异

（1）儿童。单因素方差分析结果表明，儿童良好习惯养成、儿童学业资助与课余托管、儿童生活教育与技能培训、儿童科教文卫体活动、儿童科教文卫体活动场所设施建设服务满意度显著性水平，分别为 0. 009、0. 048、0. 001、0. 017、0. 006，都小于 0. 05，表明儿童在这 4 项服务满意度的地区差异都具有统计学上的显著性（见表 11-15）。

表 11-15 儿童服务感知的地区差异单因素方差分析

		平方和	df	均方	F	显著性
儿童健康成长教育和心理辅导	组间	6.894	9	0.766	1.234	0.277
	组内	105.550	170	0.621		
	总数	112.444	179			
儿童良好习惯养成	组间	12.394	9	1.377	2.538	0.009
	组内	92.250	170	0.543		
	总数	104.644	179			
儿童学业资助与课余托管	组间	11.211	9	1.246	1.953	0.048
	组内	108.450	170	0.638		
	总数	119.661	179			
儿童生活教育与技能培训	组间	15.878	9	1.764	3.422	0.001
	组内	87.650	170	0.516		
	总数	103.528	179			
儿童科教文卫体活动	组间	13.044	9	1.449	2.333	0.017
	组内	105.600	170	0.621		
	总数	118.644	179			
儿童科教文卫体活动场所设施建设	组间	11.461	9	1.273	2.686	0.006
	组内	80.600	170	0.474		
	总数	92.061	179			
儿童教育资助	组间	9.050	9	1.006	1.778	0.076
	组内	96.150	170	0.566		
	总数	105.200	179			
儿童性侵犯预防与保护	组间	7.994	9	0.888	1.208	0.293
	组内	125.000	170	0.735		
	总数	132.994	179			
特殊儿童能力建设与社交训练	组间	6.061	9	0.673	1.101	0.365
	组内	104.000	170	0.612		
	总数	110.061	179			

续表

		平方和	df	均方	F	显著性
特殊儿童的志愿服务	组间	5. 100	9	0. 567	0. 784	0. 632
	组内	122. 900	170	0. 723		
	总数	128. 000	179			

（2）青少年。单因素方差分析结果表明，青少年在生活教育与技能培训、青少年婚恋辅导服务满意度的显著性水平分别为 0. 046、0. 001，两者均小于 0. 05，说明不同地区青少年对这 2 项服务满意度存在显著性差异（见表 11-16）。

表 11-16　　**青少年服务感知的地区差异单因素方差分析**

		平方和	df	均方	F	显著性
青少年健康成长教育和心理辅导	组间	8. 340	9	0. 927	1. 484	0. 159
	组内	87. 400	140	0. 624		
	总数	95. 740	149			
青少年良好习惯养成	组间	9. 133	9	1. 015	1. 739	0. 086
	组内	81. 700	140	0. 584		
	总数	90. 833	149			
青少年学业资助与课余托管	组间	8. 590	9	0. 954	1. 281	0. 253
	组内	104. 350	140	0. 745		
	总数	112. 940	149			
青少年生活教育与技能培训	组间	10. 523	9	1. 169	1. 983	0. 046
	组内	82. 550	140	0. 590		
	总数	93. 073	149			
青少年科教文卫体活动	组间	8. 333	9	0. 926	1. 457	0. 170
	组内	89. 000	140	0. 636		
	总数	97. 333	149			

续表

		平方和	df	均方	F	显著性
青少年科教文卫体活动场所设施建设	组间	8. 123	9	0. 903	1. 481	0. 161
	组内	85. 350	140	0. 610		
	总数	93. 473	149			
青少年教育资助	组间	5. 473	9	0. 608	0. 857	0. 565
	组内	99. 300	140	0. 709		
	总数	104. 773	149			
青少年性侵犯预防和保护	组间	7. 490	9	0. 832	0. 952	0. 482
	组内	122. 350	140	0. 874		
	总数	129. 840	149			
特殊青少年能力建设和社交训练	组间	6. 010	9	0. 668	0. 913	0. 516
	组内	102. 450	140	0. 732		
	总数	108. 460	149			
特殊青少年的志愿服务	组间	6. 190	9	0. 688	0. 947	0. 487
	组内	101. 650	140	0. 726		
	总数	107. 840	149			
青少年青春期生理辅导与身体健康检查	组间	11. 643	9	1. 294	1. 700	. 094
	组内	106. 550	140	0. 761		
	总数	118. 193	149			
青少年婚恋辅导	组间	19. 160	9	2. 129	3. 442	0. 001
	组内	86. 600	140	0. 619		
	总数	105. 760	149			
青少年职业规划辅导实践与技能培训	组间	10. 943	9	1. 216	1. 662	0. 104
	组内	102. 450	140	0. 732		
	总数	113. 393	149			
犯罪青少年行为矫正与社会融合	组间	9. 640	9	1. 071	1. 918	0. 054
	组内	78. 200	140	0. 559		
	总数	87. 840	149			

(3)妇女。单因素方差分析结果表明，妇女身心健康关爱服务、妇女心理精神情绪辅导、妇女恋爱与婚姻辅导、家庭关系咨询调解与辅导(含亲子关系)满意度的显著性水平，分别为 0.023、0.016、0.01、0.026，均低于标准水平 0.05，说明在服务满意度上的地区差异都具有统计学上的显著性(见表 11-17)。

表 11-17　　**妇女服务感知的地区差异单因素方差分析**

		平方和	df	均方	F	显著性
妇女身心健康关爱服务	组间	13.623	9	1.514	2.239	0.023
	组内	94.650	140	0.676		
	总数	108.273	149			
妇女心理精神情绪辅导	组间	17.233	9	1.915	2.360	0.016
	组内	113.600	140	0.811		
	总数	130.833	149			
妇女恋爱与婚姻辅导	组间	16.143	9	1.794	2.528	0.010
	组内	99.350	140	0.710		
	总数	115.493	149			
妇女优生优育宣传咨询	组间	11.773	9	1.308	1.920	0.054
	组内	95.400	140	0.681		
	总数	107.173	149			
妇女职业技能辅导	组间	9.200	9	1.022	1.448	0.173
	组内	98.800	140	0.706		
	总数	108.000	149			
家庭心理健康教育辅导	组间	9.743	9	1.083	1.407	0.191
	组内	107.750	140	0.770		
	总数	117.493	149			
家庭关系咨询调解与辅导(含亲子关系)	组间	14.100	9	1.567	2.196	0.026
	组内	99.900	140	0.714		
	总数	114.000	149			

续表

		平方和	df	均方	F	显著性
家庭能力建设与家庭健康发展	组间	9. 100	9	1. 011	1. 461	0. 168
	组内	96. 900	140	0. 692		
	总数	106. 000	149			
家庭科教文卫体活动	组间	2. 893	9	0. 321	0. 419	0. 923
	组内	107. 400	140	0. 767		
	总数	110. 293	149			

(4)老年人。单因素方差分析结果表明，老年人出行交通接载护送服务满意度显著性水平是0. 023，小于0. 05，说明此项服务满意度上地区差异具有统计学上的显著性(见表11-18)。

表11-18　　**老年人服务感知的地区差异单因素方差分析**

		平方和	df	均方	F	显著性
老年人身体健康保健咨询与宣传	组间	1. 373	9	0. 153	0. 319	0. 968
	组内	66. 900	140	0. 478		
	总数	68. 273	149			
老年人疾病筛查和治疗康复	组间	3. 873	9	0. 430	0. 714	0. 695
	组内	84. 400	140	0. 603		
	总数	88. 273	149			
老年人精神健康预防治疗与康复	组间	7. 483	9	0. 831	1. 196	0. 302
	组内	97. 350	140	0. 695		
	总数	104. 833	149			
老年人养老健康场所及设施建设	组间	6. 373	9	0. 708	1. 082	0. 380
	组内	91. 600	140	0. 654		
	总数	97. 973	149			
老年人居家照顾和日常生活照顾	组间	11. 533	9	1. 281	1. 728	0. 088
	组内	103. 800	140	0. 741		
	总数	115. 333	149			

续表

		平方和	df	均方	F	显著性
老年人科教文体卫活动	组间	2. 610	9	0. 290	0. 451	0. 904
	组内	89. 950	140	0. 643		
	总数	92. 560	149			
老年人科教文体卫活动场所及设施建设	组间	4. 593	9	0. 510	0. 847	0. 575
	组内	84. 400	140	0. 603		
	总数	88. 993	149			
老年人临终关怀	组间	10. 573	9	1. 175	1. 333	0. 225
	组内	123. 400	140	0. 881		
	总数	133. 973	149			
老年人出行交通接载护送服务	组间	16. 723	9	1. 858	2. 242	0. 023
	组内	116. 050	140	0. 829		
	总数	132. 773	149			

(5)残疾人。单因素方差分析结果表明，残疾人身体健康康复训练与健康护理、残疾人照顾者康复知识辅导与培训、残疾人照顾者能力建设与支持网络搭建满意度显著性水平，分别为0. 03、0. 02、0. 011，三项均低于0. 05，说明上述残疾人服务满意度地区差异都具有统计学上的显著性(如表11-19所示)。

表11-19　**残疾人服务感知的地区差异单因素方差分析**

		平方和	df	均方	F	显著性
残疾人身体健康康复训练与健康护理	组间	15. 622	9	1. 736	2. 204	0. 030
	组内	63. 000	80	0. 788		
	总数	78. 622	89			
残疾人精神问题预防与治疗	组间	7. 800	9	0. 867	1. 122	0. 357
	组内	61. 800	80	0. 773		
	总数	69. 600	89			

续表

		平方和	df	均方	F	显著性
残疾人心理咨询与辅导	组间	12. 956	9	1. 440	1. 780	0. 085
	组内	64. 700	80	0. 809		
	总数	77. 656	89			
残疾人家庭支持与关爱帮扶	组间	10. 289	9	1. 143	1. 558	0. 142
	组内	58. 700	80	0. 734		
	总数	68. 989	89			
残疾人特殊教育服务	组间	7. 600	9	0. 844	1. 327	0. 236
	组内	50. 900	80	0. 636		
	总数	58. 500	89			
残疾人照顾者康复知识辅导与培训	组间	13. 856	9	1. 540	2. 364	0. 020
	组内	52. 100	80	0. 651		
	总数	65. 956	89			
残疾人就业辅导与技能培训	组间	8. 400	9	0. 933	1. 518	0. 156
	组内	49. 200	80	0. 615		
	总数	57. 600	89			
残疾人职业招聘或就业平台提供	组间	7. 622	9	0. 847	1. 164	0. 329
	组内	58. 200	80	0. 728		
	总数	65. 822	89			
残疾人照顾者能力建设与支持网络搭建	组间	13. 522	9	1. 502	2. 596	0. 011
	组内	46. 300	80	0. 579		
	总数	59. 822	89			
残疾人适宜的科教文卫体活动	组间	5. 756	9	0. 640	0. 773	0. 642
	组内	66. 200	80	0. 828		
	总数	71. 956	89			
残疾人照顾场所建设	组间	13. 400	9	1. 489	2. 002	0. 050
	组内	59. 500	80	0. 744		
	总数	72. 900	89			

(6)来深建设者。单因素方差分析结果表明，来深建设者的家庭团聚与活动、经济援助、权益保护、社会帮扶、文娱活动满意度的显著性水平，分别为0.029、0.001、0.013、0.00、0.00，均小于0.05，说明以上5项满意度地区差异都具有统计学的显著性(如表11-20所示)。

表11-20　　来深建设者服务感知的地区差异单因素方差分析

		平方和	df	均方	F	显著性
来深建设者健康检查与疾病救助	组间	12.012	9	1.335	1.933	0.052
	组内	96.681	140	0.691		
	总数	108.693	149			
来深建设者及其子女心理辅导关爱与支持	组间	10.733	9	1.193	1.463	0.167
	组内	114.100	140	0.815		
	总数	124.833	149			
来深建设者子女教育与能力提升	组间	8.857	9	0.984	1.128	0.347
	组内	122.136	140	0.872		
	总数	130.993	149			
来深建设者家庭辅导与支持	组间	9.514	9	1.057	1.417	0.186
	组内	104.459	140	0.746		
	总数	113.973	149			
来深建设者家庭团聚与活动	组间	13.957	9	1.551	2.149	0.029
	组内	101.036	140	0.722		
	总数	114.993	149			
来深建设者经济援助	组间	23.299	9	2.589	3.309	0.001
	组内	109.534	140	0.782		
	总数	132.833	149			
来深建设者文化知识学习与技能培训	组间	7.625	9	0.847	1.392	0.197
	组内	85.209	140	0.609		
	总数	92.833	149			

续表

		平方和	df	均方	F	显著性
来深建设者职业规划辅导与就业指导	组间	9.485	9	1.054	1.513	0.149
	组内	97.509	140	0.696		
	总数	106.993	149			
来深建设者人际交往辅导	组间	6.935	9	0.771	1.160	0.325
	组内	92.959	140	0.664		
	总数	99.893	149			
来深建设者权益保护	组间	14.166	9	1.574	2.453	0.013
	组内	89.834	140	0.642		
	总数	104.000	149			
来深建设者社会帮扶	组间	27.606	9	3.067	4.110	0.000
	组内	103.723	139	0.746		
	总数	131.329	148			
来深建设者文娱活动	组间	35.598	9	3.955	5.955	0.000
	组内	92.995	140	0.664		
	总数	128.593	149			

(7)特殊社区公众。分析的结果表明，显著性都大于0.05，表示不同地区的特殊社区公众在关爱服务满意度上不存在显著性差异(如表11-21所示)。

表11-21　**特殊社区公众服务感知的地区差异单因素方差分析**

		平方和	df	均方	F	显著性
特殊社区公众群体的探访及慰问	组间	8.145	9	0.905	1.375	0.207
	组内	78.963	120	0.658		
	总数	87.108	129			

续表

		平方和	df	均方	F	显著性
特殊社区公众群体身体健康检查	组间	2. 548	9	0. 283	0. 685	0. 721
	组内	49. 575	120	0. 413		
	总数	52. 123	129			
特殊社区公众群体心理辅导与危机介入	组间	4. 617	9	0. 513	0. 895	0. 532
	组内	68. 775	120	0. 573		
	总数	73. 392	129			
特殊社区公众群体职业技能与素质提高	组间	2. 302	9	0. 256	0. 381	0. 942
	组内	80. 475	120	0. 671		
	总数	82. 777	129			
特殊社区公众群体失业人员就业帮扶与能力提升	组间	3. 806	9	0. 423	0. 734	0. 677
	组内	69. 125	120	0. 576		
	总数	72. 931	129			

4. 服务满意度的职业差异

(1)青少年。统计结果显示，青少年在职业差异的各个选项中的显著性都高于0. 05，表示青少年对服务满意度在职业上不存在显著差异(如表11-22所示)。

表11-22　　**青少年职业差异单因素方差分析**

		平方和	df	均方	F	显著性
青少年健康成长教育和心理辅导	组间	3. 824	8	0. 478	0. 733	0. 662
	组内	91. 916	141	0. 652		
	总数	95. 740	149			
青少年良好习惯养成	组间	4. 461	8	0. 558	0. 910	0. 510
	组内	86. 373	141	0. 613		
	总数	90. 833	149			

续表

		平方和	df	均方	F	显著性
青少年学业资助与课余托管	组间	1. 758	8	0. 220	0. 279	0. 972
	组内	111. 182	141	0. 789		
	总数	112. 940	149			
青少年生活教育与技能培训	组间	6. 932	8	0. 866	1. 418	0. 194
	组内	86. 142	141	0. 611		
	总数	93. 073	149			
青少年科教文卫体活动	组间	4. 619	8	0. 577	0. 878	0. 537
	组内	92. 714	141	0. 658		
	总数	97. 333	149			
青少年科教文卫体活动场所设施建设	组间	3. 949	8	0. 494	0. 777	0. 623
	组内	89. 524	141	0. 635		
	总数	93. 473	149			
青少年教育资助	组间	2. 870	8	0. 359	0. 496	0. 857
	组内	101. 903	141	0. 723		
	总数	104. 773	149			
青少年性侵犯预防和保护	组间	3. 963	8	0. 495	0. 555	0. 813
	组内	125. 877	141	0. 893		
	总数	129. 840	149			
特殊青少年能力建设和社交训练	组间	4. 321	8	0. 540	0. 731	0. 664
	组内	104. 139	141	0. 739		
	总数	108. 460	149			
特殊青少年的志愿服务	组间	5. 717	8	0. 715	0. 987	0. 449
	组内	102. 123	141	0. 724		
	总数	107. 840	149			
青少年青春期生理辅导与身体健康检查	组间	7. 931	8	0. 991	1. 268	0. 265
	组内	110. 262	141	0. 782		
	总数	118. 193	149			

续表

		平方和	df	均方	F	显著性
青少年婚恋辅导	组间	7.621	8	0.953	1.369	0.215
	组内	98.139	141	0.696		
	总数	105.760	149			
青少年职业规划辅导实践与技能培训	组间	4.620	8	0.577	0.749	0.649
	组内	108.774	141	0.771		
	总数	113.393	149			
犯罪青少年行为矫正与社会融合	组间	2.871	8	0.359	0.596	0.780
	组内	84.969	141	0.603		
	总数	87.840	149			

(2)妇女。统计结果显示，妇女职业差异的各个选项的显著性都高于0.05，表示妇女对服务满意度在职业上不存在显著差异(如表11-23所示)。

表11-23 **妇女职业差异单因素方差分析**

		平方和	df	均方	F	显著性
妇女身心健康关爱服务	组间	9.305	10	0.930	1.307	0.233
	组内	98.969	139	0.712		
	总数	108.273	149			
妇女心理精神情绪辅导	组间	9.424	10	0.942	1.079	0.382
	组内	121.409	139	0.873		
	总数	130.833	149			
妇女恋爱与婚姻辅导	组间	4.491	10	0.449	0.562	0.842
	组内	111.003	139	0.799		
	总数	115.493	149			

续表

		平方和	df	均方	F	显著性
妇女优生优育宣传咨询	组间	9. 250	10	0. 925	1. 313	0. 229
	组内	97. 923	139	0. 704		
	总数	107. 173	149			
妇女职业技能辅导	组间	4. 744	10	0. 474	0. 639	0. 779
	组内	103. 256	139	0. 743		
	总数	108. 000	149			
家庭心理健康教育辅导	组间	7. 895	10	0. 790	1. 001	0. 445
	组内	109. 598	139	0. 788		
	总数	117. 493	149			
家庭关系咨询调解与辅导(含亲子关系)	组间	7. 093	10	0. 709	0. 922	0. 515
	组内	106. 907	139	0. 769		
	总数	114. 000	149			
家庭能力建设与家庭健康发展	组间	9. 325	10	0. 932	1. 341	0. 215
	组内	96. 675	139	0. 696		
	总数	106. 000	149			
家庭科教文卫体活动	组间	18. 774	10	1. 877	2. 851	0. 103
	组内	91. 519	139	0. 658		
	总数	110. 293	149			

(3)老年人。统计结果显示，老年人职业差异在各个选项中的显著性都高于 0. 05，表示老年人对服务满意度在职业上不存在显著差异(如表 11-24 所示)。

表 11-24　　**老年人职业差异单因素方差分析**

		平方和	df	均方	F	显著性
老年人身体健康保健咨询与宣传	组间	3. 943	7	0. 563	1. 243	0. 283
	组内	64. 330	142	0. 453		
	总数	68. 273	149			

续表

		平方和	df	均方	F	显著性
老年人疾病筛查和治疗康复	组间	9. 133	7	1. 305	2. 341	0. 127
	组内	79. 140	142	0. 557		
	总数	88. 273	149			
老年人精神健康预防治疗与康复	组间	13. 436	7	1. 919	2. 982	0. 066
	组内	91. 398	142	0. 644		
	总数	104. 833	149			
老年人养老健康场所及设施建设	组间	8. 435	7	1. 205	1. 911	0. 072
	组内	89. 539	142	0. 631		
	总数	97. 973	149			
老年人居家照顾和日常生活照顾	组间	8. 201	7	1. 172	1. 553	0. 154
	组内	107. 132	142	0. 754		
	总数	115. 333	149			
老年人科教文体卫活动	组间	6. 192	7	0. 885	1. 454	0. 188
	组内	86. 368	142	0. 608		
	总数	92. 560	149			
老年人科教文体卫活动场所及设施建设	组间	6. 349	7	0. 907	1. 558	0. 153
	组内	82. 644	142	0. 582		
	总数	88. 993	149			
老年人临终关怀	组间	10. 286	7	1. 469	1. 687	0. 117
	组内	123. 688	142	0. 871		
	总数	133. 973	149			
老年人出行交通接载护送服务	组间	5. 253	7	0. 750	0. 836	0. 559
	组内	127. 520	142	0. 898		
	总数	132. 773	149			

(4)残疾人。统计结果显示，残疾人职业差异上的显著性都高于0. 05，表示残疾人对服务满意度在职业上不存在显著差异(如表 11-25

所示)。

表 11-25　　残疾人职业差异单因素方差分析

		平方和	df	均方	F	显著性
残疾人身体健康康复训练与健康护理	组间	10. 180	8	1. 273	1. 506	0. 168
	组内	68. 442	81	0. 845		
	总数	78. 622	89			
残疾人精神问题预防与治疗	组间	8. 373	8	1. 047	1. 385	0. 216
	组内	61. 227	81	0. 756		
	总数	69. 600	89			
残疾人心理咨询与辅导	组间	8. 820	8	1. 102	1. 297	0. 257
	组内	68. 836	81	0. 850		
	总数	77. 656	89			
残疾人家庭支持与关爱帮扶	组间	8. 765	8	1. 096	1. 474	0. 180
	组内	60. 224	81	0. 744		
	总数	68. 989	89			
残疾人特殊教育服务	组间	7. 039	8	0. 880	1. 385	0. 216
	组内	51. 461	81	0. 635		
	总数	58. 500	89			
残疾人照顾者康复知识辅导与培训	组间	6. 737	8	0. 842	1. 152	0. 339
	组内	59. 218	81	0. 731		
	总数	65. 956	89			
残疾人就业辅导与技能培训	组间	4. 162	8	0. 520	0. 789	0. 614
	组内	53. 438	81	0. 660		
	总数	57. 600	89			
残疾人职业招聘或就业平台提供	组间	14. 072	8	1. 759	2. 753	110
	组内	51. 750	81	0. 639		
	总数	65. 822	89			

续表

		平方和	df	均方	F	显著性
残疾人照顾者能力建设与支持网络搭建	组间	6.731	8	0.841	1.284	0.264
	组内	53.091	81	0.655		
	总数	59.822	89			
残疾人适宜的科教文卫体活动	组间	7.215	8	0.902	1.128	0.353
	组内	64.741	81	0.799		
	总数	71.956	89			
残疾人照顾场所建设	组间	11.306	8	1.413	1.859	0.078
	组内	61.594	81	0.760		
	总数	72.900	89			

(5)来深建设者。统计结果显示，来深建设者职业差异上的显著性都高于0.05，表示来深建设者对服务满意度在职业上不存在显著差异(如表11-26所示)。

表11-26　**来深建设者职业差异单因素方差分析**

		平方和	df	均方	F	显著性
来深建设者健康检查与疾病救助	组间	14.214	8	1.777	2.652	0.056
	组内	94.480	141	0.670		
	总数	108.693	149			
来深建设者及其子女心理辅导关爱与支持	组间	8.587	8	1.073	1.302	0.247
	组内	116.246	141	0.824		
	总数	124.833	149			
来深建设者子女教育与能力提升	组间	11.748	8	1.469	1.736	0.095
	组内	119.245	141	0.846		
	总数	130.993	149			

续表

		平方和	df	均方	F	显著性
来深建设者家庭辅导与支持	组间	7. 859	8	0. 982	1. 305	0. 246
	组内	106. 114	141	0. 753		
	总数	113. 973	149			
来深建设者家庭团聚与活动	组间	11. 955	8	1. 494	2. 045	0. 145
	组内	103. 039	141	0. 731		
	总数	114. 993	149			
来深建设者经济援助	组间	11. 593	8	1. 449	1. 685	0. 107
	组内	121. 240	141	0. 860		
	总数	132. 833	149			
来深建设者文化知识学习与技能培训	组间	9. 554	8	1. 194	2. 022	0. 148
	组内	83. 280	141	0. 591		
	总数	92. 833	149			
来深建设者职业规划辅导与就业指导	组间	14. 530	8	1. 816	2. 770	0. 207
	组内	92. 464	141	0. 656		
	总数	106. 993	149			
来深建设者人际交往辅导	组间	12. 772	8	1. 597	2. 584	0. 062
	组内	87. 121	141	0. 618		
	总数	99. 893	149			
来深建设者权益保护	组间	12. 531	8	1. 566	2. 415	0. 118
	组内	91. 469	141	0. 649		
	总数	104. 000	149			
来深建设者社会帮扶	组间	19. 187	8	2. 398	2. 994	0. 084
	组内	112. 142	140	0. 801		
	总数	131. 329	148			
来深建设者文娱活动	组间	10. 319	8	1. 290	1. 538	0. 149
	组内	118. 274	141	0. 839		
	总数	128. 593	149			

(6)特殊社区公众。统计结果显示，特殊社区公众职业差异上的显著性都高于0.05，表示特殊社区公众对服务满意度在职业上不存在显著差异(如表11-27所示)。

表11-27　　特殊社区公众职业差异单因素方差分析

		平方和	df	均方	F	显著性
特殊社区公众群体的探访及慰问	组间	12.299	9	1.367	2.192	0.127
	组内	74.808	120	0.623		
	总数	87.108	129			
特殊社区公众群体身体健康检查	组间	2.014	9	0.224	0.536	0.846
	组内	50.109	120	0.418		
	总数	52.123	129			
特殊社区公众群体心理辅导与危机介入	组间	9.211	9	1.023	1.914	0.056
	组内	64.181	120	0.535		
	总数	73.392	129			
特殊社区公众群体职业技能与素质提高	组间	3.996	9	0.444	0.676	0.729
	组内	78.781	120	0.657		
	总数	82.777	129			
特殊社区公众群体失业人员就业帮扶与能力提升	组间	10.378	9	1.153	2.212	0.076
	组内	62.552	120	0.521		
	总数	72.931	129			

5. 服务满意度的家庭总收入差异

(1)儿童。统计结果显示，儿童家庭收入差异上的显著性都高于0.05，表示儿童对关爱服务满意度在家庭总收入上不存在显著差异(如表11-28所示)。

表 11-28　　儿童家庭收入差异单因素方差分析

		平方和	df	均方	F	显著性
儿童健康成长教育和心理辅导	组间	5. 558	5	1. 112	1. 810	0. 113
	组内	106. 886	174	0. 614		
	总数	112. 444	179			
儿童良好习惯养成	组间	7. 355	5	1. 471	2. 631	0. 125
	组内	97. 289	174	0. 559		
	总数	104. 644	179			
儿童学业资助与课余托管	组间	11. 603	5	2. 321	3. 737	0. 103
	组内	108. 058	174	0. 621		
	总数	119. 661	179			
儿童生活教育与技能培训	组间	3. 092	5	0. 618	1. 071	0. 378
	组内	100. 436	174	0. 577		
	总数	103. 528	179			
儿童科教文卫体活动	组间	4. 045	5	0. 809	1. 228	0. 298
	组内	114. 599	174	0. 659		
	总数	118. 644	179			
儿童科教文卫体活动场所设施建设	组间	4. 261	5	0. 852	1. 689	0. 140
	组内	87. 800	174	0. 505		
	总数	92. 061	179			
儿童教育资助	组间	2. 711	5	0. 542	0. 921	0. 469
	组内	102. 489	174	0. 589		
	总数	105. 200	179			
儿童性侵犯预防与保护	组间	1. 822	5	0. 364	0. 484	0. 788
	组内	131. 172	174	0. 754		
	总数	132. 994	179			
特殊儿童能力建设与社交训练	组间	3. 728	5	0. 746	1. 220	0. 302
	组内	106. 333	174	0. 611		
	总数	110. 061	179			

续表

		平方和	df	均方	F	显著性
特殊儿童的志愿服务	组间	5. 633	5	1. 127	1. 602	0. 162
	组内	122. 367	174	0. 703		
	总数	128. 000	179			

(2)青少年。统计结果显示，青少年家庭收入差异上的显著性都高于0. 05，表示青少年对关爱服务满意度在家庭总收入上不存在显著差异(如表11-29所示)。

表11-29　　青少年家庭收入差异单因素方差分析

		平方和	df	均方	F	显著性
青少年健康成长教育和心理辅导	组间	1. 125	5	0. 225	0. 342	0. 886
	组内	94. 615	144	0. 657		
	总数	95. 740	149			
青少年良好习惯养成	组间	2. 326	5	0. 465	0. 757	0. 582
	组内	88. 508	144	0. 615		
	总数	90. 833	149			
青少年学业资助与课余托管	组间	2. 340	5	0. 468	0. 609	0. 693
	组内	110. 600	144	0. 768		
	总数	112. 940	149			
青少年生活教育与技能培训	组间	2. 782	5	0. 556	0. 888	0. 491
	组内	90. 291	144	0. 627		
	总数	93. 073	149			
青少年科教文卫体活动	组间	2. 312	5	0. 462	0. 701	0. 624
	组内	95. 021	144	0. 660		
	总数	97. 333	149			

续表

		平方和	df	均方	F	显著性
青少年科教文卫体活动场所设施建设	组间	5.054	5	1.011	1.646	0.152
	组内	88.419	144	0.614		
	总数	93.473	149			
青少年教育资助	组间	1.664	5	0.333	0.465	0.802
	组内	103.110	144	0.716		
	总数	104.773	149			
青少年性侵犯预防和保护	组间	6.064	5	1.213	1.411	0.224
	组内	123.776	144	0.860		
	总数	129.840	149			
特殊青少年能力建设和社交训练	组间	2.928	5	0.586	0.799	0.552
	组内	105.532	144	0.733		
	总数	108.460	149			
特殊青少年的志愿服务	组间	1.720	5	0.344	0.467	0.801
	组内	106.120	144	0.737		
	总数	107.840	149			
青少年青春期生理辅导与身体健康检查	组间	3.088	5	0.618	0.773	0.571
	组内	115.105	144	0.799		
	总数	118.193	149			
青少年婚恋辅导	组间	3.488	5	0.698	0.982	0.431
	组内	102.272	144	0.710		
	总数	105.760	149			
青少年职业规划辅导实践与技能培训	组间	0.843	5	0.169	0.216	0.955
	组内	112.551	144	0.782		
	总数	113.393	149			
犯罪青少年行为矫正与社会融合	组间	0.971	5	0.194	0.322	0.899
	组内	86.869	144	0.603		
	总数	87.840	149			

(3)妇女。统计结果显示，妇女家庭收入差异上的显著性都高于0.05，表示妇女对关爱服务满意度在家庭总收入上不存在显著差异(如表11-30所示)。

表11-30　　妇女家庭收入差异单因素方差分析

		平方和	df	均方	F	显著性
妇女身心健康关爱服务	组间	2.957	6	0.493	0.669	0.675
	组内	105.316	143	0.736		
	总数	108.273	149			
妇女心理精神情绪辅导	组间	7.962	6	1.327	1.544	0.168
	组内	122.872	143	0.859		
	总数	130.833	149			
妇女恋爱与婚姻辅导	组间	4.590	6	0.765	0.986	0.437
	组内	110.904	143	0.776		
	总数	115.493	149			
妇女优生优育宣传咨询	组间	2.209	6	0.368	0.502	0.806
	组内	104.965	143	0.734		
	总数	107.173	149			
妇女职业技能辅导	组间	6.524	6	1.087	1.532	0.172
	组内	101.476	143	0.710		
	总数	108.000	149			
家庭心理健康教育辅导	组间	3.789	6	0.632	0.794	0.576
	组内	113.704	143	0.795		
	总数	117.493	149			
家庭关系咨询调解与辅导(含亲子关系)	组间	3.279	6	0.547	0.706	0.645
	组内	110.721	143	0.774		
	总数	114.000	149			

续表

		平方和	df	均方	F	显著性
家庭能力建设与家庭健康发展	组间	3.391	6	0.565	0.788	0.581
	组内	102.609	143	0.718		
	总数	106.000	149			
家庭科教文卫体活动	组间	6.691	6	1.115	1.539	0.169
	组内	103.602	143	0.724		
	总数	110.293	149			

(4)老年人。统计结果显示，其显著性都高于0.05，表示老年人对关爱服务满意度在家庭总收入上不存在显著差异(如表11-31所示)。

表11-31　　**老年人家庭收入差异单因素方差分析**

		平方和	df	均方	F	显著性
老年人身体健康保健咨询与宣传	组间	0.540	4	0.135	0.289	0.885
	组内	67.734	145	0.467		
	总数	68.273	149			
老年人疾病筛查和治疗康复	组间	0.752	4	0.188	0.312	0.870
	组内	87.521	145	0.604		
	总数	88.273	149			
老年人精神健康预防治疗与康复	组间	0.206	4	0.052	0.072	0.991
	组内	104.627	145	0.722		
	总数	104.833	149			
老年人养老健康场所及设施建设	组间	7.422	4	1.855	2.971	0.121
	组内	90.552	145	0.624		
	总数	97.973	149			
老年人居家照顾和日常生活照顾	组间	2.215	4	0.554	0.710	0.586
	组内	113.118	145	0.780		
	总数	115.333	149			

续表

		平方和	df	均方	F	显著性
老年人科教文体卫活动	组间	2. 420	4	0. 605	0. 973	0. 424
	组内	90. 140	145	0. 622		
	总数	92. 560	149			
老年人科教文体卫活动场所及设施建设	组间	1. 433	4	0. 358	0. 593	0. 668
	组内	87. 560	145	0. 604		
	总数	88. 993	149			
老年人临终关怀	组间	5. 442	4	1. 361	1. 535	0. 195
	组内	128. 531	145	0. 886		
	总数	133. 973	149			
老年人出行交通接载护送服务	组间	0. 942	4	0. 235	0. 259	0. 904
	组内	131. 831	145	0. 909		
	总数	132. 773	149			

（5）残疾人。统计结果显示，其显著性都高于 0. 05，表示残疾人对关爱服务满意度在家庭总收入上不存在显著差异（如表 11-32 所示）。

表 11-32　　**残疾人家庭收入差异单因素方差分析**

		平方和	df	均方	F	显著性
残疾人身体健康康复训练与健康护理	组间	1. 996	3	0. 665	0. 747	0. 527
	组内	76. 627	86	0. 891		
	总数	78. 622	89			
残疾人精神问题预防与治疗	组间	2. 376	3	0. 792	1. 013	0. 391
	组内	67. 224	86	0. 782		
	总数	69. 600	89			
残疾人心理咨询与辅导	组间	1. 390	3	0. 463	0. 523	0. 668
	组内	76. 265	86	0. 887		
	总数	77. 656	89			

续表

		平方和	df	均方	F	显著性
残疾人家庭支持与关爱帮扶	组间	1. 837	3	0. 612	0. 784	0. 506
	组内	67. 152	86	0. 781		
	总数	68. 989	89			
残疾人特殊教育服务	组间	2. 336	3	0. 779	1. 192	0. 318
	组内	56. 164	86	0. 653		
	总数	58. 500	89			
残疾人照顾者康复知识辅导与培训	组间	2. 057	3	0. 686	0. 923	0. 433
	组内	63. 899	86	0. 743		
	总数	65. 956	89			
残疾人就业辅导与技能培训	组间	0. 993	3	0. 331	0. 503	0. 681
	组内	56. 607	86	0. 658		
	总数	57. 600	89			
残疾人职业招聘或就业平台提供	组间	1. 215	3	0. 405	0. 539	0. 657
	组内	64. 607	86	0. 751		
	总数	65. 822	89			
残疾人照顾者能力建设与支持网络搭建	组间	1. 456	3	0. 485	0. 715	0. 546
	组内	58. 366	86	0. 679		
	总数	59. 822	89			
残疾人适宜的科教文卫体活动	组间	1. 204	3	0. 401	0. 488	0. 692
	组内	70. 752	86	0. 823		
	总数	71. 956	89			
残疾人照顾场所建设	组间	1. 208	3	0. 403	0. 483	0. 695
	组内	71. 692	86	0. 834		
	总数	72. 900	89			

(6)来深建设者。统计结果显示，其显著性都高于 0. 05，表示来深建设者对关爱服务满意度在家庭总收入上不存在显著差异(如表 11-33

所示)。

表 11-33 **来深建设者家庭收入差异单因素方差分析**

		平方和	df	均方	F	显著性
来深建设者健康检查与疾病救助	组间	2.596	5	0.519	0.705	0.621
	组内	106.097	144	0.737		
	总数	108.693	149			
来深建设者及其子女心理辅导关爱与支持	组间	3.684	5	0.737	0.876	0.499
	组内	121.149	144	0.841		
	总数	124.833	149			
来深建设者子女教育与能力提升	组间	5.957	5	1.191	1.372	0.238
	组内	125.036	144	0.868		
	总数	130.993	149			
来深建设者家庭辅导与支持	组间	3.453	5	0.691	0.900	0.483
	组内	110.520	144	0.767		
	总数	113.973	149			
来深建设者家庭团聚与活动	组间	3.608	5	0.722	0.933	0.462
	组内	111.385	144	0.774		
	总数	114.993	149			
来深建设者经济援助	组间	4.795	5	0.959	1.078	0.375
	组内	128.039	144	0.889		
	总数	132.833	149			
来深建设者文化知识学习与技能培训	组间	2.102	5	0.420	0.667	0.649
	组内	90.731	144	0.630		
	总数	92.833	149			
来深建设者职业规划辅导与就业指导	组间	4.950	5	0.990	1.397	0.229
	组内	102.043	144	0.709		
	总数	106.993	149			

续表

		平方和	df	均方	F	显著性
来深建设者人际交往辅导	组间	2.690	5	0.538	0.797	0.554
	组内	97.203	144	0.675		
	总数	99.893	149			
来深建设者权益保护	组间	1.982	5	0.396	0.559	0.731
	组内	102.018	144	0.708		
	总数	104.000	149			
来深建设者社会帮扶	组间	1.901	5	0.380	0.420	0.834
	组内	129.428	143	0.905		
	总数	131.329	148			
来深建设者文娱活动	组间	4.351	5	0.870	1.009	0.415
	组内	124.243	144	0.863		
	总数	128.593	149			

(7)特殊社区公众。统计结果显示，其显著性都高于0.05，表示特殊社区公众对关爱服务满意度在家庭总收入上不存在显著差异(如表11-34所示)。

表 11-34 **特殊社区公众家庭收入差异单因素方差分析**

		平方和	df	均方	F	显著性
特殊社区公众群体的探访及慰问	组间	5.049	5	1.010	1.526	0.187
	组内	82.059	124	0.662		
	总数	87.108	129			
特殊社区公众群体身体健康检查	组间	7.820	5	1.564	4.378	0.071
	组内	44.303	124	0.357		
	总数	52.123	129			

续表

		平方和	df	均方	F	显著性
特殊社区公众群体心理辅导与危机介入	组间	10.635	5	2.127	4.203	0.091
	组内	62.757	124	0.506		
	总数	73.392	129			
特殊社区公众群体职业技能与素质提高	组间	8.643	5	1.729	2.891	0.117
	组内	74.134	124	0.598		
	总数	82.777	129			
特殊社区公众群体失业人员就业帮扶与能力提升	组间	9.760	5	1.952	3.832	0.103
	组内	63.171	124	0.509		
	总数	72.931	129			

二、关爱服务的满意度评估

(一)公众满意度的实证设计

(1)基本设计思路。实证研究分四个阶段进行：一是文献调查阶段，形成最初的问卷原型；二是专家调查阶段，进一步确定问卷的具体维度；三是预调研阶段，进行小规模问卷施测，以进一步改善问卷的具体项目及提问方式；四是正式调研阶段，在深圳市 10 个区发放问卷，以获取充足的数据用于实证分析和假设检验。

(2)问卷设计和抽样。“深圳市居民关爱服务需求调查问卷”共分为三部分：第一部分了解受测者个人的基本资料；第二部分把握公众的个人需求；第三部分掌握公众的社会服务需求；第四部分考察公众对关爱服务的满意度。

第一，受测者个人的基本资料。本部分主要用于比较人口统计学变量对深圳市关爱服务服务满意度的影响，测量采用单项选择形式进行。主要调查项目包括性别、年龄、婚姻状况、受教育程度、年收入、在深时间、户口类型、政治面貌等。

第二，公众对服务满意度量表。本部分主要是调查不同人群对于关爱服务的满意程度。

第三，抽样设计与数据收集。本次问卷调查抽样母体为深圳市各区市民，共选取深圳市 10 个区，调查对象限制为曾参与深圳市关爱服务的人群，以便受测者能够比较其感知与期望的服务质量。之后，由关爱课题组成员在深圳市区将问卷发给受测者填写，填写完成后当场收回；若因特殊原因导致无法当场填写，则采用邮寄方式交回，以收集所需资料。本次问卷调查共发放问卷 1020 份，回收有效问卷 1000 份。

(3)测量标准。在问卷条目的选项形式上，不同人群有不同的设置。但各个条目的选择项采用 Likert 5 点等距评分法(非常满意为 5 分、比较满意为 4 分、一般为 3 分、不满意为 2 分、非常满意为 1 分)，设置 5 个选项(1、2、3、4、5)，五个等级依次赋予 1~5 分。再由各群体从中选择一个最适合自己的选项，并在其上打钩(理论满意度中值为 3)，问卷所有项目均为正向计分，不设反向计分题目。

(二)各领域服务的满意度评估

根据深圳市不同人群在“深圳市民关爱服务需求调查问卷”中填写的答案和得分，进行计算分析之后，可以得出不同人群在关爱服务满意度上的得分现状，具体数据分析如下。

1. 儿童领域服务的满意度

如表 11-35 所示，从总体上看深圳儿童对于关爱服务满意度均值为 4. 37，远高于理论满意度中值 3，儿童关爱服务满意度处于良好状态。儿童对于每项服务满意度均值均高于理论中值，其中，科教文卫活动场所设施建设(4. 42)、健康成长教育与心理辅导(4. 41)、特殊儿童教育资助(4. 40)、性侵犯预防与保护(4. 39)、生活教育与及技能培训(4. 38)、良好习惯养成(4. 37)、能力建设与社交训练(4. 37)，均不低于总体服务满意度均值，说明关爱服务总体上回应了儿童需求，服务成效较高(见图 11-1)。

表 11-35　　**儿童服务满意度**

序号	关爱服务项目	满意度(均值)
1	健康成长教育与心理辅导	4.41
2	良好习惯养成	4.37
3	学业资助与课余托管	4.27
4	生活教育与及技能培训	4.38
5	科教文卫活动	4.34
6	科教文卫活动场所设施建设	4.42
7	特殊儿童教育资助	4.40
8	性侵犯预防与保护	4.39
9	能力建设与社交训练	4.37
10	特殊儿童的志愿服务	4.34
总体服务均值		4.37

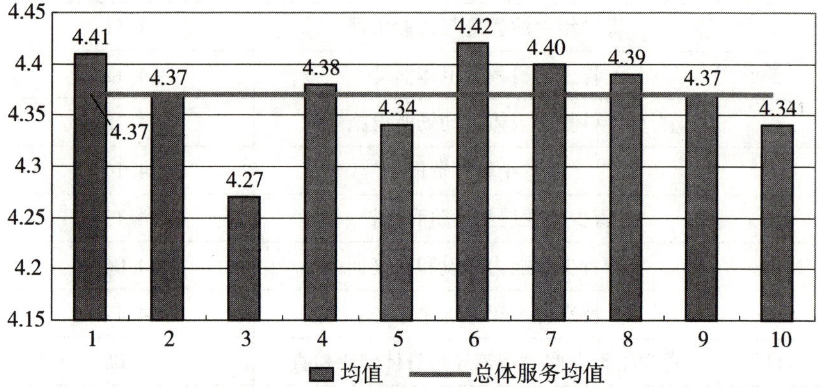

图 11-1　儿童对服务的回应程度

2. 青少年领域

如表 11-36 所示，从总体上看深圳青少年对于关爱服务满意度均值为4.11，远高于理论满意度中值3，青少年对关爱服务满意度处于良好状态。青少年对于每项服务满意度均值都高于理论中值，其中，青少年健康成长教育和心理辅导(4.18)、青少年良好习惯养成(4.17)、青少年教育资助(4.16)、青少年科教文卫体活动场所设施建设(4.15)、青少年职业规划辅导实践与技能培训(4.14)、青少年性侵犯预防和保护(4.13)、犯罪青少年行为矫正与社会融合(4.12)、青少年科教文卫体活动(4.12)、青少年生活教育与技能培训(4.11)，都不低于总体服务满意度均值，说明关爱服务总体上回应了青少年需求，服务成效较高(见图11-2)。

表11-36　**青少年服务满意度**

序号	关爱服务项目	满意度(均值)
1	青少年健康成长教育和心理辅导	4.18
2	青少年良好习惯养成	4.17
3	青少年学业资助与课余托管	4.06
4	青少年生活教育与技能培训	4.11
5	青少年科教文卫体活动	4.12
6	青少年科教文卫体活动场所设施建设	4.15
7	青少年教育资助	4.16
8	青少年性侵犯预防和保护	4.13
9	特殊青少年能力建设和社交训练	4.06
10	特殊青少年的志愿服务	4.12
11	青少年青春期生理辅导与身体健康检查	4.08
12	青少年婚恋辅导	4.00
13	青少年职业规划辅导实践与技能培训	4.14
14	犯罪青少年行为矫正与社会融合	4.12
总体服务均值		4.11

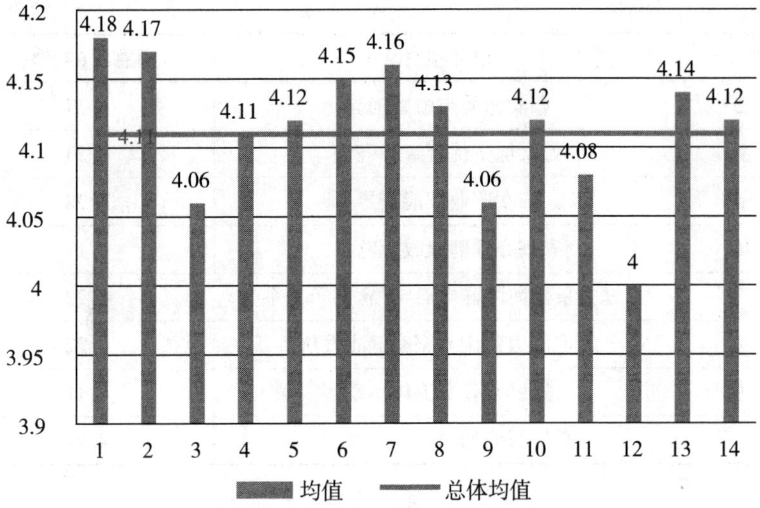

图 11-2　青少年对服务的回应程度

3. 妇女领域

如表 11-37 所示，从总体上看，深圳妇女对于关爱服务满意度均值为 4. 21，远高于理论满意度中值 3，妇女对关爱服务满意度处于良好状态。妇女对于每项服务满意度均值都高于理论中值，其中，妇女身心健康关爱服务(4. 36)、妇女心理精神情绪辅导(4. 23)、妇女优生优育宣传咨询(4. 23)、妇女职业技能辅导(4. 22)、家庭关系咨询调解与辅导(4. 22)、家庭能力建设与家庭健康发展(4. 22)，都大于总体服务满意度均值，说明关爱服务总体上回应了妇女需求，服务成效较高(见图 11-3)。

表 11-37　　**妇女服务满意度**

序号	服务项目	满意度(均值)
1	妇女身心健康关爱服务	4. 36
2	妇女心理精神情绪辅导	4. 23

续表

序号	服务项目	满意度(均值)
3	妇女恋爱与婚姻辅导	4.17
4	妇女优生优育宣传咨询	4.23
5	妇女职业技能辅导	4.22
6	家庭心理健康教育辅导	4.17
7	家庭关系咨询调解与辅导(含亲子关系)	4.22
8	家庭能力建设与家庭健康发展	4.22
9	家庭科教文卫体活动	4.11
总体服务均值		4.21

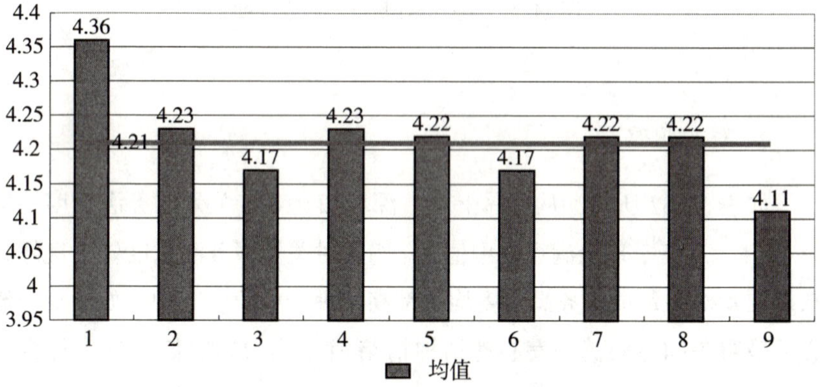

图 11-3　妇女对服务的回应程度

4. 老年人领域

如表 11-38 及图 11-4 所示，从总体上看，深圳老年人对于关爱服务满意度均值为 4.24，远高于理论满意度中值 3，老年人对关爱服务满意度处于良好状态。老年人对于每项服务满意度均值均高于理论中值，其中，身体健康保健咨询与宣传(4.30)、老年科教文卫体场所设施建设(4.30)、身体疾病筛查与治疗康复(4.29)、临终关怀(4.28)、老年人养老健康场所及设施建设(4.27)、老年人出行交通接载护送服务(4.25)、老人科教文卫体活动(4.25)，都大于总体服务满意度均值，说明关爱服务总体上回应了老年人需求，服务成效较高。

表 11-38　　**老年人服务满意度**

序号	服务项目	满意度(均值)
1	身体健康保健咨询与宣传	4.30
2	身体疾病筛查与治疗康复	4.29
3	精神健康预防、治疗与康复	4.20
4	老年人养老健康场所及设施建设	4.27
5	老人科教文卫体活动	4.25
6	老年科教文卫体场所设施建设	4.30
7	临终关怀	4.28
8	家居照顾与生活照料服务	4.06
9	老年人出行交通接载护送服务	4.25
总体服务均值		4.24

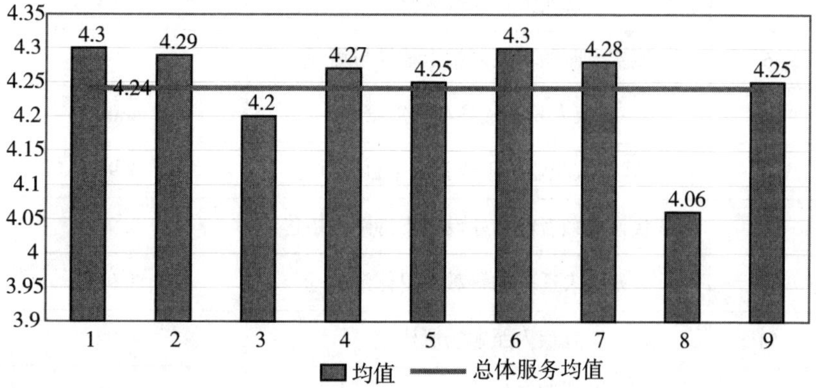

图 11-4　老人对服务的回应程度

5. 残疾人领域

如表 11-39 及图 11-5 所示，从总体上看，深圳残疾人对于关爱服务满意度均值为 3.94，较高于理论满意度中值 3，残疾人对关爱服务满意度处于较为良好状态。残疾人对于每项服务满意度均值略高于理论中值，其中，残疾人就业辅导与技能培训(4.04)、残疾人照顾场所建设(4.02)、残疾人家庭支持与关爱帮扶(4.01)、残疾人适宜的科教文卫体活动(3.97)、残疾人照顾者康复知识辅导与培训(3.96)、残疾人精神问题预防与治疗(3.95)、残疾人职业招聘或就业平台提供(3.95)、残疾人照顾者能力建设与支持网络搭建(3.94)，都不低于总体服务满意度均值，说明关爱服务总体上回应了残疾人需求，服务成效较高。

表 11-39　**残疾人服务满意度**

序号	关爱服务项目	满意度(均值)
1	残疾人身体健康康复训练与健康护理	3.85
2	残疾人精神问题预防与治疗	3.95
3	残疾人心理咨询与辅导	3.87
4	残疾人家庭支持与关爱帮扶	4.01
5	残疾人特殊教育服务	3.83
6	残疾人照顾者康复知识辅导与培训	3.96
7	残疾人就业辅导与技能培训	4.04
8	残疾人职业招聘或就业平台提供	3.95
9	残疾人照顾者能力建设与支持网络搭建	3.94
10	残疾人适宜的科教文卫体活动	3.97
11	残疾人照顾场所建设	4.02
总体服务均值		3.94

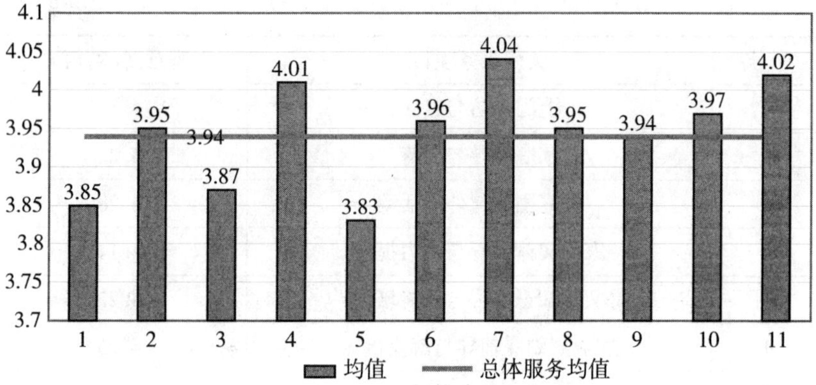

图 11-5　残疾人对服务的回应程度

6. 来深建设者领域

如表 11-40 及图 11-6 所示，从总体上看，深圳来深建设者对于关爱服务满意度均值为 4. 21，远高于理论满意度中值 3，来深建设者对关爱服务满意度处于相对良好状态。来深建设者对于每项服务满意度均值均高于理论中值，其中，家庭团聚与外出活动(4. 28)、辅导与就业指导(4. 25)、人际交往辅导(4. 24)、科教文卫体(社区)活动(4. 23)、权益维护(4. 23)、心理辅导及关爱与支持(4. 23)、文化知识学习与技能培训(4. 22)、职业规划、科教文卫体场所设施建设(4. 22)、健康检查与疾病救助(4. 22)、家庭辅导与支持(4. 22)，都大于总体服务满意度均值；经济援助(4. 21)与总体服务满意度均值持平，说明关爱服务总体上回应了来深建设者需求，服务成效较高。

表 11-40　　**来深建设者服务满意度**

序号	关爱服务项目	满意度(均值)
1	健康检查与疾病救助	4. 22
2	心理辅导及关爱与支持	4. 23
3	经济援助	4. 21

续表

序号	关爱服务项目	满意度(均值)
4	上门探访与慰问	4.11
5	家庭辅导与支持	4.22
6	家庭团聚与外出活动	4.28
7	家人文体教育与能力提升	4.14
8	文化知识学习与技能培训	4.22
9	职业规划、辅导与就业指导	4.25
10	就业平台提供	4.19
11	科教文卫体(社区)活动	4.23
12	科教文卫体场所设施建设	4.22
13	人际交往辅导	4.24
14	权益维护	4.23
总体服务均值		4.21

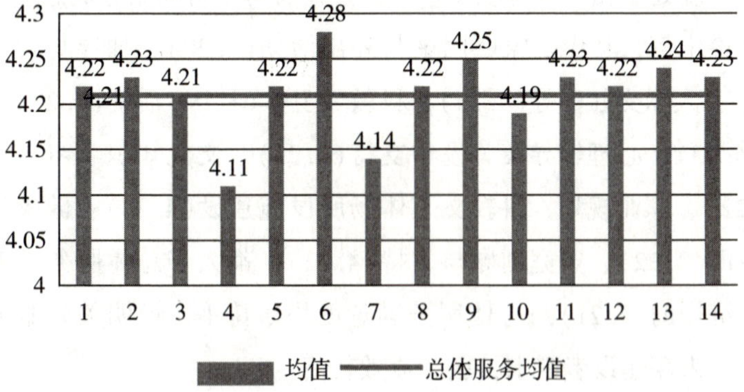

图 11-6 来深建设者对服务的回应程度

7. 特殊社区公众领域

如表 11-41 及图 11-7 所示，从总体上看深圳特殊社区公众对于关爱服务满意度均值为 4.19，远高于理论满意度中值 3，特殊社区公众对关爱服务满意度处于相对良好状态。特殊社区公众对于每项服务满意度均值均高于理论中值，其中，特殊社区公众群体的探访及慰问(4.34)、特殊社区公众群体身体健康检查(4.25)、特殊社区公众群体心理辅导与危机介入(4.21)，都大于总体服务满意度均值，说明关爱服务总体上回应了特殊社区公众需求，服务成效较高。

表 11-41　　**特殊社区公众服务满意度**

序号	关爱服务项目	满意度(均值)
1	特殊社区公众群体的探访及慰问	4.34
2	特殊社区公众群体身体健康检查	4.25
3	特殊社区公众群体心理辅导与危机介入	4.21
4	特殊社区公众群体职业技能与素质提高	4.13
5	特殊社区公众群体失业人员就业帮扶与能力提升	4.02
总体服务均值		4.19

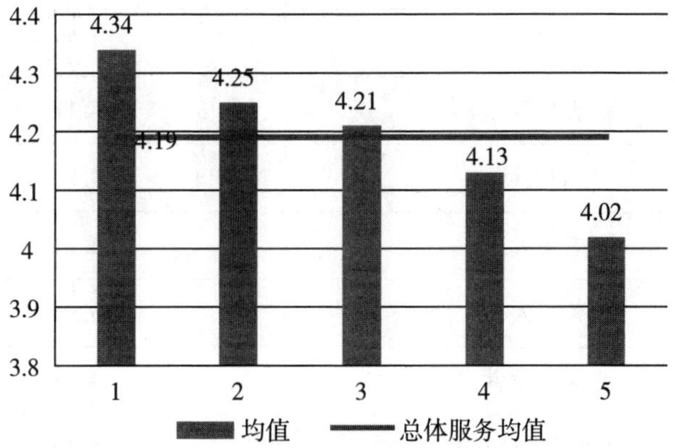

图 11-7　特殊社区公众对服务回应程度

(三)总体关爱服务的满意度评估

根据本次问卷调查数据，笔者可以分析得出不同人群对关爱服务的总体满意度。其中，总体关爱服务满意度由各个人群服务满意度构成，这就需对各个人群服务满意度均值进行统计分析，以此计算出深圳市民在总体关爱服务层面的满意度。

如表 11-42 及图 11-8 所示，总体关爱服务满意度均值为 4.20，远高于理论中值 3。同时，根据 2013 年本书问卷调查资料显示，2013 年深圳市民对关爱服务满意度均值为 4.0①，如图 11-9 所示，2017 年关爱服务满意度均值比 2013 年高出 0.2。进一步结合图 11-8 我们发现，儿童、妇女、老年人、来深建设者四类人群的关爱服务满意度均值都不低于总关爱服务满意度均值。其中，特殊社区公众的关爱服务满意度均值与总体关爱服务满意度均值接近，相差 0.01；青少年与残疾人的关爱服务满意度均值与总均值相差较大。可见，总体关爱服务的满意度均值较高，但各人群之间的满意度存在着差异。

表 11-42　　**2017 年深圳居民总体关爱服务满意度**

群体	满意度(均值)
儿童	4.37
青少年	4.11
妇女	4.21
老年人	4.24
残疾人	3.94
来深建设者	4.21
特殊社区公众	4.19
总体关爱服务	4.20

① 李晓凤．深圳市关爱指数及指标体系建构研究报告[M]．武汉：武汉大学出版社，2013：88.

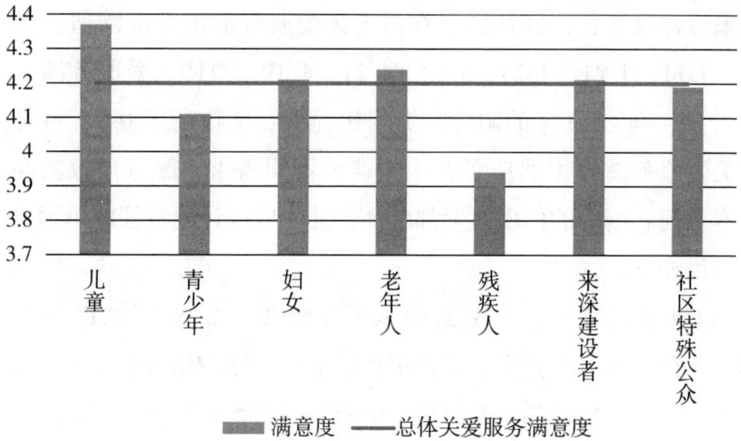

图 11-8　2017 年深圳居民总体关爱服务满意度

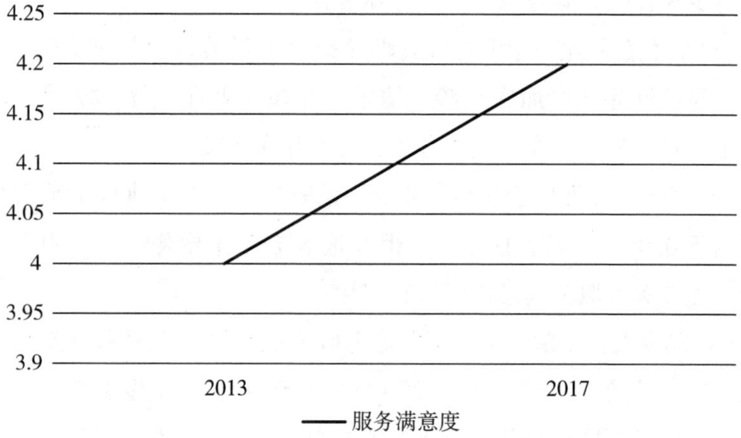

图 11-9　2017 年相比 2013 年公众对关爱服务满意度的变化趋势

三、关爱服务指标体系的建构

(一) 深圳市民对关爱服务的满意度总结

本次问卷调查发现，深圳市儿童、青少年、妇女、老年人、残疾人、来深建设者、特殊社区公众对于关爱服务的满意度均值，分别为4.37、4.11、4.21、4.24、3.94、4.21、4.19；总体关爱服务满意度均值为4.20，与2013年的调查数据相比，满意度提高了0.2。可见，深圳市关爱服务总体上回应了各个人群的不同需求，服务成效较高。此外，本次问卷测验的信度效度都较高，其人口统计学特征的单因素方差分析结果如下。

(1)儿童在性别、家庭总收入两个维度上的显著性水平均大于0.05，不存在显著性差异，而在年龄、地区上存在显著性差异，说明不同地区、不同年龄段的儿童对于关爱服务满意度评价有所不同。

(2)青少年在性别、年龄、职业、家庭总收入四个维度上显著性水平皆高于0.05，无显著性差异，但在地区上存在着显著性，说明不同地区青少年在关爱服务满意度上存在区分。

(3)妇女在职业、家庭总收入两个维度上显著性水平都大于0.05，不存在显著性差异，而在年龄、地区上存在显著性差异，说明不同地区、不同年龄的妇女在关爱服务满意度上存在分歧。

(4)老年人在性别、年龄、职业、家庭总收入四个维度上显著性水平皆高于0.05，无显著性差异，但在地区上存在显著性，说明不同地区老年人在关爱服务满意度上存在差异。

(5)残疾人在年龄、职业、家庭总收入三个维度上显著性水平都大于0.05，不存在显著性差异，而在性别、地区上存在显著性差异，说明不同地区、不同性别的残疾人在关爱服务满意度上存在区别。

(6)来深建设者在性别、年龄、职业、家庭总收入四个维度上显著性水平皆高于0.05，无显著性差异，但在地区上存在显著性，说明不同地区的来深建设者对关爱服务满意度有不同态度。

(7)特殊社区公众在年龄、地区、职业、家庭总收入四个维度上显著性水平皆高于0.05，无显著性差异，但在性别上存在显著性，说明不同性别的来深建设者间对关爱服务有不同意见。

(二)关爱服务指标体系的建立

本次问卷调查数据显示，总体上关爱服务的满意度较高，不同人群对于关爱服务满意度也较高。其中，残疾人的服务满意度最低为3.94，虽然处于理论中值之上，但仍需要增加对残疾人的关爱服务项目，切实满足残疾人的需求，不断提供服务质量。笔者针对分析结果，结合关爱服务发展现状，提出以下建议。

第一，平衡深圳市不同区域之间的关爱服务项目。通过单因素方差分析可知，除特殊社区公众人群之外，其他人群在关爱服务满意度上存在地区性差异，这就需要平衡区域间的服务项目，减少地区性差异，以此提高服务质量。

第二，提高残疾人关爱服务的质量。通过分析各人群的服务满意度均值发现，残疾人服务满意度均值低于其他六类人群。为此，应着重提高残疾人关爱服务的质量，为残疾人提供符合需求的服务；同时应不断提升其他人群的服务质量，促使七类人群服务的协调发展。

第三，尝试构建新型的关爱服务指标体系。在以往关爱服务指标体系研究的基础上，课题组提出了现阶段“更具合理性与建设性”的服务指标体系(见表11-43)。

表11-43　关爱服务指标体系

	分类	现有服务	建议增加服务
儿童	一般儿童（身心健康成长关爱）	儿童健康成长教育与心理辅导	户外拓展
		儿童不良行为习惯矫正(良好习惯养成)	小小志愿者
		学业资助与课余托管	
		儿童生活教育与技能培训(含安全教育)	
		儿童科教文卫体活动	
		儿童科教文卫体活动场所设施建设(含友好社区建设)	

续表

分类			现有服务	建议增加服务
儿童	特殊儿童救助保护和社会融入(残障儿童、空巢儿童、跨境儿童)		儿童性侵预防与保护	社会倡导服务
			特殊儿童教育资助	结对帮扶
			儿童医疗救助	
			特殊儿童(自闭、脑瘫儿等)能力建设与社交训练	
			针对特殊儿童(自闭、脑瘫儿等)的志愿服务	
			假期服务	
妇女	一般妇女	妇女身心健康成长关爱	妇女身体健康关爱服务	妇女职业规划
			妇女心理、情绪、精神辅导	妇女沟通表达技巧培训
			妇女恋爱与婚姻辅导	妇女自我保护意识提升
			妇女优生优育宣传咨询	妇女能力建设(心理、社会)
		家庭支持性关爱	妇女科教文卫体活动	家庭资源链接
			妇女职业技能辅导	
			家庭心理健康教育辅导	
			家庭关系咨询、辅导与调解(亲子教育)	
			家庭能力建设与家庭健康发展	
			家庭科教文卫体活动	
	特殊妇女(单亲妈妈、下岗女性、单亲家庭、失独家庭、低保家庭独生子女特殊家庭关爱、归侨家庭、特困家庭)		特殊妇女权益维护	性侵预防服务
			特殊妇女能力建设	心理能力建设(含预防自杀)
			入户探访慰问	
			经济援助	
			物质援助	
			医疗救助	
			心理辅导与帮扶	
			特困家庭结对帮扶	
			家庭危机干预(含家暴预防宣传及介入)	
			家庭重组	
			就业辅导与技能培训	
			特殊家庭科教文卫体活动	

续表

分类			现有服务	建议增加服务
青少年	一般青少年	青少年身心健康成长关爱	思想品格引导与爱国主义教育	自我能力建设
			青春期生理辅导与身体健康检查	
			心理情绪咨询辅导与心理健康教育	
			健康生活方式与行为习惯养成辅导	
			成长安全辅导教育	
			学业资助(奖助贷)	
			学业辅导与减压	
			校园危机干预	
			青少年兴趣娱乐与科教文卫体活动	
			青少年娱乐与科教文卫体场所设施建设	
		两性关系与社会化	婚恋辅导	家庭能力建设
			性侵预防宣传教育	沟通能力训练
			人际交往辅导	青少年公益活动
			职业规划/辅导/实践与技能培训	
			青少年创业指导与帮扶资助	
	特殊青少年	越轨青少年服务	禁毒预防、康复与社会回归	自我能力提升
			越轨青少年思想引导与心理辅导	社区矫正服务
			犯罪青少年行为矫正与社会融合	结对帮扶服务
		青少年维权	青少年权益政策法律咨询与宣传	
			困难青少年经济资助	
			弱势青少年权益保护与法律援助	

续表

分类			现有服务	建议增加服务
老年人	一般老人	身体精神健康关爱	身体健康保健咨询与宣传	心理咨询服务
			身体疾病筛查与治疗康复	一般老人日间照料
			精神健康预防、治疗与康复	婚姻回顾
			医疗养老健康场所及设施建设	
		老年社会参与	日常生活照料服务	组织管理技能培训
			关爱老人与科教文卫体活动	自组织孵化服务
			老年科教文卫体场所设施建设	
	特殊老人（独居、空巢、失独、高龄等）	特殊问题处理	特殊老年人心理辅导与支持	哀伤辅导
			临终关怀	家庭照顾者心理情绪疏导
		社区居家照顾	入户探访慰问	互助帮扶服务(低龄照顾高龄)
			家居照顾与生活照料服务	特殊老人日间照料
			护理与康复服务	
			老年人照料场所建设与改善	
			老年人出行交通接载护送服务	
残疾人	身心康复		身体康复训练与健康护理	照顾者压力释放服务
			精神问题预防与治疗	
			心理咨询与辅导	
			残疾人家庭支持与关爱帮扶	
	教育康复		残疾人特殊教育服务（含早期教育）	
			照顾者康复知识辅导与培训	
	职业康复		残疾人就业辅导与技能培训	残疾人照顾者就业规划服务
			残疾人职业招聘/就业平台提供	
	社区康复与社会融合		入户探访慰问帮扶	残疾人志愿服务
			照顾者能力建设与支持网络搭建	
			精神障碍者及家庭关爱	
			适宜的科教文卫体活动	
			残疾人照料场所建设与改善	

续表

	分类	现有服务	建议增加服务
来深建设者	身心健康及家庭关爱	健康检查与疾病救助	来深建设者父母健康及医疗帮助
		来深建设者及其子女心理辅导关爱与支持	
		来深建设者子女(留守、流动儿童)文体教育与能力提升	
		上门探访与慰问	
		家庭辅导与支持	
		经济援助	
		家庭团聚与外出活动	
	职业教育关爱	文化知识学习与技能培训	职业压力疏导
		职业规划、辅导与就业指导	
		来深建设者就业平台提供	
	社会融合	来深建设者及其家庭科教文卫体(社区)活动	同乡会
		来深建设者科教文卫体场所设施建设	
		来深建设者人际交往辅导	
		来深建设者权益保护	
	社会公平		社会保障服务
			反就业歧视
特殊社区公众人群(泛指公共事件引发困难的一般市民，适度普惠)	特殊职工与特定人群关爱(警察、教师、环卫工人、医护人员、企业员工、司乘人员等；党员、老兵、特殊疾病患者、外国人等关爱服务)	探访与(节日)慰问	家庭外展服务
		身体健康检查	特殊社区公众政策倡导
		职工心理辅导、减压与危机介入	
		困难职工及家庭经济帮扶	
		职业技能与素质提升	
		职工社区科教文卫体活动/服务	
		失业人员就业帮扶与能力提升	
		创业培训与支持服务	
		特殊人群乘车接送服务	

第十二章　关爱服务指标体系建构的经验模式与发展趋势

一、关爱服务指标体系建构的经验模式

在借鉴国内外公益事业发展经验之上，经过十多年的探索与实践，深圳关爱行动形成了独特的公益服务管理新模式，即“党政领导、多方合作、统筹协调、广泛动员”的运作模式，产生了“核心服务+辐射服务”的服务指标体系模式。根据笔者对居民需求调研与关爱服务的系统梳理，深圳关爱服务指标体系建构的经验模式主要有以下几点。

（一）党政领导的核心

深圳关爱行动是市委市政府大力倡导、市文明委主办的全市各级各部门和社会各界共同参与的群众性精神文明创建活动①，自始至终凸显了党政领导的核心。首届关爱行动于 2003 年 12 月 18 日正式启动，成立了关爱行动的临时办公机构。经过三届关爱行动的成功举办迎来了重大转折，关爱办形成了一套全新的“关爱服务”长效管理机制。2006 年 8 月 8 日关爱行动组委会常设办公室——深圳市关爱办正式成立，从一个临时

---

① 关于我们[EB/OL]. 深圳关爱网 . http：//www. szguanai. com/content/2012-09/07/content_7178201. htm. 2012-09-07/2017-10-12.

机构变成常设机构①。这意味着“关爱行动”的组织和协调已成为一项日常工作，标志着从2003年正式启动的“关爱行动”终于“修成正果”。

关爱行动是在政府主导下，通过培育慈善组织和文化传播的方式，由政府、媒体、企业、社会组织、公民个人提供的补偿性与增益性活动，目的是满足居民多元需要，促使关爱服务由托底型转向适度普惠型服务体系，打造关爱型社会，促进社会共融。到目前为止，关爱行动已惠及全体深圳市民，涵盖内容广泛，形成了“关爱核心服务+关爱辐射服务”的系统化、科学化、人性化、精准化服务体系。

据本次研究资料显示，在2005年至2017年的13年间，关爱行动的项目不断增加。比如，2005年、2006年的关爱行动为63、482项，2010年、2011年、2013年分别为1166项、1595项、1600项，到了2017年则发展为社会各界广泛参与的2045项。与此同时，经过多年实践和探索，关爱行动以扶弱帮困、权益保障、解决群众密切关注的生产生活问题为核心，以提高弱势群体、外来工、农村城市化居民、青少年素质为重点，关注人的成长，契合社会需要，深受广大市民的欢迎。可见，关爱服务呈现出了快速发展、势头良好的发展模式，充分体现了市委市政府“指导和推动”下群众关爱服务的成果。如此，关爱服务指标体系建构则凸显了党政领导。比如，在核心服务中彰显社会主义价值观，将“爱国主义与社会主义价值观教育、传统美德与当代伦理道德学习实践、公民关爱服务意识培养”等，变为引领社会风尚的服务涵盖；又如，在辐射性服务中，将“儿童科教文卫体活动场所设施建设(含友好社区建设)”等纳入政府的民生微事实服务项目中，以促进政府的资源投入。

(二)关爱理念的传播

作为慈善公益事业的创新工程，深圳关爱行动已成功举办了十四届，

---

① 李晓凤，黄小凤．一种“官民结合”的慈善公益组织探究——以深圳市关爱行动组委会办公室为例[J]．社会工作(理论版)，2011：5.

“关爱·感恩·回报”的服务理念，一直在深圳城市品格与文化塑造中得到宣传和实践。比如，在关爱行动的理念传播中，深圳市充分发挥大众媒体(如报刊、广播、电视、互联网、手机短信等)的传播作用，运用新闻报道、言论评论、公益广告等形式，普及关爱服务知识，宣传救助服务与公益活动的有益经验或感人事迹。由此，引导市民建立“守望相助、感恩关怀”的关爱理念，促进深圳关爱社会的发展。如此，在关爱服务指标体系建构中彰显了关爱精神文化的传播。比如，在关爱服务的核心指标体系建立中，笔者专门设立了“关爱精神文化传播指标”，包括关爱服务宣传、关爱服务提供者与服务表彰、关爱服务品牌打造、关爱教育推广四大模块。由此，将关爱精神文化纳入指标体系，有助于引导社会各界在服务中注重传递关爱，营造关爱友善的社会氛围。

(三)广泛的社会动员

关爱办作为关爱行动的办事处，除了负责落实关爱服务的策划、组织、推动、协调、表彰等之外，也具备了三个平台的功能。其一，文化传播平台。即借助新媒体传播关爱公益文化，打造核心品牌项目与文化精品，推广关爱素质教育，营造关爱与公益的社会氛围，并致力于推动精神社区建设。其二，组织动员平台。即进行广泛的社会动员，以媒体带动其他跨界主体(政府、企业、公益组织、公民个人)提供关爱服务，推动政社合作、企社合作、民间社会组织发育、个人公益慈善参与，形成全社会参与的良好氛围。其三，信息共享平台。即搭建各方公益信息交流平台，广泛链接公益资源，创新关爱服务模式，建设公益慈善信息港。如此，关爱办以“关爱、感恩、回报”为理念，发动政府、媒体、企业、社会组织、市民五个层面的力量来积聚社会资本，以共同开展关爱活动，尤其是鼓励商业和志愿机构参与“政府对弱势群体的福利安全网保护”活动，并强调人们相互依赖与互助的重要性。

“关爱行动”自2003年启动以来，一直吸引着社会各界不同程度的关注，也汇聚了各个组织和功能界别的力量。从服务提供的主体看，除了政府外，企业、媒体、民间组织纷纷参与其中。经过十多年的发展，参与关爱服务的主体已形成了一个政府、企业、媒体、社会(民间)组织、个人“五位一体”的体系，并与外部的环境积极互动，成为深圳市公益慈善领域的一个品牌项目。从多元主体提供的关爱服务看，如表12-1所示，2017年全市各级政府部门提供了211项关爱服务，占服务总数的14.1%；民办社工机构提供的服务量为25.6%；草根社会组织提供的服务量为17%；社区工作站和工青妇残联等分别为10.4%和14.8；媒体、企业、基金会分别为1.6%、7.3%、2.1%。

表12-1　　**2017年关爱服务实施主体统计表**

服务实施主体	频率	有效百分比(%)
市级政府部门	16	1.1
区级政府部门	78	5.2
街道办	117	7.8
社区工作站	156	10.4
社工机构	384	25.6
媒体	24	1.6
社会组织	256	17.0
企业	110	7.3
基金会	31	2.1
事业单位	108	7.2
政府第二部门	222	14.8
合计	1502	100.0

可见，在关爱办的动员下，关爱服务的突出特点是“政社合作”的多主体广泛参与，主要体现在两个方面：随着深圳社区党群服务中心综合服务的全面铺开，民间社工机构成为了关爱服务的主要供给方；同时，伴随社会组织迅速发展，草根社会组织也是关爱服务的主要提供者。不过，深圳多数关爱服务组织目前以政府培育为主，带有中国特色的嵌入性发展特点。从这个角度看，在培育多主体的关爱服务提供者之上，应加快媒体、企业、基金会等新生力量的发展。如此，在建构关爱服务指标体系中，笔者将媒体、企业、社会组织、个人提供的服务纳入了指标体系，以此凸显关爱服务广泛的社会动员。

(四)多元化的服务体系

经过十多年的发展，参与关爱行动的组织已形成了政府、企业、媒体、社会(民间)组织、个人(及家庭)“五位一体”的体系。同时，以关爱办搭建的沟通运作平台，促进了参与关爱行动的组织之间、组织与外部环境之间的积极互动，达到更有效地统筹与整合各种资源的作用。值得一提的是，在关爱服务的广泛社会动员中，市关爱办在组织定位上发挥着文化传播与共享共建平台的核心作用，其主要表现为：其一，文化传播平台。即关爱办通过关爱服务来弘扬关爱精神，传递关爱文化，并从人才、组织、文化、研究四个方面发挥着文化传播功能。比如，人才上注重领袖培育，组织上搭建传播联盟，文化上打造精品项目，研究上总结关爱成效。其二，共享共建平台。即关爱办应成为枢纽型综合型组织，搭建公益平台，动员多元主体参与关爱服务。因此，笔者在构建关爱服务指标体系中，十分重视关爱办在社会动员上独特的、不可替代的作用，并设计了以关爱办为核心的服务指标体系，现简述之。

目前，关爱行动形成了以关爱办为主体的“核心服务”与以广泛社会参与的“辐射服务”。从关爱行动的内容看，关爱办大力营造关爱文化，在服务与宣传中传播关爱精神，如举办关爱文化周、中国公益映像节与中国公益慈善项目交流展示会等就具有“造势”的作用，其知晓度与影响力极大，也彰显了深圳“关爱之城、志愿之城”的城市魅力。此外，关爱办积极动员各社会主体参与关爱服务，侧重于向弱势群体提供“托底性”福利服务，重点向特殊儿童与家庭、残障人士、流动人口(劳务工)等群体倾斜，以彰显慈善理念，促进弱势群体的社会适应度与融合度。

以深圳市2017年举办的“关爱服务”总体情况为例，共计开展服务项目1505项。从服务对象上看，2017年关爱服务向一般市民提供关爱服务341项，占服务总数的22.7%。同时，核心关爱的特殊群体主要有特殊家庭、特殊儿童和贫困党员、归侨、来深建设者、职工等特殊人群，分别占关爱服务总量的8.5%、7.6%、5.9%、3.9%、9%。此外，从关爱办的核心品牌服务看，2017年关爱服务品牌项目共有41项，涉及文化传播平台与共享共建平台的项目分别为 8 项和 33 项。可见，关爱行动形成了统筹协调、多元发展与体系化的公益项目品牌，其服务覆盖社会生活各方面，也促使公益服务成为了深圳人的生活方式。因此，在关爱服务指标体系的设计上，笔者也充分考虑了多元化的服务项目，形成了集“服务、运营、研究、倡导”四位一体的关爱服务体系，见表 12-2、表 12-3、表 12-4。

表 12-2　　**核心的关爱服务指标体系**

核心领域	关爱核心服务类型	关爱核心服务内容
关爱精神文化传播	关爱服务宣传	关爱精神文化宣传活动
		关爱服务宣传渠道(自媒体)拓展
		新媒体关爱品牌与服务传播
		公益传播枢纽型组织建设
	关爱服务提供者及服务表彰	模范标杆人物和组织评选
		对各类活动奖项荣誉评选、授予与表彰
	关爱服务品牌打造	关爱服务品牌项目开发、遴选与推广
		关爱文化精品、服务与成效可视化传播
		关爱服务名片打造
	关爱教育推广	爱国主义与社会主义价值观教育
		传统美德与当代伦理道德学习实践
		公民关爱服务意识培养、认同与实践
		市民文明素质培育及教育活动
		关爱教育实践基地建设
		关爱精品课程设置推广
	城市关爱空间与精神社区营造	提供关爱服务的实体性场所与设施建设
		关爱公益体验的实体性场所建设
		关爱场所提供的服务
		关爱精神社区营造

续表

核心领域	关爱核心服务类型	关爱核心服务内容
慈善组织建设	慈善组织能力建设	公益领袖人才培养
		公益慈善组织孵化与培育
		志愿者力量培育
	慈善实践	志愿者服务(含献血、器官捐赠)
		慈善募捐
广泛社会动员	枢纽平台建设	关爱办自身能力建设与提升
		信息化平台建设与运用(公益 O2O/信息港开发)
		公益资源链接
	多方动员与跨界合作	党委与政府动员(政社合作)
		媒体动员(媒体社会责任行动)
		企业动员(社会企业服务提供)
		公益组织动员
		个人动员(个人关爱服务倡议与平台)
关爱服务研究及倡导	关爱服务研究	关爱需求调研
		关爱服务发展报告(白皮书)
		关爱指数测评
		关爱服务成效评估
		关爱指数研究中心建设(深圳大学关爱指数研究中心)
	关爱服务倡导	关爱服务政策倡导
		关爱服务服务倡导

表 12-3　　**枢纽型的人群关爱服务指标体系**

关爱人群		关爱服务项目	关爱服务内容
儿童妇女家庭	一般儿童妇女家庭	儿童身心健康成长关爱	儿童健康成长教育与心理辅导
			儿童不良行为习惯矫正(良好习惯养成)
			学业资助与课余托管
			儿童生活教育与技能培训(含安全教育)
			儿童科教文卫体活动
			儿童科教文卫体活动场所设施建设(含友好社区建设)
		妇女身心健康成长关爱	妇女身体健康关爱服务
			妇女心理、情绪、精神辅导
			妇女恋爱与婚姻辅导
			妇女优生优育宣传咨询
			妇女科教文卫体活动
			妇女职业技能辅导
		家庭支持性关爱	家庭心理健康教育辅导
			家庭关系咨询、辅导与调解(含亲子教育)
			家庭能力建设与家庭健康发展
			家庭科教文卫体活动
	特殊儿童妇女家庭	特殊儿童(残障儿童、空巢儿童、跨境儿童)救助保护和社会融入	儿童性侵预防与保护
			儿童教育资助
			儿童医疗救助
			特殊儿童(自闭、脑瘫儿等)能力建设与社交训练
			针对特殊儿童(自闭、脑瘫儿等)的志愿服务
			假期服务
		特殊妇女家庭救助和保护(单亲妈妈、下岗女性、单亲家庭、失独家庭、低保家庭独生子女特殊家庭关爱、归侨家庭、特困家庭)	特殊妇女权益维护
			特殊妇女能力建设
			入户探访慰问
			经济援助
			物质援助
			医疗救助
			心理辅导与帮扶
			特困家庭结对帮扶
			家庭危机干预(含家暴预防宣传及介入)
			家庭重组
			就业辅导与技能培训
			特殊家庭科教文卫体活动

续表

关爱人群		关爱服务项目	关爱服务内容
青少年	一般青少年	青少年身心健康成长关爱	思想品格引导与爱国主义教育
			青春期生理辅导与身体健康检查
			心理情绪咨询辅导与心理健康教育
			健康生活方式与行为习惯养成辅导
			成长安全辅导教育
			学业资助(奖助贷)
			学业辅导与减压
			校园危机干预
			青少年兴趣娱乐与科教文卫体活动
			青少年娱乐与科教文卫体场所设施建设
		两性关系与社会化	婚恋辅导
			性侵预防宣传教育
			人际交往辅导
			职业规划/辅导/实践与技能培训
			青少年创业指导与帮扶资助
	特殊青少年	越轨青少年服务	禁毒预防、康复与社会回归
			越轨青少年思想引导与心理辅导
			犯罪青少年行为矫正与社会融合
		青少年权益维护	青少年权益政策法律咨询与宣传
			困难青少年经济资助
			弱势青少年权益保护与法律援助

续表

关爱人群		关爱服务项目	关爱服务内容
老人	一般老人	身体精神健康关爱	身体健康保健咨询与宣传
			身体疾病筛查与治疗康复
			精神健康预防、治疗与康复
			医疗养老健康场所及设施建设
		老年社会参与	日常生活照料服务
			关爱老人与科教文卫体活动
			老年科教文卫体场所设施建设
	特殊老人（独居、空巢、失独、高龄等）	特殊问题处理	特殊老年人心理辅导与支持
			临终关怀
		社区居家照顾	入户探访慰问
			家居照顾与生活照料服务
			护理与康复服务
			老年人照料场所建设与改善
			老年人出行交通接载护送服务
残疾人		身心康复	身体康复训练与健康护理
			精神问题预防与治疗
			心理咨询与辅导
			残疾人家庭支持与关爱帮扶
		教育康复	残疾人特殊教育服务（含早期教育）
			照顾者康复知识辅导与培训
		职业康复	残疾人就业辅导与技能培训
			残疾人职业招聘/就业平台提供
		社区康复与社会融合	入户探访慰问帮扶
			残疾人照顾者能力建设与支持网络搭建
			精神障碍者及家庭关爱
			适宜的科教文卫体活动
			残疾人照料场所建设与改善

续表

关爱人群	关爱服务项目	关爱服务内容
来深建设者	身心健康及家庭关爱	健康检查与疾病救助
		来深建设者及其子女心理辅导关爱与支持
		来深建设者子女(留守、流动儿童)文体教育与能力提升
		上门探访与慰问
		家庭辅导与支持
		经济援助
		家庭团聚与外出活动
	职业教育关爱	文化知识学习与技能培训
		职业规划、辅导与就业指导
		来深建设者就业平台提供
	社会融合	来深建设者及其家庭科教文卫体(社区)活动
		来深建设者科教文卫体场所设施建设
		来深建设者人际交往辅导
		来深建设者权益保护
特殊社区公众人群(泛指公共事件引发困难的一般市民，适度普惠)	特殊职工与特定人群关爱(警察、教师、环卫工人、医护人员、企业员工、司乘人员等；党员、老兵、特殊疾病患者、外国人等关爱服务)	探访与(节日)慰问
		身体健康检查
		职工心理辅导、减压与危机介入
		困难职工及家庭经济帮扶
		职业技能与素质提升
		职工社区科教文卫体活动/服务
		失业人员就业帮扶与能力提升
		创业培训与支持服务
		特殊人群乘车接送服务

表 12-4　　**枢纽型的场域关爱服务指标体系**

服务场域	关爱服务项目	关爱服务内容
自然关爱	关爱自然宣传	关爱自然环保科普宣传教育
	生态环境保护	生态(动植物)资源保护与恢复
		绿色环保行动
社区关爱	邻里互助	居民兴趣娱乐文体活动
		居民兴趣休闲娱乐文体场所设施建设
		社区关爱及文明氛围营造
	社区能力建设	社区需求调研
		社情民意倾听
		社区便民服务设施建设
		社区公共突发事件应急援助
		居民社区参与能力提升
地区扶贫	贫困助学助校	教育资金援助
		贫困地区物质援助
		校园设施建设与改善
		对口地区服务站建设
		贫困地区师资支援
		对口地区学生结对帮扶跟踪
社会关爱	市民社会参与	市民素质教育
		市民科教文卫体活动
		市民居家生活环境改善
	市民权益维护	市民法律援助
		政策宣传咨询
		消费者权益维护

值得一提的是，目前我国非政府组织普遍存在资金严重不足、无法开展正常活动等困境。一些非政府组织为了维生，开展了与自身业务范围不符的经营活动或违法活动，或者存在政府出资与服务购买的资金投

入缺乏管理等问题，致使现有资金投入无效。而深圳市关爱行动的资金来源多元化，可以接受政府、企业、个人等多种形式的捐资，并整合各方资源。这既易被官方认可、获得官方大力支持，又易被民间社会接受、便于动员市民参与。此外，媒体作为执行承办机构，具备了其他公益组织不具备的强大实力及社会公信力。

二、关爱服务指标体系建构的发展趋势

经过近 40 年的发展，深圳作为改革的排头兵，已在经济建设中取得了瞩目的成就。如今，在构建中国和谐社会及公益事业的大发展前夜，深圳再次英气勃发，率先探索公益事业发展的创新管理模式，历经十多个寒暑不断推出一系列的关爱行动，为形成自身的城市品格和文化特质而努力。无疑，这是在深圳探索公共服务管理和公益发展模式道路上一个可圈可点的生动实例与范本。基于关爱服务的实证研究，笔者认为，关爱服务指标体系建构的发展趋势如下。

(一)强化公民责任的承担

公益活动在过去常常从个人情感出发，以不定期地帮助他人为主，服务理念上则强调“不求回报的利他主义、公而忘私的奉献、施舍式爱心救助”等。然而，伴随中国和谐社会的建构与公民社会的成长，现在更强调“从事志愿服务和公益活动是参与社会”的行为，是公民精神与公民责任的体现，是更高生命价值的表现。

正如关爱行动的口号所说，“关爱 · 感恩 · 回报”，以及“用爱拥抱每一天、用心感动每个人”，帮助他人同时也是自我充实与自我升华的过程，是服务提供者与接受服务者的双赢过程，是重建人与人之间新型的和谐关系的过程。如此，笔者认为，在关系服务指标体系的建构中应彰显公民精神，以引领“新时代”的社会风尚，促进关爱行动的理念发生实质性的转变。

（二）聚焦精准的专业服务

本次研究发现，关爱服务从2003年至今已经初步形成了关爱服务指标体系，我们将之概括为“关爱核心服务、关爱辐射服务”两大指标体系。其中，“关爱核心服务”指关爱办自身的品牌项目，即“服务、运营、研究、倡导”四位一体的关爱核心服务体系，主要由关爱精神文化传播、慈善组织建设、广泛的社会动员、关爱服务研究与倡导四大模块组成。而“关爱辐射服务”主要指关爱办牵头动员多主体参与的、面向特定人群或特定场域提供的适度普惠性服务。这里的“多主体”包括党政机关、新媒体、企事业单位、社会组织及个人。相应地，在全社会参与下，笔者构建了分层次、宽领域、精细化的全市关爱服务与支持网络。这个服务网络可以从“人群关爱、场域关爱”划分为两部分。所谓的“人群关爱”由儿童、妇女、青少年、老人、残疾人、来深建设者、特殊社区公众组成；“场域关爱”由自然关爱、社区关爱、地区扶贫、社会关爱组成。

在关爱办的指挥、协调与统筹下，社会各界力量积极参与关爱行动，并促使关爱服务成为具有影响力的品牌项目，形成了较为系统、科学、专业、前瞻性的关爱服务体系。然而，面对每年上千个关爱服务项目，笔者认为，在关爱服体指标系的建构中，既要涵盖所有的服务人群与服务场域，又要注重从“托底型”向“适度普惠型”的服务转变，以此在未来才有更广泛、更深层次的服务介入空间。此外，我们认为，在今后的关爱服务指标建构中应摒弃粗糙的指标，并结合更多的实证研究及项目设计理论，来促进项目指标的精准化。

（三）注重服务成效的评估

基于“党政领导、官民协同、政社合作、多方参与”的关爱行动格局的形成，笔者认为，深圳市的关爱服务将采取“准市场”与“福利多元主义”的服务输送模式。相应地，关爱行动的参与机构将面对的问题是，如何透过有效的公关与营销以取得政府、咨询委员会、服务接受者的支持。而在此种管理架构下，关爱服务的组织建构将会追求管理的专业化与项目的品质化。从这个角度看，关爱服务机构的人力资源管理则成为了未来关爱服务体系建设的重要工作。不过，本次调查发现，因关爱服务的人力资源管理与项目品质化管理涉及诸多知识和技巧，具备这方面智能的并能稳定从事关爱项目运营的专业人才相对匮乏。

此外，深圳市关爱办尚未建立制度化的外部评估，只有少量的内部评估，如职工的绩效评估、某些专家关于关爱办的内部调研报告和对个别活动的简单评估。同时，笔者发现，关爱办的内部评估也存在某些问题，因为基本是由自身的工作人员对活动进行评估，其评估角度过于局限，很难客观审视活动中存在的全部问题①。有鉴于此，我们认为，未来关爱服务指标应增加评估维度，以此提升关爱服务项目运营的透明度和公信力，并为关爱服务的长期有效发展及社会管理创新提供制度性的支撑。

(四)发挥枢纽型关爱组织的功能

关爱行动经历十多年的发展，不再是依托“关爱办”的唯一主体开展活动，而是形成了以“关爱办为核心、动员多方社会力量参与”的服务型治理格局，并且这些不同主体的服务项目也要求更具精准性和创造性。基于关爱办的性质定位，本次调查发现，作为组织动员平台的关爱办，已依托新媒体力量对关爱服务进行了宣传、报道和展示，以此带动其他跨界主体共同提供关爱服务。同时，在企业、社会服务组织(如社工机构、社会团体、基金会等)及市民参与下，初步形成了多样化的枢纽型关爱服务体系。

比如，笔者在2017年关爱服务实施主体的分析中发现，伴随2016年年底深圳社区党群服务中心的全覆盖，由民办社工机构提供的关爱服务占据了较大比重。究其主要原因在于，社区党群服务中心的一线社会

---

① 李晓凤，黄小凤．一种“官民结合”的慈善公益组织探究——以深圳市关爱行动组委会办公室为例[J]．社会工作(理论版)，2011：4-8.

工作者更加了解社区基本情况与居民需求，也使得党群服务中心的关爱服务更“接地气”。尤其是针对特殊社区人群（如低保人群、残障人群、困难家庭等），社会工作者更能提供精准化的托底型服务。不仅如此，深圳草根社会组织提供的服务数量也在不断扩张，无疑，这有助于促进关爱行动的“政社合作”“企社合作”，培育民间社会力量来实现“共同的善”。因此，我们认为，在未来的关爱服务指标体系建构中，枢纽型社会组织有可能单独成为一个模块，关爱服务也势必带动更多的服务主体参与其中，以形成更加庞大的关爱服务网络。

第十三章　研究总结与展望

为进一步优化关爱服务指标体系，提升关爱服务质量，笔者依据国内外社会服务指标体系的划分标准及结合深圳市十个区关爱服务的实施状况，将深圳市关爱服务人群主要划分为儿童、青少年、妇女、老年人、残疾人、来深建设者、特殊社区公众七类；同时，对各类人群的基本情况、特征、个人需求、服务需求、关爱服务满意度、关爱服务枢纽型组织等方面进行了总结与概括。由此，在各人群需求调研与笔者以往开展的关爱服务指标体系研究之上，试图建构一个更为完善的关爱服务指标体系。在关爱服务指标体系建立方面，笔者首先以总体服务满意度均值为基线，探讨了关爱服务对于各人群需求的回应程度，以此考察关爱服务指标设立的合理性。之后，再结合服务开展的现实情况与程序逻辑模型(简称 PLM 模式)，提出了关爱服务指标体系的建立及诸多建设性的意见。

一、关爱服务指标体系研究的总结

迄今为止，作为一个超大规模、全民参与的慈善公益品牌项目，深圳市已系统地开展了十五届关爱行动。随着关爱行动规模的不断扩大、领域的不断延伸、项目的不断完善、层次的不断多样、程度的不断深化和体制机制的不断健全，关爱服务的发展也面临着新的机遇与挑战。笔者通过系统回顾国内外关爱社会思想、关爱服务经验与指标体系建构的多元化标准，在总结以往研究成果基础之上，采用“量主质辅”的实证调查方法，建构了深圳市关爱服务指标体系。这个服务体系包含了核心服务与辐射服务，涵盖不同人群及主要的服务场域，内容十分丰富，现总结如下。

(一)关爱服务指标体系建构的必要性

在阐述关爱服务指标体系建构的必要性时，主要从“关爱服务性质决定建构关爱服务指标体系的必要性”展开。为此，需要简要说明深圳市关爱办与关爱服务的发展路向及其定位。

关爱行动是深圳市委市政府大力倡导、市文明委主办、全市各级各部门和社会各界共同参与的群众性公益服务。于2003年12月18日正式启动，至今已形成了一套全新的关爱服务长效管理机制。2006年8月8日深圳市关爱服务常设办公室——深圳市关爱办正式成立，即从一个临时机构变成常设机构。这一变化意味着深圳关爱服务的组织和协调已经成为一项日常性工作，关爱服务终于“修成正果”。

笔者的前期研究成果发现，关爱办作为深圳关爱行动组委会的办事机构，负责落实关爱行动的策划、组织、推动、协调、表彰等工作，其指导思想是以改善民生为重点，以推动建设和谐深圳为目标，以此搭建参与公益、奉献爱心的良好平台。同时，关爱办以“关爱、感恩、回报”的人本主义为理念，发动了政府、媒体、企业、社会组织、市民五个层面的力量来积聚社会资本，以共同开展关爱活动，尤其是鼓励商业和志愿机构参与政府对弱势群体的福利安全网保护的活动，强调人与人之间的相互依赖及互助的重要性。然而，经历十余年的发展，关爱办自身的性质和功能发挥的内涵外延早已突破了早年的定位，关爱服务也愈发多样化、精准化、个性化，并具有较强的可持续性和影响力。如此，关爱服务也需要重新被界定或得到清晰说明。

基于前期研究成果以及对关爱服务的实证调研，笔者对关爱服务的性质赋予了新的意涵。即关爱服务是在全球化的新社会运动背景下成立的，具有中国特色的公益化、信息化的枢纽型组织服务。其核心功能有传播关爱文化，广泛社会动员，搭建共享平台，致力于推动城市关爱空间与精神社区的营造。不仅如此，本次实证调查发现，关爱服务作为民生工程的重要部分，在发送社会弱势群体“托底”的福利服务之时，也关注一般居民的需求，确保普通居民的公共服务需求得到满足。由此，关爱服务分为一般性居民需求服务、特殊性居民需求服务两大类。同时，针对不同人群应提供多元化服务，借以改变千篇一律的服务方式与内容。比如，通过走访调查等方式调查不同人群、不同类型居民的需求，以此增加关爱服务的有效性、精准性，做到“精准服务、精准扶贫”，努力将关注“服务数量”转变成关注“服务质量”。

可见，对关爱服务性质的重新界定，决定了其功能发挥的方向和焦点，也决定了我们梳理关爱服务体系的必要性。

(二)关爱服务指标体系建构的合理性

关爱服务在十余年的发展中，面对各领域各人群的个人需求、服务需求开展了1600余项服务。在以往关爱服务与调研成果的基础上，对关爱服务指标体系做出了科学的归纳与规划。比如，在服务数量向质量的转变中，依据科学的程序逻辑模型(Program Logic Model)下“服务需求、服务提供、服务成效三者之间是一个闭合的环”的原理，先后在深圳10个地区对七大人群的需求(包括个人需求与服务需求)、提供的专业服务、关爱服务成效评估三方面展开了实证调查，并在三者之间模拟出了一个闭合的环。我们认为，这个“闭合的环”有助于提升关爱服务的专业性、科学性、精准性，实现从“深圳速度”向“深圳质量”转变，由此推进关爱服务由“量”到“质”的发展，达致关爱服务的精准化。现将本次证实调查结果总结如下。

1. 关爱服务的总体性描述

其一，服务人群的总体性描述。笔者对深圳市10个区的特定人群展开了实证调查，调查对象包括儿童、青少年、妇女、老人、残疾人、来深建设者、特殊社区公众群体。根据调查结果与数据分析，深圳市关爱服务人群主要呈现以下特征：服务对象的调查区域较为全面(覆盖了深圳10个区域)；女性服务对象的比例超过了男性；服务对象的年龄呈现低龄化；七成以上的服务对象处于未婚状态；服务对象的文化程度偏低；服务对象的职业呈现多元化趋势；服务对象的家庭收入偏低；服务对象的政治面貌以群众为主；服务对象的户口类型以非深户为主(移民城的特点)；服务对象居住时间较长；已退休服务对象占据比例较少。

其二，服务人群的需求。关爱服务个人群需求情况见表13-1，详细需求可见第九章。

表13-1　　**关爱服务各人群需求简表**

人群		生理	心理	社会适应
儿童群体		生存的需求 受保护的需求	发展的需求	社会化的需求
青少年群体	一般青少年	身体健康维护及医疗的需求	情绪疏导的需求	能力建设、社会参与的需求
	特殊青少年	身体健康维护及医疗的需求	自我认知与自我认同的需求	建立社会关系网络、社会参与的需求
妇女群体	一般妇女	基本生活的需求	精神的需求	能力建设、社会参与及支持的需求
	特殊妇女	基本生活及医疗服务的需求	心理及情绪辅导的需求	能力提升、认知改善的需求
老年人群体	一般老年人	健康保健、生活照料的需求	休闲娱乐的需要	再学习、社会参与的需求
	特殊老年人	居家安全的需求	后事安排的需求	
残疾人群体	残疾人	康复需求	文化生活需求 环境友好需求	教育需求 劳动需求 社会福利需求 环境友好需求
	残疾人家属			
来深建设者群体		身体健康及医疗服务的需求	心理健康教育的需求	社会参与的需求

续表

人群		生理	心理	社会适应
特殊社区公众群体	在职贫穷的弱势群体	基本生活保障的需求	精神生活的需求	社会支持的需求
	优势人群中的弱势群体	基本生活需求已满足	心理建设的需求	社会认同的需求

2. 关爱服务枢纽型组织分析

关爱服务枢纽型社会组织指在关爱办的牵头下，动员社会多主体跨界合作，在全社会参与下构建起分层次、宽领域、精细化的全市关爱服务与支持网络。本次调查发现，在枢纽型关爱组织建设中，关爱办成为党政与社会各界联系的“桥梁与纽带”，以此将与关爱服务性质相同、业务相近的社会组织联合起来，对其进行日常管理，发挥着“龙头”作用。比如，在深圳市十余年关爱服务中，关爱办牵头动员社会多主体(如政府、企业、媒体、民间社会组织)参与，各枢纽型组织积极参与关爱服务，将关爱服务制度化、规范化、常态化，这对于深圳市精神文明建设与居民生活幸福指数的提高都具有不可替代的作用。进一步，主要从政府、企业、媒体、民间社会组织的跨界合作，力图探究枢纽型组织在关爱服务中的运行情况及其发挥的独特功能。

其一，枢纽型组织中的“政府”。政府在关爱服务的开展中项目十分丰富，涉及体育、医疗卫生等诸多领域；并且其服务比较有特色，侧重于社会服务领域。

其二，枢纽型组织中的“企业”。企业主要以资金投入关爱服务之时，企业职工较多以志愿者身份参与，只是专职的关爱服务人员较少。但是，企业中人员稳定性较好，这为关爱服务的持续开展提供了源源不断的人力支持。

其三，枢纽型组织中的“媒体”。媒体作为网络时代的推动主体和信息载体，已成为关爱信息传播和促进关爱网络发展的动力来源。尤其是伴随网络媒体的运作方式逐渐成熟，媒体策划的公益活动与手段日趋多元化，公益覆盖面也越来越广。

其四，枢纽型组织中的“非政府组织”。伴随非政府组织的专业化程度逐渐提高，财务来源的多样化，财务公开度的提升，组织内部治理模式(特别是理事会制度)正在逐步完善。如此，非政府组织日益成为关爱服务的实施主体，并促成了关爱行动“强政府强社会”格局的形成。

可见，在关爱办的指导与组织下，深圳关爱枢纽型组织正在逐渐完善，这有利于整个关爱服务的开展和运行。不过，因枢纽型关爱组织仍处于发展初期，不可避免存在诸多问题。比如，多元主体如何相互了解彼此的风格，共同创造合作性经验，以在多元化服务中创造协商共治机制还有待完善。又如，如何快速提升非政府组织的能力(尤其是公信力)，促使其角色由“划桨”转向“掌舵”，以成为间接的政府行为，回应大规模的公共问题，在今后的关爱枢纽型组织组织建设中应予以充分的重视。

3. 关爱服务的成效评估

本次调查数据显示，深圳总体关爱服务的满意度均值为 4.20，远高于理论中值 3；同时，如图 13-1 所示，2017 年关爱服务满意度均值比 2013 年高出 0.20(2013 年满意度均值为 4.00)。此外，结合图 13-2 发现，儿童、妇女、老年人、来深建设者的关爱服务满意度均值，都高于总体关爱服务满意度均值；特殊社区公众与总体关爱服务的满意度均值接近，相差 0.01；青少年与残疾人的关爱服务满意度均值与总均值相差较大。可见，总体关爱服务满意度均值较高，服务成效呈现良好状态，但各人群之间满意度存在着某些差异。

总之，通过本次研究发现，在关爱办积极动员各界力量与发挥枢纽型组织作用之下，经过十余年的发展，关爱行动已成为具有影响力的品牌项目，并形成了较为系统、科学、专业、前瞻的关爱服务指标体系。在这个服务指标体系建构中，不仅涵盖所有的关爱服务人群与服务场域，也注重从“托底型”转向“适度普惠型”服务，并在未来将有更广泛、更深层次的介入空间。

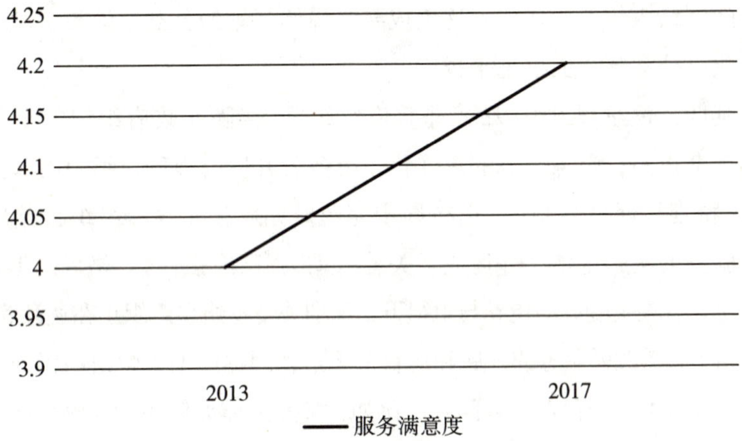

图 13-1　关爱服务满意度变化趋势

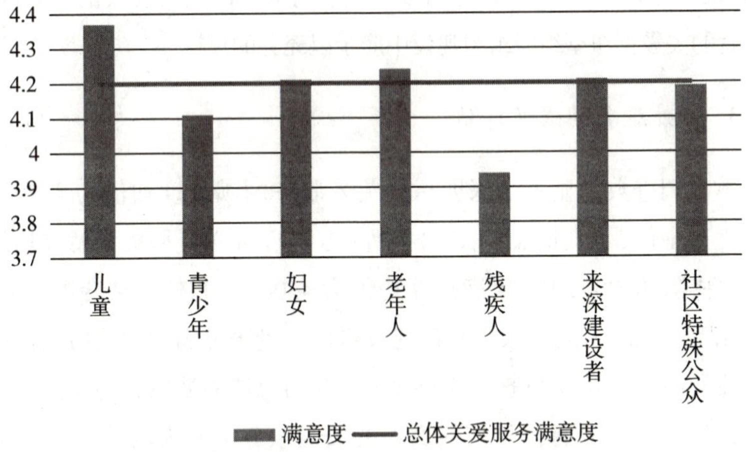

图 13-2　总体关爱服务满意度

二、关爱服务指标体系研究的局限

(一) 关爱服务指标体系研究的局限

本书因时间、精力及研究者个人能力有限，关爱服务指标体系研究也存在以下问题。笔者希望在后续的研究中能够不断完善，以促使关爱服务指标体系研究更加精细化和本土化。

第一，对关爱办与关爱服务缺乏深入理解及深描诠释，致使笔者提出的“现时与理想的关爱服务指标体系”与实际情况有所差距。尽管笔者全面分析了 2017 年 1600 余项关爱服务，并采用了访谈法、德尔菲法、问卷法等提炼总结，但面对 15 年积累的几万项关爱活动，我们对关爱办与关爱服的实地研究仍然不足。相应地，关爱服务指标体系研究可能无法全面覆盖各人群的个性化需求。

第二，关爱服务指标体系的“精神文化”特点不突出。因国内外学术界缺乏对关爱服务体系的系统研究，笔者只能借鉴基本公共服务或社会服务体系予以建构，并兼具民政服务色彩。但是，对关爱服务体系中精神文化研究不足，也未能充分彰显文明办的文化关爱指标。

第三，因研究时间紧迫，部分指标体系研究的内容仍有改进的空间。比如，本书中的服务指标体系研究虽然进行了 11 个月，但笔者在文献梳理、理论研究、指标搭建上仍有不完善之处。

(二)关爱服务指标体系建构的局限

随着关爱行动的不断成熟，对关爱服务指标的建构也提供了宝贵的素材。然而，因关爱服务本身存在诸多不完善之处，使得关爱服务指标的建构亦有不少的改善空间。

(1)民间组织参与的指标呈现不足。目前，关爱服务形成了政府、企业、媒体、社会(民间)组织、个人“五位一体”的多元参与的服务体系，初步建立了政社合作、官民协同，多方参与的组织格局。不过，本次研究发现，关爱服务组织的基本格局是“以政府为主导、过渡性政府组织与社会力量为补充”。

从 2017 年服务实施主体的数据看(见第十二章中表 12-1)，关爱服务提供者有以下变化趋势：随着社区党群服务中心的全面铺开，社工机构成为关爱服务的主要供给方；同时伴随社会组织的不断发展，草根社会组织逐渐成为关爱服务的主要实施单位。然而，从服务整体的提供情况看，政府仍然占据近1/4的比重，之后由低到高分别是政府第二部门(14.8%)、社区工作站(10.4%)、街道办(7.8%)、区级政府部门(5.2%)及市级政府部门(1.1%)，累计24.5%。同时，考虑到社工机构的服务主要是政府购买，可见政府提供的关爱服务仍然较大。因此，在关爱服务指标体系建构中，笔者较多围绕政府主导的服务指标来设计，对于其他社会力量尤其是个人层面的参与彰显力度不够。从这个角度看，未来发展趋势是，企业、媒体、社会组织与个人的力量会逐步加强，最终形成关爱服务“小政府、大社会”的指标体系格局。

(2)服务指标中忽略了服务管理层面。在关爱服务的开展中，组织管理与服务统筹起着十分重要的作用。然而，因历届关爱行动缺乏组织管理的原始资料，本次服务指标体系的建构主要是彰显不同主体提供的服务，忽视了组织管理及其是在核心服务中的管理类指标设计。这和关爱办自身的组织建设不够完善有一定的关联。

笔者经调查发现，深圳市关爱办从属于深圳市文明办和深圳报业集团，其工作人员主要来源于这两大机构，缺少与公益相关的专业技巧。比如，深圳报业集团的关爱工作人员主要来自于新闻学、中文、法学等专业，这类工作人员对待公益事业较多从自身的专业角度去看理解及设计关爱服务。同时，从我国整个公益领域来看，公益事业的专业人才较少，与公益事业相关的教育十分匮乏，导致从事关爱服务的人员专业知识不足。如此，深圳市关爱办应提升自己的专业性，逐步改善组织管理中存在的问题，以此将组织管理类指标纳入关爱服务指标体系之中。

三、关爱服务指标体系研究的建议

如图13-3所示，笔者在程序逻辑模型(简称PLM模型)的指引下，通过被调查者对于服务输送“闭合的环”的过程考察，即关爱对象对个人需求、服务需求、专业服务、服务成效(如满意度评估)等不同服务环节的实证调研，并参考国内外的社会服务指标体系框架，尝试建构了一套创新性的关爱服务指标体系，见第十一章中表11-42。

图 13-3　关爱服务闭合的环

(一)关爱服务与关爱需求的匹配性

程序逻辑模型在社会服务项目的设计与评估中十分常见，在关爱服务指标体系的建构中我们也借鉴了此模型，由此为本书实证调查的执行及关爱服务指标体系设计提供了较为完善的理论框架。程序逻辑模型认为，项目投入、项目具体活动、服务成果有其时间逻辑或因果关系，项目投入、项目具体活动在时序上会先发生，服务成果则是项目预期的结果。如此，PLM 模型包涵了背景分析、资源投入、产出、影响四个阶段和步骤(见表 13-2)。其中，资源投入即为实现某个社会服务项目投入的资金、物力、人力、时间、设备等资源；投入后，在条件允许的情况下，开始实施项目，即行动、活动；实施项目后会有直接的产出，并产生了一定的成果；最后就是该项目是否达到了开始设计的目标，在短期、中期和长期上产生何种影响。

PLM 模型的运用不仅可以用于对项目的评估，也可用于项目的选择与服务指标的设计。尤其在资源有限的情况下，一个良好的服务指标体系应该由众多能够产生积极效果、并且“投入-产出比在现实可操作的范围内”的服务组成。如此，笔者采用 PLM 程序逻辑模型来评估关爱服

表 13-2 **程序逻辑模型**

背景分析		资源投入	产出		成果/影响		
处境分析	优先权		活动	服务对象	短期	中期	长期
对现存的某些现象、问题或需求进行分析	项目将优先处理哪些问题或回应哪些需求	需要投入哪些资源去开展项目	整个项目将会开展哪些活动	项目将服务哪些对象或人群	项目实施期内的成果/对项目的直接服务对象（集中在对象的认知层面）的影响	项目将近结束或结束半年后的成果/对项目服务对象（集中在对象的行为、技巧层面）及其身边的人的影响	项目结束后一两年或最理想、最美好的成果/对服务对象（集中在态度、习惯层面）乃至整个社区、社会的影响
	假设/理论基础				外界因素 可能影响项目开展及成效的负面因素		
评估							

务项目，从评估结果中挑选与整合好的服务项目组成服务指标体系。无疑，可行性服务的指引也应按照 PLM 程序逻辑模型开展，即要开展某项服务需要有何种产出、行动，行动后会有何种产出与成果以及影响等。

不过，因我国对关爱服务的研究十分稀少，有关城市关爱服务指标体系的研究几乎未开展，本书可以借鉴的研究成果很少。加之，笔者首次采用 PLM 模型来设计关爱服务指标体系，以及我们的研究精力、研究资源与研究水平有限，服务方案设计过程中运用的 PLM 模型、“闭合的环”以及需求与服务指标设计的匹配性等，仍需进一步研究与完善。

(二)关爱服务的枢纽型组织建设

枢纽型关爱服务组织建设是一个系统工程，需要做好顶层设计。比如，深圳市各区政府应构建一套完整的枢纽型关爱服务组织的工作机制，将政府主导性和民间自主性结合起来，以纠正当前枢纽型社会组织建设中存在的目标与功能之间的偏差。而枢纽型关爱服务组织工作机制包含科学的认定标准、公正的认定程序、规范的资金使用管理、公开的社会监督、严格的考核评估制度、动态的进入与退出机制等制度。为此，在深圳市关爱服务的枢纽型组织建构中，笔者针对不同的服务主体，分别设计了枢纽型关爱组织建设指标及其服务指标体系(详见第十章)，由此为枢纽型关爱组织发挥服务功效提供思路。

枢纽型关爱服务组织是深圳社会治理的重要参与力量，建议各个关爱服务组织应在法制环境下，继续加强与政府、其他社会组织的合作，更加广泛地动员社会公众参与。同时，重塑组织的价值理念，完善组织治理结构，加强自身能力建设，不断创新工作机工作方法。这样，枢纽型关爱服务组织才能在深圳社会组织建设和社会发展中发挥更大的作用。

(三)增加关爱服务指标的建议

为不断优化关爱服务、提高服务质量，课题组从不同人群的需求出发，在 2016 年关爱服务指标体系研究的基础上(见表 13-3)，增加了适合人群需求的多组服务指标。而表 13-4 是笔者针对各人群提出的新增服务指标。

表 13-3 **2016 年深圳市关爱服务指标体系**

关爱人群		关爱服务项目	关爱服务内容
儿童妇女家庭	一般儿童妇女家庭	儿童身心健康成长关爱	儿童健康成长教育与心理辅导
			儿童不良行为习惯矫正(良好习惯养成)
			学业资助与课余托管
			儿童生活教育与技能培训(含安全教育)
			儿童科教文卫体活动
			儿童科教文卫体活动场所设施建设(含友好社区建设)
		妇女身心健康成长关爱	妇女身体健康关爱服务
			妇女心理、情绪、精神辅导
			妇女恋爱与婚姻辅导
			妇女优生优育宣传咨询
			妇女科教文卫体活动
			妇女职业技能辅导
		家庭支持性关爱	家庭心理健康教育辅导
			家庭关系咨询、辅导与调解(含亲子教育)
			家庭能力建设与家庭健康发展
			家庭科教文卫体活动
	特殊儿童妇女家庭	特殊儿童(残障儿童、空巢儿童、跨境儿童)救助保护和社会融入	儿童性侵预防与保护
			儿童教育资助
			儿童医疗救助
			特殊儿童(自闭、脑瘫儿等)能力建设与社交训练
			针对特殊儿童(自闭、脑瘫儿等)的志愿服务
			假期服务
		特殊妇女家庭救助和保护(单亲妈妈、下岗女性、单亲家庭、失独家庭、低保家庭独生子女特殊家庭关爱、归侨家庭、特困家庭)	特殊妇女权益维护
			特殊妇女能力建设
			入户探访慰问
			经济援助
			物质援助
			医疗救助
			心理辅导与帮扶
			特困家庭结对帮扶
			家庭危机干预(含家暴预防宣传及介入)
			家庭重组
			就业辅导与技能培训
			特殊家庭科教文卫体活动

续表

关爱人群		关爱服务项目	关爱服务内容
青少年	一般青少年	青少年身心健康成长关爱	思想品格引导与爱国主义教育
			青春期生理辅导与身体健康检查
			心理情绪咨询辅导与心理健康教育
			健康生活方式与行为习惯养成辅导
			成长安全辅导教育
			学业资助(奖助贷)
			学业辅导与减压
			校园危机干预
			青少年兴趣娱乐与科教文卫体活动
			青少年娱乐与科教文卫体场所设施建设
		两性关系与社会化	婚恋辅导
			性侵预防宣传教育
			人际交往辅导
			职业规划/辅导/实践与技能培训
			青少年创业指导与帮扶资助
	特殊青少年	越轨青少年服务	禁毒预防、康复与社会回归
			越轨青少年思想引导与心理辅导
			犯罪青少年行为矫正与社会融合
		青少年权益维护	青少年权益政策法律咨询与宣传
			困难青少年经济资助
			弱势青少年权益保护与法律援助

续表

关爱人群		关爱服务项目	关爱服务内容
老人	一般老人	身体精神健康关爱	身体健康保健咨询与宣传
			身体疾病筛查与治疗康复
			精神健康预防、治疗与康复
			医疗养老健康场所及设施建设
		老年社会参与	日常生活照料服务
			关爱老人与科教文卫体活动
			老年科教文卫体场所设施建设
	特殊老人（独居、空巢、失独、高龄等）	特殊问题处理	特殊老年人心理辅导与支持
			临终关怀
		社区居家照顾	入户探访慰问
			家居照顾与生活照料服务
			护理与康复服务
			老年人照料场所建设与改善
			老年人出行交通接载护送服务
残疾人		身心康复	身体康复训练与健康护理
			精神问题预防与治疗
			心理咨询与辅导
			残疾人家庭支持与关爱帮扶
		教育康复	残疾人特殊教育服务（含早期教育）
			照顾者康复知识辅导与培训
		职业康复	残疾人就业辅导与技能培训
			残疾人职业招聘/就业平台提供
		社区康复与社会融合	入户探访慰问帮扶
			残疾人照顾者能力建设与支持网络搭建
			精神障碍者及家庭关爱
			适宜的科教文卫体活动
			残疾人照料场所建设与改善

续表

关爱人群	关爱服务项目	关爱服务内容
来深建设者	身心健康及家庭关爱	健康检查与疾病救助
		来深建设者及其子女心理辅导关爱与支持
		来深建设者子女(留守、流动儿童)文体教育与能力提升
		上门探访与慰问
		家庭辅导与支持
		经济援助
		家庭团聚与外出活动
	职业教育关爱	文化知识学习与技能培训
		职业规划、辅导与就业指导
		来深建设者就业平台提供
	社会融合	来深建设者及其家庭科教文卫体(社区)活动
		来深建设者科教文卫体场所设施建设
		来深建设者人际交往辅导
		来深建设者权益保护
社区特殊公众人群(泛指公共事件引发困难的一般市民，适度普惠)	特殊职工与特定人群关爱(警察、教师、环卫工人、医护人员、企业员工、司乘人员等；党员、老兵、特殊疾病患者、外国人等关爱服务)	探访与(节日)慰问
		身体健康检查
		职工心理辅导、减压与危机介入
		困难职工及家庭经济帮扶
		职业技能与素质提升
		职工社区科教文卫体活动/服务
		失业人员就业帮扶与能力提升
		创业培训与支持服务
		特殊人群乘车接送服务

表 13-4　　关爱服务增加建议

人群	服务增加建议
儿童	户外拓展、小小志愿者、社会倡导服务、结对帮扶
青少年	自我能力建设、家庭能力建设、沟通能力训练、青少年公益活动、自我能力提升、社区矫正服务、结对帮扶服务
妇女	妇女职业规划、妇女沟通表达技巧培训、妇女自我保护意识提升、妇女能力建设(心理、社会)、家庭资源链接、性侵预防服务、心理能力建设(含预防自杀)
老年人	心理咨询服务、一般老人日间照料、婚姻回顾、组织管理技能培训、自组织孵化服务、哀伤辅导、家庭照顾者心理情绪疏导、互助帮扶服务(低龄照顾高龄)、特殊老人日间照料
残疾人	照顾者压力释放服务、残疾人照顾者就业规划服务、残疾人志愿服务
来深建设者	来深建设者父母健康及医疗帮助、职业压力疏导、同乡会、社会保障服务、反就业歧视
特殊社区公众	特殊社区公众政策倡导、家庭外展服务

附录 1　深圳市关爱行动追踪调查

问卷编号________________

深圳市关爱行动追踪调查

卷首语

尊敬的市民朋友：

您好！我们正在进行的是一项深圳市关爱行动服务效果研究的问卷调查，其目的是要通过实地调查，全面、真实地了解深圳市为广大居民提供关爱服务的质量与实际存在的问题，从而为更好地为您提供服务和制定相关的积极政策与发展战略提供科学依据。

我们的调查面向全市，我们不需要知道您的名字。因此接受我们的调查不会给您个人、您的家庭以及您的单位带来任何不利影响。而且，我们的调查数据只作为科学研究之用，我们会对调查资料严格保密。

问卷中的问题都无所谓对或错，您只需按照您的实际情况和真实想法回答。调查资料的真实性是调查的生命线，我们殷切地希望您把自己的真实情况和想法毫无保留地告诉我们。

非常感谢您的帮助和支持！

深圳大学社会学系

香港理工大学应用社会科学系

武汉大学社会学系、发展与教育心理研究所

深圳市关爱行动组委会办公室

2013 年 1 月

指导语：

如果您是自己填答问卷，请注意以下几点：

1. 答案无所谓“对”或“错”，您只要如实回答就行。

2. 请您亲自填答，不要找他人代答，也不要与他人商量。

3. 请您按照问卷中的提示打✓选择答案或进行填写。

4. 请您逐题回答，不要遗漏。

5. 如无特殊说明，所有问题只有一个答案。

6. 我们的问题非常简单，只需要花费您 15 分钟左右的时间，感谢您的耐心作答。

【第一部分】

A1. 您的性别：①男(　) ②女(　)

A2. 您的年龄：

①20 岁以下(　) ②20~30 岁(　) ③31~40 岁(　)

④41~50 岁(　) ⑤51~60 岁(　) ⑥60 岁以上(　)

A3. 您的婚姻状况是：

①已婚(　) ②离异(　) ③丧偶(　)

④分居(　) ⑤未婚(　) ⑥其他(请注明)＿＿＿＿＿＿＿＿

A4. 您的生育状况：

①无子女(　) ②1 个(　) ③2 个(　) ④3 个及以上(　)

A5. 总体来说，您的健康状况是：

①非常好(　) ②很好(　) ③好(　) ④一般(　) ⑤差(　)

A6. 您的文化程度：

①小学及其以下(　) ②初中(　) ③普通高中(　)

④职高(　) ⑤中专/技校(　) ⑥大专(　)

⑦本科及其以上(　)

A7. 您的职业：

①党政机关工作人员(　) ②事业单位工作人员(　)

③国有企业工作人员(　) ④私营企业工作人员(　)

⑤个体经营者(　) ⑥自由职业者(　)

⑦农民(　) ⑧学生(　)

⑨离退休人员(　) ⑩无业者(　)

⑪其他(　)

A8. 您目前的个人月收入：

①无收入(　) ②4000 元以下(　)

③4001 元~8000 元(　) ④8001 元~12000 元(　)

⑤12001 元~16000 元(　) ⑥16001 元及以上(　)

A9. 您在深圳市居住的时间：

①0~4 年(　) ②5~10 年(　)

③11~20 年(　) ④21 年及以上(　)

A10. 您的户口类型：

①深圳户口(　) ②非深圳户口(　)

A11. 您居住在深圳哪个区：

①福田区(　) ②南山区(　)

③龙岗区(　) ④罗湖区(　)

⑤盐田区(　) ⑥宝安区(　)

⑦龙华区(　) ⑧大鹏新区(　)

⑨坪山区(　) ⑩光明新区(　)

A12. 您的政治面貌：

①群众(　) ②共青团员(　)

③中共党员(　) ④民主党派(　)

⑤无党派人士(　)

A13. 您的住房来源：

①自购(　) ②单位分配(　)

③租房(　) ④其他(请注明)________________

【第二部分】

请您对以下关于深圳市关爱行动服务的陈述进行评分，1 分表示“非常不同意”，2 分表示“不同意”，3 分表示“一般”，4 分表示“较同意”，5 分表示“非常同意”，分数越高代表关爱行动的服务质量越好。

请您根据您自身最真实的感受、体验进行填写。

【范例】在“关爱行动服务的制度法规是完善的”项目中，您期待的服务表现为最高分(5 分)，则在期望的服务下用“✓”选择“5”。而实际在获得关爱行动服务后，觉得“比较同意”关爱行动服务在此项目的陈述(4 分)，则在感知的服务下用“✓”选择“4”。则本题填答如下：

序号	服务质量内容	期望的服务					感知的服务				
29	关爱行动服务的制度法规是完善的	1	2	3	4	5✓	1	2	3	4✓	5

以下开始正式作答

序号	关爱行动的服务质量	感知的服务				
B1	服务提供人员仪容仪表得体大方	1	2	3	4	5
B2	服务提供者能够主动地提供有价值的信息	1	2	3	4	5
B3	服务提供者对市民有最起码的尊重	1	2	3	4	5
B4	服务提供者能够及时提供所承诺的服务	1	2	3	4	5
B5	服务提供者责任心强，值得信赖	1	2	3	4	5
B6	关爱服务能够提升市民建设深圳的信念	1	2	3	4	5
B7	我愿意继续接受关爱服务	1	2	3	4	5
B8	服务行动的开展是规范的、专业的	1	2	3	4	5
B9	我愿意成为提供关爱服务的下一个接力者	1	2	3	4	5
B10	服务提供者具备相关的专业知识技能	1	2	3	4	5
B11	服务人员态度友好、礼貌待人	1	2	3	4	5

续表

序号	关爱行动的服务质量	感知的服务				
B12	市民能够方便地申请并获得所需的关爱服务	1	2	3	4	5
B13	关爱服务的形式是新颖的	1	2	3	4	5
B14	服务提供者能有效地处理服务过程中出现的意外情况	1	2	3	4	5
B15	关爱服务的场地设施与所提供的服务是相匹配的	1	2	3	4	5
B16	服务行动的开展程序是合理的、规范的	1	2	3	4	5
B17	服务提供者始终如一地为市民提供关爱服务	1	2	3	4	5
B18	服务提供者能够做到把市民的利益放在首位	1	2	3	4	5
B19	关爱行动有效地促进了社会整体和谐氛围的营造	1	2	3	4	5
B20	服务提供者能记录相关的服务	1	2	3	4	5
B21	服务内容是合理、人性化的	1	2	3	4	5
B22	服务提供者具有良好的职业道德素养	1	2	3	4	5
B23	关爱行动的宣传渠道是多样的	1	2	3	4	5
B24	服务提供者能够及时有效地处理市民反映的情况	1	2	3	4	5
B25	服务提供者能够准确地了解市民的真实需求	1	2	3	4	5
B26	服务提供了令人满意的追踪服务	1	2	3	4	5
B27	服务提供者能够提供个性化的服务	1	2	3	4	5
B28	关爱行动的资金投入是充足的	1	2	3	4	5
B29	服务提供者随时准备响应市民的要求	1	2	3	4	5
B30	关爱行动的宣传力度是到位的	1	2	3	4	5
B31	服务提供者能够及时有效地提供反馈	1	2	3	4	5
B32	我认可关爱行动的精神	1	2	3	4	5
B33	关爱行动的资金利用是合理的	1	2	3	4	5

附录 2　深圳市关爱行动追踪调查补充问卷

问卷编号________________

深圳市关爱行动追踪调查补充问卷

卷首语

尊敬的市民朋友：

您好！我们正在进行的是一项深圳市关爱行动服务效果研究的问卷调查，其目的是要通过实地调查，全面、真实地了解深圳市为广大居民提供关爱服务的质量与实际存在的问题，从而为更好地为您提供服务和制定相关的积极政策与发展战略提供科学依据。

我们的调查面向全市，我们不需要知道您个人的名字。因此接受我们的调查不会给您个人、您的家庭以及您的单位带来任何不利影响。而且，我们的调查数据只作为科学研究之用，我们会对调查资料严格保密。

问卷中的问题都无所谓对或错，您只需按照您的实际情况和真实想法回答。调查资料的真实性是调查的生命线，我们殷切地希望您把自己的真实情况和想法毫无保留地告诉我们。

非常感谢您的帮助和支持！

深圳大学社会学系

香港理工大学应用社会科学系

武汉大学社会学系、发展与教育心理研究所

深圳市关爱行动组委会办公室

2013 年 1 月

指导语：

如果您是自己填答问卷，请注意以下几点：

1. 答案无所谓“对”或“错”，您只要如实回答就行。

2. 请您亲自填答，不要找他人代答，也不要与他人商量。

3. 请您按照问卷中的提示打✓选择答案或进行填写。

4. 请您逐题回答，不要遗漏。

5. 如无特殊说明，所有问题只有一个答案。

6. 我们的问题非常简单，只需要花费您 15 分钟左右的时间，感谢您的耐心作答。

【第一部分】

A1. 您的性别：①男(　)②女(　)

A2. 您的年龄：

①20 岁以下(　)　②20~30 岁(　)　③31~40 岁(　)

④41~50 岁(　)　⑤51~60 岁(　)　⑥60 岁以上(　)

A3. 您的婚姻状况是：

①已婚(　)　②离异(　)　③丧偶(　)

④分居(　)　⑤未婚(　)　⑥其他(请注明)________

A4. 您的生育状况：

①无子女(　)　②1 个(　)　③2 个(　)

④3 个及以上(　)

A5. 总体来说，您的健康状况是(　)

①非常好　②很好　③好

④一般　⑤差

A6. 您的文化程度：

①小学及其以下(　)　②初中(　)

③普通高中(　)　④职高(　)

⑤中专/技校(　)　⑥大专(　)

⑦本科及其以上(　)

A7. 您的职业：

①党政机关工作人员（　） ②事业单位工作人员（　）
③国有企业工作人员（　） ④私营企业工作人员（　）
⑤个体经营者（　） ⑥自由职业者（　）
⑦农民（　） ⑧学生（　）
⑨离退休人员（　） ⑩无业者（　）
⑪其他（　）

A8. 您目前的个人月收入：

①无收入（　） ②4000 元以下（含 4000 元）（　）
③4001 元～8000 元（　） ④8001 元～12000 元（　）
⑤12001 元～16000 元（　） ⑥16001 元及以上（　）

A9. 您在深圳市居住的时间：

①0～4 年（　） ②5～10 年（　）
③11～20 年（　） ④21 年及以上（　）

A10. 您的户口类型：

①深圳户口（　） ②非深圳户口（　）

A11. 您居住在深圳哪个区：

①福田区（　） ②南山区（　）
③龙岗区（　） ④罗湖区（　）
⑤盐田区（　） ⑥宝安区（　）
⑦龙华区（　） ⑧大鹏新区（　）
⑨坪山区（　） ⑩光明新区（　）

A12. 您的政治面貌：

①群众（　） ②共青团员（　）
③中共党员（　） ④民主党派（　）
⑤无党派人士（　）

A13. 您的住房来源：

①自购（　） ②单位分配（　）
③租房（　） ④其他（请注明）________________

【第二部分】

D1. 您了解深圳市开展的“关爱行动”吗？

①从来没有听说过(　)　②有听说过，但不怎么了解(　)

③有一些了解(　)　④比较了解( )　⑤非常了解

D2. 您是通过什么渠道知道“关爱行动服务”的？(可多选)

①政府政策文件(　)　②媒体(　)

③公益组织(　)　④亲戚朋友同事(　)

⑤其他(请注明)________

D3. 你所知道的提供关爱行动服务的机构有哪些？

①政府类(宣传部、文明办、民政局、社保局等)(　)

②事业单位(如学校、医院)(　)

③准政府组织(工会、共青团、妇联、残联、老龄委等)(　)

④其他 (请注明)________

D4. 您享受过下列哪些福利服务项目？(可多选)

①医疗卫生服务(　)　②文化教育服务(　)

③劳动就业服务(　)　④住宅服务(　)

⑤孤老残幼服务(　)　⑥残疾康复服务(　)

⑦妇女服务(　)　⑧青少年服务(　)

⑨犯罪矫治及感化服务(　)⑩心理卫生服务(　)

⑪公共福利服务(　)　⑫其他(请注明)________

D5. 您认为您所在的社区需要哪些关爱行动服务？(可多选)

①社会参与服务(　)　②家政服务(　)

③老年人服务(　)　④青少年服务(　)

⑤妇女服务　⑥残疾人服务(　)

⑦法律援助服务(　)　⑧治安巡逻服务(　)

⑨医疗卫生服务(　)　⑩义教服务(　)

⑪扶孤助弱的服务(　)　⑫文化教育服务(　)

⑬环境绿化服务(　)　⑭再就业服务

⑮灾害救助服务　⑯衣食住行服务

⑰其他(请注明)________________

D6. 您如何评价关爱服务的公信力?

①非常好　②比较好　③一般　④不太好

⑤非常不好

D7. 以您的经验，近年来深圳市关爱活动的开展状况如何?

①非常不好　②不好　③一般

④比较好　⑤非常好

D8. 您能否感受到深圳市关爱行动给您及家人的生活带来的影响?

①感受非常深　②感受较深

③一般　④没什么感受

⑤完全没感受

D9. 您觉得深圳市开展的关爱行动给您和家庭带来了怎样的影响?(可多选)

①增加了日常经济补贴，改善了生活条件(　)

②丰富了日常的娱乐活动(　)

③提高了生活的幸福感(　)

④减轻了育儿养老的心理和经济压力(　)

⑤没什么影响(　)

⑥其他（请注明)________________

附录 3　政策部门收集数据表

指标名称	涉及部门
A1 经济福利水平关爱指标	
A1-1 社会保险实际征收收入	人力资源社会保障局
A1-2 社会保障占政府财政支出比例	人力资源社会保障局
A1-3 城市居民最低生活保障标准	民政局
A1-4 居民最低生活保障人数	民政局
A1-5 流浪乞讨弱势群体(儿童妇女、老人、残疾人)救助人数	民政局
A1-6 各类保障性住房(公共租赁住房、安居型商品房、廉租住房、经济适用房、货币补贴住房)的建设总数①	住房建设局
A1-7 恩格尔系数(逆向指标)	统计局
A1-8 城镇居民年家庭人均可支配收入	统计局
A1-9 城镇登记人口失业率(逆向指标)	统计局
A1-10 职工年平均工资	统计局
A2 居民健康状况关爱指标	
A2-1 财政性卫生经费支出占财政支出比例	统计局
A2-2 国民体质合格率	卫人委
A2-3 城镇每千人执业医师数	卫人委
A2-4 城镇每千人医院床位数	卫人委

① 注：保障性住房具体类型参照《2011 年深圳政府公共服务白皮书》。

续表

指标名称	涉及部门
A2-5 妇幼保健所	卫人委
A2-6 卫生技术人员	卫人委
A2-7 医疗机构总诊疗人数	卫人委
A2-8 疾病预防和控制中心	卫人委
A3 居民受教育程度关爱指标	
A3-1 九年义务教育普及率	教育局
A3-2 普通高等学校数	教育局
A3-3 中等职业学校数	教育局
A3-4 普通中学学校数	教育局
A3-5 小学学校数	教育局
A3-6 群众艺术/文化馆	统计局
A3-7 公共图书馆	统计局
A3-8 广播/电视覆盖率	统计局
A3-9 图书出版数(万册)	统计局
A3-10 公共图书馆馆藏图书总数	统计局
A3-11 财政性教育支出占财政支出比例	统计局
A3-12 在校学生总和	教育局
A4 社区公共安全及环境关爱指标	
A4-1 立案数(侵害公民人身/民主权利案件/侵害财产案件/危害公共安全案件的发案率)逆向指标	公安局
A4-2 深圳市禁毒办戒毒成功率(数据来自药物滥用检测)	禁毒办
A4-3 主要饮用水源水质达标率	水务局
A4-4 城市建成区绿化覆盖率	环保局
A4-5 城市人均公园绿地面积	环保局
A4-6 城镇生活垃圾无害化处理率	环保局
A4-7 城市污水处理率	环保局
A4-8 人均公园绿地面积	环保局

续表

指标名称	涉及部门
A5 公益服务活动关爱指标	
A5-1 慈善会募捐到的善款总数	民政局
A5-2 慈善公益组织基金会数量	民政局
A5-3 慈善公益类民办非企业数量	民政局
A5-4 慈善公益类社会团体数量	民政局

附录4 政策关爱指数方案设计表

二级指标	三级指标及其选择依据		相关政策	相关深圳关爱行动类型
A1 经济福利水平关爱指标	基本社会保障类	A1-1 社会保险实际征收收入 A1-2 社会保障占政府财政支出比例 A1-3 城市居民最低生活保障标准 A1-4 居民最低生活保障人数 A1-5 流浪乞讨弱势群体(儿童妇女、老人、残疾人)救助人数	深圳市构建普惠性社会福利制度和全民社保的相关政策	残疾人救助、外来劳务工帮扶、老年人关爱、妇女关爱、儿童和青少年成长关爱
	保障性住房类	A1-6 各类保障性住房(公共租赁住房、安居型商品房、廉租住房、经济适用房、货币补贴住房)的建设总数 注:保障性住房具体类型参照《2011 年深圳政府公共服务白皮书》	保障性建设住房政策、人才安居过程政策、深圳住房公积金制度	外来劳务工帮扶
	居民收入类	A1-7 恩格尔系数 A1-8 城镇居民年家庭人均可支配收入	收入分配调节政策	扶贫救助
	居民就业类	A1-9 城镇登记人口失业率 A1-10 职工年平均工资	积极的就业政策、以创业带动就业的政策体系	事业救助与就业援助、外来劳务工帮扶

续表

二级指标	三级指标及其选择依据	相关政策	相关深圳关爱行动类型
A2 居民健康状况关爱指标	A2-1 财政性卫生经费支出占财政支出比例 A2-2 国民体质合格率 A2-3 城镇每千人执业医师数 A2-4 城镇每千人医院床位数 A2-5 妇幼保健所 A2-6 卫生技术人员 A2-7 医疗机构总诊疗人数 A2-8 疾病预防和控制中心	医疗卫生体制改革政策、医保优惠政策、鼓励社会资本参与医疗、完善社区健康服务体系的相关政策	疾病救助、外来劳务工帮扶、医务人员关爱
A3 居民受教育程度关爱指标	A3-1 九年义务教育普及率 A3-2 普通高等学校数 A3-3 中等职业学校数 A3-4 普通中学学校数 A3-5 小学学校数 A3-6 群众艺术/文化馆 A3-7 公共图书馆 A3-8 广播/电视电视覆盖率 A3-9 图书出版数(万册) A3-10 公共图书馆馆藏图书总数 A3-11 财政性教育支出占财政支出比例 A3-12 在校学生总和	《深圳市中长期教育改革和发展规划纲要》、职业培训补贴和技能人才津贴政策	教育支持、外来劳务工帮扶、企业员工关爱、教职工关、儿童与青少年成长关爱
A4 社区公共安全及环境关爱指标	公共安全：A4-1 发案率(侵害公民人身/民主权利案件/侵害财产案件/危害公共安全案件的发案率) A4-2 深圳市禁毒办戒毒成功率(数据来自药物滥用检测)	治安维稳、构建动态治安防治体系、排查治安高危人员相关政策	劳教人员帮扶与社区矫正、社区关爱
	社会环境：A4-3 主要饮用水源水质达标率 A4-4 城市建成区绿化覆盖率 A4-5 城市人均公园绿地面积 A4-6 城镇生活垃圾无害化处理率 A4-7 城市污水处理率 A4-8 人均公园绿地面积	深圳构建绿色、健康城市计划，深圳食品安全监管责任白皮书、深圳环境卫生建设计划	以关爱大自然、实现人与自然和谐相处、共建美丽家园为目的的各类绿色环保活动

续表

二级指标	三级指标及其选择依据	相关政策	相关深圳关爱行动类型
A5 公益服务活动宣传类指标	A5-1 慈善会募捐到的善款总数 A5-2 慈善公益组织基金会数量 A5-3 慈善公益类民办非企业数量 A5-4 慈善公益类社会团体数量	《关于加快深圳市慈善事业发展的意见》	志愿服务活动和捐赠，关爱、公益宣传及活动

附录 5　深圳市关爱指标体系权重的专家调查表

（一）深圳市政策关爱指标体系权重专家调查表

专家领域：	专家姓名：	
指标名称	计量单位	专家赋权
A1 经济福利水平关爱指标		
A1-1 社会保险实际征收收入	元	
A1-2 社会保障占政府财政支出比例	%	
A1-3 城市居民最低生活保障标准	元	
A1-4 居民最低生活保障人数	人	
A1-5 流浪乞讨弱势群体（儿童妇女、老人、残疾人）救助人数	人	
A1-6 各类保障性住房（公共租赁住房、安居型商品房、廉租住房、经济适用房、货币补贴住房）的建设总数①	套	
A1-7 恩格尔系数（逆向指标）	%	
A1-8 城镇居民年家庭人均可支配收入	元	
A1-9 城镇登记人口失业率（逆向指标）	%	
A1-10 职工年平均工资	元	

① 保障性住房具体类型参照《2011 年深圳政府公共服务白皮书》。

续表

指标名称	计量单位	专家赋权
A2 居民健康状况关爱指标		
A2-1 财政性卫生经费支出占财政支出比例	%	
A2-2 国民体质合格率	%	
A2-3 城镇每千人执业医师数	人	
A2-4 城镇每千人医院床位数	张	
A2-5 妇幼保健所		
A2-6 卫生技术人员	人	
A2-7 医疗机构总诊疗人数		
A2-8 疾病预防和控制中心	所	
A3 居民受教育程度关爱指标		
A3-1 九年义务教育普及率	%	
A3-2 普通高等学校数	所	
A3-3 中等职业学校数	所	
A3-4 普通中学学校数	所	
A3-5 小学学校数	所	
A3-6 群众艺术/文化馆	座	
A3-7 公共图书馆	座	
A3-8 广播/电视覆盖率	%	
A3-9 图书出版数(万册)	万册	
A3-10 公共图书馆馆藏图书总数	万册	
A3-11 财政性教育支出占财政支出比例	%	
A3-12 在校学生总和	人	
A4 社区公共安全及环境关爱指标		
A4-1 发案率(侵害公民人身/民主权利案件/侵害财产案件/危害公共安全案件的发案率)逆向指标	件	
A4-2 深圳市禁毒办戒毒成功率(数据来自药物滥用检测)	%	
A4-3 主要饮用水源水质达标率	%	

续表

指标名称	计量单位	专家赋权
A4-4 城市建成区绿化覆盖率	%	
A4-5 城市人均公园绿地面积	%	
A4-6 城镇生活垃圾无害化处理率	%	
A4-7 城市污水处理率	%	
A4-8 人均公园绿地面积	平方米	
A5 公益服务活动关爱指标		
A5-1 慈善会募捐到的善款总数	元	
A5-2 慈善公益组织基金会数量	家	
A5-3 慈善公益类民办非企业数量	家	
A5-4 慈善公益类社会团体数量	家	

(二)深圳市项目关爱指标体系权重的专家调查表

检测指标		专家姓名：
二级指标	三级指标(指标来源参照附录中的关爱项目统计表)	专家赋权(总计 100)
缺失性物质关爱项目指数(B1)	B1-1 失业救助和就业援助 B1-2 残疾人救助 B1-3 疾病救助 B1-4 扶贫救助 B1-5 外来劳务工救助 B1-6 对外扶贫救助	
发展性物质关爱项目指数(B2)	B2-1 教育支持 B2-2 企业员工关爱 B2-3 专职人员关爱 B2-4 对外发展支持项目	

续表

二级指标	三级指标(指标来源参照附录中的关爱项目统计表)	专家赋权(总计 100)
缺失性精神关爱项目指数(B3)	B3-1 劳教人员帮扶与社区矫正 B3-2 老年人关爱 B3-3 妇女关爱 B3-4 儿童、青少年成长关爱	
发展性精神关爱项目指数(B4)	B4-1 文体活动支持 B4-2 公益宣传活动	
综合性关爱项目指数(B5)	B5-1 志愿服务和捐赠 B5-2 社区关爱 B5-3 其他	

(三)专家调查样本结构表

样本	人数	百分比
关爱领域学者	10 人	25%
政府官员	10 人	25%
企事业单位员工	10 人	25%
关爱行动受助者	10 人	25%
样本总数	40 人	100%

参考文献

[1]万鹏，景玥．关于十九大报告，你必须知道的“关键词”[EB/OL]．人民网．http：//cpc.people.com.cn/19th/n1/2017/1018/c414305-29595155.html.2017-10-18/2018-01-26.

[2]李晓凤，黄小凤．一种“官民结合”的慈善公益组织探究——以深圳市关爱行动组委会办公室为例[J]．社会工作(理论版)，2011(6).

[3]李海荣.社会服务：香港经验及启示[J]．甘肃行政学院院报，2013(5).

[4]李晓凤．深圳市关爱指数及指标体系建构研究报告[M]．武汉：武汉大学出版社，2013.

[5]李晓凤，王桃林．“关爱”在我国教育科学中的理解及文献述评研究[J]．理论月刊，2011(10).

[6]李晓凤，刘宇阻．打造关爱社会，促进社会和谐——深圳市关爱水平及评价指标研究综述[N]．深圳商报，2011-08-16.

[7]李晓凤，佘双好．质性研究方法[M]．武汉：武汉大学出版社，2006.

[8]佘双好，李晓凤．志愿服务概论[M]．武汉：武汉大学出版社，2013.

[9]习近平的民生观：让人民过上好日子习近平的民生观：让人民过上好日子[EB/OL]．东方网．http：//news.eastday.com/eastday/13news/auto/news/china/u7ai2292769_K4.html.2014-8-15/2018-01-26.

[10]刘天杰．张载的“民胞物与”论及其现代意蕴[J]．江西社会学，2007(4)．
[11]康有为．中庸注[M]．北京：中华书局，1987.
[12]李影．论亚里士多德的友爱哲学[D]．武汉：华中科技大学，2010.
[13]黄亚娟．亚里士多德“友爱”与基督教“博爱”思想比较研究[D]．兰州：西北师范大学，2006.
[14]林南，王玲，潘允康，袁国华．生活质量的结构与指标：1985年天津千户问卷调查资料分析[J]．社会学研究，1987(6)．
[15]张卫东．师德，育人的幸福之源——郑州市二七区汝河路小学师德建设探索与实践[J]．河南教育学院学报(哲学社会科学版)，2011(1)．
[16]邢占军．国民幸福：执政理念与评价指标[J]．中共杭州市委党校学报，2007(3)．
[17]邢占军．幸福指数的指标体系构建与追踪研究[J]．数据，2006(8)．
[18]邢占军．主观幸福感测量研究综述[J]．心理科学，2002(3)．
[19]杨立勋．深圳市文明指数测评分析报告[M]．深圳社会发展报告，2009.
[20]周长城，柯燕．客观生活质量：现状与评价[M]．北京：社会科学文献出版社，2008.
[21]中国城市生活质量指数报告，2011.
[22]郝元涛，方积乾．生存质量测定方法及应用[M]．北京：北京医科大学出版社，2000.
[23]周长城，蔡静诚．生活质量主观指标的发展及其研究[J]．武汉大学学报(哲学社会科学版)，2004(5)．
[24]国务院关于印发“十三五”推进基本公共服务均等化规划的通知[EB/OL]．政中华人民共和国中央人民政府官网．http：//www.gov.cn/zhengce/content/2017-03/01/content_5172013.htm.2017-03-

1/2018-01-28.

[25]深圳市民政事业发展“十三五”规划[EB/OL]. 深圳民政在线. http://www.szmz.sz.gov.cn/cn/xxgk_mz/ghjh/fzgh/201612/t20161220_5746742.htm. 2016-11-29/2018-01-28.

[26]胡锦涛在深圳经济特区建立30周年庆祝大会上讲话[EB/OL]. 人民网. http://politics.people.com.cn/GB/1024/12649569.html. 2010-09-06/2018-01-26.

[27]第五届深圳关爱行动大事记[EB/OL]. 深圳关爱网. http://www.szguanai.com/content/2012-09/13/content_7197879.htm. 2012-09-13/2018-01-26.

[28]全国社会工作者职业水平考试教材编写组. 社会工作实务(中级)[M]. 北京：中国社会出版社，2016.

[29]赵国祥. 管理心理学[M]. 河南：河南大学出版社，1995.

[30]韩晓燕，朱晨海. 人类行为与社会环境[M]. 上海：格致出版社，2009.

[31]米奇利. 社会发展：社会福利视角下的发展观[M]. 苗正民译，上海：格致出版社，2009.

[32]方巍. 发展型社会政策：理论、渊源、实践及启示[J]. 社会工作与管理，2013(1).

[33]俞可平. 社群主义[M]. 北京：中国社会科学出版社，1998.

[34]王泽. 社群主义及其现实意义评析[J]. 唐山师范学院学报，2012(1).

[35]张振伟，陈文. 公民社会理论视阀下的新社会运动分析[J]. 山东理工大学学报，2016(1).

[36]阎志斌. 高职学生心理健康的微观生态系统构建[D]. 广西：广西师范大学，2011.

[37]易芳. 生态心理学的理论审视[D]. 江苏：南京师范大学，2004.

[38]陈佳贵. 企业管理学大辞典[M]. 北京：经济科学出版社，2000.

[39]叶宗裕. 关于多指标综合评价中指标正向化和无量纲化方法的选

择[J]. 浙江统计, 2003(4).

[40]周长城, 袁浩. 专家的观点可靠吗——对国内生活质量综合指数建构问题的探讨[J]. 社会科学研究, 2002(1).

[41]王思斌. 社会工作综合能力(中级)[M]. 北京: 中国社会出版社, 2015.

[42]风笑天. 社会学研究方法[M]. 北京: 中国人民大学出版社, 2013.

[43]雷蒙・布东. 社会学方法[M]. 上海: 上海人民出版社, 1987.

[44]钱锋, 宋永会等. 多元数理统法的研究太子河本溪城市段水体DOM紫外光谱特征[J]. 环境化学, 2016(10).

[45]郑晶晶. 问卷调查法研究综述[J]. 理论观察, 2014(10).

[46]熊秉纯. 质性研究方法刍议: 来自社会性别视角的探索[J]. 社会学研究, 2001(5).

[47]杨团.《中国慈善发展报告》[M]. 北京: 社会科学文献出版社, 2012.

[48]袁芳. 社会研究方法教程[M]. 北京: 北京大学出版社, 2004.

[49]顾东辉. 社会工作概论[M]. 上海: 复旦大学出版社, 2014.

[50]深圳首届"邻居节"昨正式启动[EB/OL]. 深圳新闻网. http: //www. sznews. com/news/content/2007-02/11/content _ 866890. htm. 2007-02-11/017-09-17.

[51]林燕. 社区非营利组织服务质量公众满意度研究——以杭州市青年中心为例[D]. 杭州: 浙江大学, 2006.

[52]关于我们[EB/OL]. 深圳关爱网. http: //www. szguanai. com/content/2012-09/07/content_7178201. htm. 2012-09-07/2017-10-12.

[53]王敬文. 习近平的"民生观": 保障和改善民生没有终点站[EB/OL]. 中国经济网——国家经济门户. http: //www. ce. cn/xwzx/gnsz/szyw/201408/14/t20140814 _ 3352302. shtml. 2014-08-14/2018-01-25.

[54]彭念一, 李丽. 我国居民生活质量评价指标与综合评价研究[J].

湖南大学学报(社会科学版). 2003(05): 21-25.

[55]孟钧. 我国需走向制度性、发展性社会福利[J]. 中国社会报, 2007(6).

[56]风笑天. 社会调查原理与方法[M]. 北京: 首都经济贸易大学出版社, 2008.

[57]Havighurst R J. Tobin S S(1961). The measurement of life satisfaction. *Journal of Gerontolopy*(16).

[58]Miiringoff, M-L and Opdycke, S. (2008). *America's Social Health: Putting Social Issues Back on the Public Agenda.* Armonk, New York; London: M. E. Sharpe.

[59] Jim Masters & Teresa Wickstrom, Center for Community Futures. Defining and Measuring Poverty: Challenges and Opportunities. July, 2004 Draft 9. [online]. [cited Jun 6th, 2011]. Accessed from google scholar searching engine.

[60]Mastow. (1943). *Theory of Httm an Motivation.* Psychologicalreview (50).

[61]Alderfer C. P. An empirical test of a new theory of humanneeds[J]. Organizational Behaviour and Human Performance, 1969(4).

[62]U Bronfenbrenner. (1979). *Ecology of human development.* Harvard University Press.

[63]Elliott, Kevin M. SERVPERF versus SERVQUAL. (1994). A Marketing Management Dilemma when Assessing Service Quality[J]. Journal of Marketing Management(02).

[64]Mark Anielski, (2010) The Economics of Happiness: Building Genuine Wealth. Social Sciences Academic Press (China), CASS.

后　记

深圳的经济发展和社会结构为公益慈善事业发展带来了得天独厚的优势，使得社会力量有能力参与到公益慈善之中。同时，自 2003 年开始，深圳市关爱行动组委会办公室在市委市政府的领导下，开展了在全国引起广泛影响的 15 年“关爱行动”。为了科学的测评深圳市关爱状况和水平，全面的评估关爱行动对深圳和谐社会建设的贡献程度，在深圳市关爱行动组委会办公室的推动下，成立了由深圳大学、香港理工大学、武汉大学合作开展深圳市关爱指数研究的学术中心，中心主任为深圳大学心理与社会学院李晓凤教授。

关爱指数是解释社会特征的一个有用指标，可以从情感能力、社会网络关注度、生活质量以及社区关爱的回应等来监测与追踪关爱行动的实施效果。特别是在大力推进深圳社会建设的背景下，建立一套完善地、科学的测量地区甚至是国家关爱水平的指标体系，对于全面评估关爱行动对和谐社会建设的贡献程度，促进政府职能转变，加大以关怀为基础的政策与项目的投入，推进社区福利建设，激励市民“社群主义的集体行为”，对抗社区解组，科学评价政府提供公共福利资源的水平与能力，打造深圳精神文明建设的城市品牌等，都将具有深远的现实意义。在上述背景下，课题主持人李晓凤教授率领深圳大学关爱指数研究中心的研究团队于 2014 年与 2017 年，分别成功申报了深圳市政府科学技术创新委员会的招标课题《深圳市关爱指数体系研究》，以及深圳市关爱行动组委会办公室课题《深圳市居民的需求评估及关爱服务指标体系研究》。基于两项课题的结题报告，我们出版了《深圳市关爱指数及关爱服务指标体系研究》一书。

本书全面系统地总结了深圳市关爱指数体系和关爱服务指标体系，由上篇、中篇、下篇构成。其中，上篇是引论。内容涉及关爱指数与关爱服务体系的研究背景、研究意义、研究目标、文献回顾、理论框架、关键概念界定、研究方法等。中篇是深圳市关爱指数体系研究。笔者根据关爱指标体系的理论模型与实证调查资料，将关爱指数体系划分为政府政策、组织行动、市民个人三个层次，重点挖掘与完善了二三级关爱指标体系；并借着这套指数，展开了深圳市 2011—2013 年关爱指数测评，提出了“打造关爱社会”的数项政策建议。下篇是深圳市关爱服务指标体系研究。笔者依据程序逻辑模型下“个人需求、服务需求、专业服务、服务成效是完整闭合的环”的服务输送过程考察，并参考国内外社会服务指标体系及实地调查，尝试建构了一套创新性的关爱服务指标体系；内容涉及关爱服务的现状与实施、关爱服务枢纽型组织的建构、关爱服务成效评估、关爱服务指标体系建构与经验模式、关爱服务体系研究的总结与展望等。整体而言，本书体系完整、内容丰富，读者可以根据自己的喜好有选择性的阅读，读者对象主要为政府、慈善公益组织、民办社会工作机构、社会企业、媒体公益、高校社会工作系等相关人员。

全书由主编李晓凤教授提供详细的编写提纲与写作要求。之后，在作者们提供初稿的基础上，由主编进行了审稿、修改、统编、定稿，深圳大学心理与社会学院社会学系林佳鹏协助主编做了较多的辅助性工作。具体地说，承担各章编写任务的作者如下（以章为序）：

第一章，由李晓凤（深圳大学心理与社会学院）编写；

第二章，由李晓凤（深圳大学心理与社会学院）、刘宇阳（香港理工大学应用社会科学系）、林佳鹏（深圳大学心理与社会学院）编写；

第三章，由李晓凤（深圳大学心理与社会学院）、李美瑾（深圳市坪山区大同社会工作服务中心）编写；

第四章，由李晓凤（深圳大学心理与社会学院）、邓珂文（武汉大学发展与教育心理学所）、万鸯鸯（杭州师范大学政治与社会学院）编写；

第五章，由张强(武汉大学社会学系)编写；

第六章，由张强(武汉大学社会学系)编写；

第七章，由邓珂文(武汉大学发展与教育心理学所)、刘会芳(武汉大学发展与教育心理学所)编写；

第八章，由李晓凤(深圳大学心理与社会学院)编写；

第九章，由李晓凤(深圳大学心理与社会学院)、余思龙(深圳大学心理与社会学院)、倪佳宾(深圳大学心理与社会学院)、赵杨虹(深圳大学心理与社会学院)、何昕(深圳大学心理与社会学院)、杨春丽(深圳大学心理与社会学院)、万鸯鸯(杭州师范大学政治与社会学院)、林佳鹏(深圳大学心理与社会学院)编写；

第十章，由李晓凤(深圳大学心理与社会学院)、林佳鹏(深圳大学心理与社会学院)、杨春丽(深圳大学心理与社会学院)编写；

第十一章，由李晓凤(深圳大学心理与社会学院)、余思龙(深圳大学心理与社会学院)、倪佳宾(深圳大学心理与社会学院)、赵杨虹(深圳大学心理与社会学院)、何昕(深圳大学心理与社会学院)、杨春丽(深圳大学心理与社会学院)、万鸯鸯(杭州师范大学政治与社会学院)、林佳鹏(深圳大学心理与社会学院)编写；

第十二章，由李晓凤(深圳大学心理与社会学院)、林佳鹏(深圳大学心理与社会学院)编写；

第十三章，由李晓凤(深圳大学心理与社会学院)、余思龙(深圳大学心理与社会学院)、倪佳宾(深圳大学心理与社会学院)、赵杨虹(深圳大学心理与社会学院)、何昕(深圳大学心理与社会学院)、杨春丽(深圳大学心理与社会学院)、万鸯鸯(杭州师范大学政治与社会学院)、林佳鹏(深圳大学心理与社会学院)编写。

本书的出版凝聚了主编的心血，是集体智慧与汗水结出的硕果。在编写本书的过程中，我们参阅了大量的国内外相关文献，听取了诸多同仁的意见，尤其是武汉大学佘双好教授、香港理工大学陈清海教授、深圳市关爱行动组委会办公室陈励主任提出了宝贵的修改建议。同时，深圳市政府科学技术创新委员会、深圳市关爱行动组委会办公室、深圳市精神文明建设委员会、深圳多家民办社会工作机构、草根社会组织及服务对象对本书的出版也给予了大力支持，在此一并表示诚挚的感谢，我还要深切地感谢已故的陈清海老师。另外，对武汉大学出版社胡国民编辑的辛勤劳动，我们表示由衷的谢意。因关爱指数与关爱服务指标体系研究是一项开创性的课题，似乎没有国内外研究成果可以借鉴，之中一定存在不完善之处，欢迎该书使用者提出批评与建议。

李晓凤

2018 年 3 月于深圳大学文山湖